Promenons-nous dans les bois

DU MÊME AUTEUR

AUX ÉDITIONS PAYOT

Motel Blues, 1995.
American Rigolos. Chroniques d'un grand pays, 2001.
Nos voisins du dessous. Chroniques australiennes, 2003.
Une histoire de tout, ou presque..., 2007.
Ma fabuleuse enfance dans l'Amérique des années 1950, 2009.
Shakespeare. Antibiographie, 2010.

Bill Bryson

Promenons-nous dans les bois

Traduit de l'anglais (États-Unis)
par Karine Chaunac

Payot

Retrouvez l'ensemble des parutions
des Éditions Payot & Rivages sur

www.payot-rivages.fr

Titre original :
A WALK IN THE WOODS

Traduction révisée par Mario Pasa

Carte : Nathalie Cottrel.

106, bd Saint-Germain, Paris VIe.

À Katz, bien sûr.

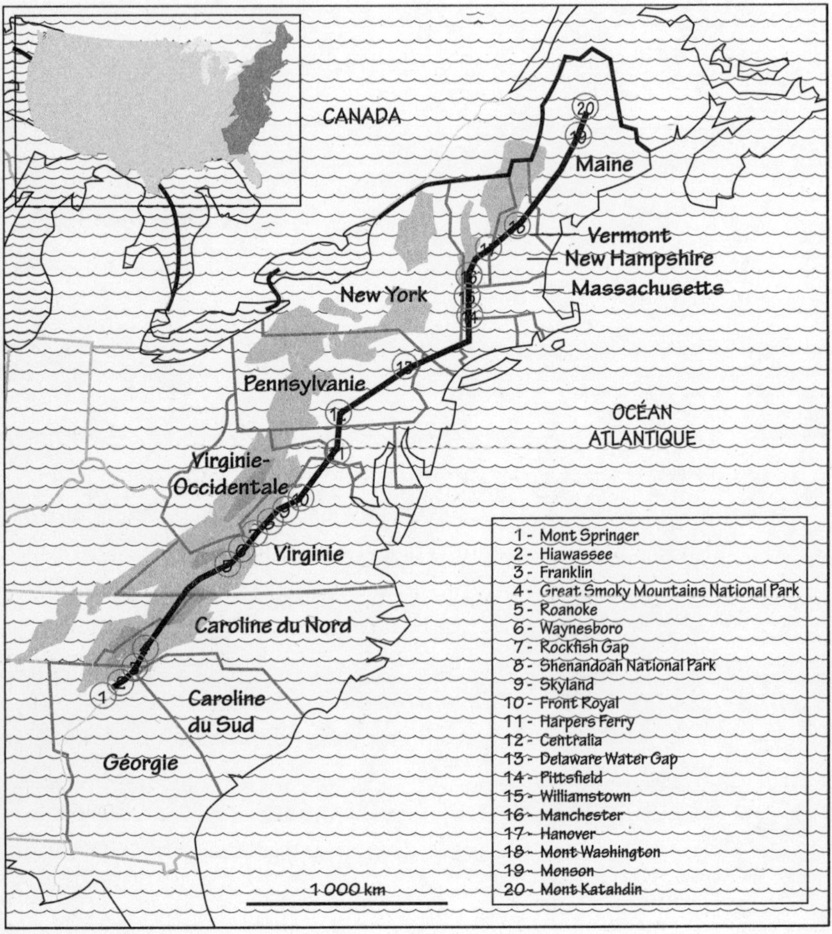
CANADA
Maine
Vermont
New Hampshire
Massachusetts
New York
Pennsylvanie
OCÉAN
ATLANTIQUE
Virginie-
Occidentale
Virginie
Caroline du Nord
Caroline
du Sud
Géorgie
1 000 km
1 - Mont Springer
2 - Hiawassee
3 - Franklin
4 - Great Smoky Mountains National Park
5 - Roanoke
6 - Waynesboro
7 - Rockfish Gap
8 - Shenandoah National Park
9 - Skyland
10 - Front Royal
11 - Harpers Ferry
12 - Centralia
13 - Delaware Water Gap
14 - Pittsfield
15 - Williamstown
16 - Manchester
17 - Hanover
18 - Mont Washington
19 - Monson
20 - Mont Katahdin

I

Peu après avoir déménagé ma petite famille dans une bourgade modeste du New Hampshire, je suis tombé sur un chemin qui démarrait à la lisière de la ville pour disparaître dans les bois. Une pancarte indiquait qu'il ne s'agissait pas de n'importe quelle piste mais du célèbre sentier des Appalaches, ou AT pour « Appalachian Trail », qui longe la côte Est des États-Unis sur plus de 3 500 kilomètres à travers la paisible – et ô combien prometteuse – chaîne de montagnes du même nom.

C'est l'ancêtre des chemins de grande randonnée. La section qui traverse la Virginie fait à elle seule deux fois la longueur du Pennine Way, un itinéraire anglais qui mène du Derbyshire à la frontière écossaise. L'AT serpente de la Géorgie au Maine, à travers quatorze États, par-delà de plaisants mamelons rebondis dont les appellations mêmes – Blue Ridge, Smokies, Cumberlands, Catskills, Green Mountains, White Mountains – semblent une invitation à l'errance. Qui peut prononcer les mots de « Great Smoky Mountains » ou « Shenandoah Valley » sans sentir le besoin irrépressible, comme l'a évoqué au XIXe siècle le naturaliste John Muir, « de jeter une miche de pain et une livre de thé dans une vieille besace puis de sauter par-dessus la barrière du jardin » ?

Et voici que ce sentier se présentait à moi, à l'improviste, étirant ses courbes dangereusement séduisantes dans ce coin agréable de Nouvelle-Angleterre où je venais juste de m'installer. Cela paraissait absolument extraordinaire : je pouvais claquer la porte de chez moi et m'enfoncer dans les forêts de Géorgie sur 2 900 kilomètres ou partir en sens inverse et grimper les flancs escarpés et rocailleux des White Mountains jusqu'à la proue légendaire du mont Katahdin, à 700 kilomètres au nord. Et tout cela dans un environnement sauvage dont peu ont fait l'expérience. Au fond de moi, une petite voix murmurait : « Ça a l'air génial. Vas-y ! »

J'ai échafaudé quelques bonnes raisons de me lancer dans l'aventure. Cela me remettrait en forme après des années à me traîner comme une larve. Cela me serait bénéfique – je ne savais pas en quoi, mais j'en étais sûr – d'apprendre à me débrouiller seul dans la nature. Quand des types en pantalons de camouflage et chapeaux de chasse se mettraient à raconter leurs terrifiants exploits au comptoir du Four Aces, je ne me sentirais plus aussi benêt. Je voulais moi aussi un peu de la suffisance du gars buriné qui promène un regard d'acier sur l'horizon lointain et dit lentement, avec un reniflement viril : « Ouaip ! J'ai chié dans les bois. Et pas qu'une fois. »

Enfin, il y avait un intérêt encore plus indéniable à s'engager sur ce sentier. Les Appalaches abritaient l'une des plus grandes forêts de feuillus au monde, un reliquat de l'étendue boisée la plus riche et la plus diversifiée qu'aient jamais connue les régions tempérées ; or cette forêt était en danger. Si le réchauffement climatique augmentait de 4 degrés dans les cinquante prochaines années, ce qui était parfaitement possible, tout le territoire des Appalaches au sud de la Nouvelle-Angleterre se transformerait en savane. Déjà des arbres mouraient en quantités effroyables, sans qu'on n'en connaisse le chiffre exact. Les ormes et les châtaigniers avaient depuis longtemps disparu, les majestueux sapins du Canada et les cornouillers fleuris s'éteignaient, les épinettes rouges, les sapins de Fraser, les caryers, les sorbiers et les érables à sucre risquaient de ne pas tarder à suivre. Si l'on souhaitait explorer cet espace naturel si particulier, c'était clairement maintenant ou jamais.

Alors j'ai pris ma décision. Un peu étourdiment, j'ai fait part de mes intentions autour de moi : j'en ai informé mes amis et voisins, j'en ai parlé avec assurance à mon éditeur ; bref, j'ai divulgué la nouvelle parmi tous ceux qui me connaissaient. Puis j'ai acheté des livres et discuté avec des gens qui avaient déjà vécu l'expérience, en totalité ou en partie. Progressivement, je prenais conscience que ce projet dépassait – et de loin – tout ce que j'avais entrepris auparavant.

Presque tous mes interlocuteurs regorgeaient d'histoires épouvantables et connaissaient quelqu'un qui, s'étant innocemment lancé sur le sentier avec de grands espoirs et une belle paire de chaussures neuves, était revenu deux jours plus tard en boitant, un lynx agrippé dans le dos ou une manche dégoulinant de sang à l'endroit où s'était trouvé son bras, pour simplement murmurer : « Ours… » avant de sombrer dans un coma entrecoupé de convulsions.

Les bois foisonnaient de périls divers : serpents à sonnette, mocassins d'eau, lynx, ours, coyotes, loups et sangliers ; mouffettes, ratons laveurs et écureuils enragés ; fourmis de feu impitoyables et autres insectes affamés ; sumac vénéneux et salamandres aux sécrétions toxiques ; péquenauds dégénérés issus de lignées de croisements incestueux et d'hectolitres de whisky de maïs frelaté ; et même une poignée d'orignaux fous, mortellement infectés par un ver parasite qui creusait son nid dans leur cerveau et affectait si bien leur entendement qu'ils poursuivaient les infortunés randonneurs sur les plateaux isolés ou les poussaient dans les lacs glaciaires.

Des choses littéralement inimaginables pouvaient arriver là-bas. J'ai entendu parler d'un homme qui, sorti de sa tente pour faire pipi en pleine nuit, s'était fait attaquer en piqué par une chouette rayée – myope, manifestement. La dernière fois qu'il avait vu son scalp, il pendait des serres de l'animal et se découpait gracieusement sur le clair de lune. Il y avait aussi cette jeune femme, réveillée par un chatouillement onduleux sur le ventre, qui avait jeté un œil dans son duvet pour s'apercevoir qu'une vipère cuivrée avait élu domicile dans la chaleur de son entrejambe. Quatre sources différentes m'ont raconté, chaque fois avec force gloussements, des histoires de campeurs ayant partagé leur tente avec un ours pour quelques moments d'intense émotion. J'ai aussi eu droit aux personnes prises dans un orage impromptu sur une ligne de crête et brutalement atomisées par des éclairs gigantesques – « Y'avait plus qu'une trace roussie sur le sol » –, aux tentes écrasées par la chute d'un arbre, balayées par le mur d'eau d'une crue soudaine, entraînées dans l'abîme par des rivières de pluie et précipitées au fond de la vallée tels des parapentes. Innombrables étaient les randonneurs dont la dernière sensation avait été une vibration du sol suivie d'une pensée confuse : « Mais qu'est-ce que… »

Il n'était pas nécessaire de faire preuve de beaucoup d'inventivité ni de s'être livré à des lectures approfondies pour envisager des situations où j'arrachais mes vêtements en chancelant sous l'assaut de fourmis de feu aux pinces voraces ou bien me retrouvais cerné par une meute de loups qui se rapprochaient inexorablement, enhardis par la faim. Je me figurais cloué de stupeur, les yeux rivés sur une houle qui soulevait les broussailles dans ma direction, avant d'être renversé quelques secondes plus tard dans un couinement perçant par un sanglier aux petits yeux froids de la taille d'un canapé, bave aux babines, prêt à se régaler de chair rose et dodue amollie par la vie citadine.

Et puis il y avait toutes ces maladies qui rôdaient dans les bois : lambliase, encéphalite équine de l'Est, fièvre pourprée des montagnes Rocheuses, borréliose de Lyme, ehrlichiose monocytique, bilharziose, brucellose, dysenterie bacillaire, infections gastriques dues à l'*Helicobacter pylori* – pour ne donner qu'un échantillon. L'encéphalite équine de l'Est, causée par une morsure de moustique, attaque le cerveau et le système nerveux central. Avec beaucoup de chance, vous pouvez espérer passer le reste de votre vie dans un fauteuil roulant avec un bavoir autour du cou mais, plus probablement, vous mourrez. Il n'existe aucun traitement. Tout aussi fascinante, la borréliose de Lyme est transmise par la morsure d'une tique du cerf pas plus grosse qu'une tête d'épingle ; non diagnostiquée, elle peut rester en sommeil dans le corps humain pendant des années avant d'exploser en un véritable festival d'infections. C'est une maladie pour ceux qui aiment le tout en un. Les premiers symptômes se caractérisent par des maux de tête, une fatigue généralisée, de la fièvre, des frissons, des difficultés respiratoires, des étourdissements et des douleurs aiguës dans les extrémités ; ils évoluent ensuite vers une arythmie cardiaque, une paralysie faciale, des spasmes musculaires, de graves déficiences mentales, une perte de contrôle des fonctions corporelles et – ce qui n'est guère surprenant vu les circonstances – une dépression chronique.

À cela s'ajoutait une famille peu connue d'organismes appelés « hantavirus » : ils prolifèrent dans les émanations gazeuses des excréments de souris et de rats, lesquelles pénètrent dans les poumons de quiconque a la malchance d'en approcher un orifice respiratoire un peu trop près (en dormant, par exemple, sur la banquette d'un refuge où des souris contaminées ont récemment trottiné). En 1993, une vague d'hantavirus tua 32 personnes dans le sud-ouest des États-Unis, et l'année suivante la maladie fit sa première victime sur le sentier des Appalaches : un randonneur la contracta après une nuit passée dans un « abri infesté de rongeurs » – tous les abris de l'AT sont infestés de rongeurs. Là aussi, il n'existe pas de traitement. Parmi les virus, seuls la rage, le VIH et Ebola sont plus mortels.

Et enfin, puisqu'on était en Amérique, il y avait la constante possibilité de se faire assassiner. Au moins 9 randonneurs – le chiffre dépend de la source consultée et de la définition que l'on donne d'un randonneur – avaient été tués sur le sentier depuis 1974. Deux jeunes femmes allaient y mourir pendant mon propre périple.

Pour différentes raisons logistiques principalement liées aux longs hivers exténuants du nord de la Nouvelle-Angleterre, le sentier des Appalaches n'est praticable qu'un certain nombre de mois par an. Si vous démarrez par l'extrémité nord, au mont Katahdin, dans le Maine, vous devez attendre la fonte des neiges, vers la fin mai ou le début juin. Si, en revanche, vous prévoyez de remonter depuis la Géorgie, vous devez programmer votre itinéraire pour finir avant la mi-octobre et les premières intempéries. La plupart des gens empruntent l'AT au printemps, du sud au nord, afin de précéder de quelques semaines les grosses chaleurs et les insectes les plus importuns ou les plus dangereux. Mon intention était de partir depuis le sud début mars. J'avais prévu six semaines pour la première étape.

Les affirmations relatives à la longueur exacte du sentier des Appalaches sont toujours d'une indétermination remarquable. L'US National Park Service, l'office national des parcs américains, qui se distingue régulièrement par ses positions aussi originales qu'inquiétantes, réussit dans un même prospectus à donner deux mesures différentes : 3 470 et 3 540 kilomètres. Les *Guides officiels du sentier des Appalaches*, un ensemble de onze volumes, dédié chacun à un État ou à une section en particulier, indiquent indifféremment des distances de 3 450, 3 455, 3 474 kilomètres et « plus de 3 460 kilomètres ». L'Appalachian Trail Conference, l'organe chargé de l'administration du sentier, arrêta sa longueur en 1993 à exactement 3 453,6 kilomètres puis revint pour deux ans à un hésitant « plus de 3 460 kilomètres », avant d'affirmer de nouveau une confiante précision avec 3 476,1 kilomètres. Toujours en 1993, trois personnes poussèrent une roue de mesure sur la totalité du parcours et conclurent à une distance de 3 482 kilomètres. À peu près au même moment, un savant calcul fondé sur un jeu complet de cartes d'état-major américaines avança le chiffre de 3 408,5 kilomètres.

Ce qui est certain, c'est que la route est longue et que, quel que soit le trajet choisi, elle est difficile. Les sommets du sentier des Appalaches ne sont pas particulièrement impressionnants en termes d'altitude – le plus haut, le Clingmans Dome, culmine à un peu plus de 2 000 mètres –, mais il faut tout de même les avaler et ils se succèdent sans fin. Il y a plus de 350 pics excédant les 1 500 mètres tout au long du chemin et peut-être 1 000 de plus dans les environs immédiats de son tracé. En une semaine, on peut se retrouver à gravir l'équivalent de cinquante fois le mont Snowdon, point culminant du pays de Galles à 1 085 mètres. Globalement, il faut cinq mois et cinq millions de pas pour parcourir le sentier d'un bout à l'autre.

Et naturellement, en trimballant toutes ses affaires sur son dos. Cela peut paraître évident, mais j'ai eu un certain choc lorsque j'ai pris conscience que l'opération n'allait ressembler en rien à une balade en Angleterre autour du Lake District, lorsque l'on part pour la journée avec un sandwich dans sa musette et que l'on est heureux le soir venu de quitter les collines pour rejoindre un pub sympathique. Sur l'AT, on dort dehors et on fait sa propre cuisine. Peu de gens réussissent à constituer un paquetage de moins de 20 kilos et, lorsque l'on charrie ce genre de poids, croyez-moi, il se rappelle à vous à chaque instant. C'est une chose de marcher sur 3 000 kilomètres, c'en est une autre de marcher sur 3 000 kilomètres avec une armoire sur le dos.

J'ai commencé à soupçonner avec découragement l'ampleur de l'entreprise lorsque je me suis rendu chez Dartmouth Co-op, le magasin de sport du coin, pour acheter mon équipement. Mon fils venait juste d'y commencer un job à mi-temps et avait donc exigé que j'y observe la plus stricte bienséance. Plus particulièrement, je n'étais pas censé dire ou faire quoi que ce soit d'idiot, ni pratiquer des essayages qui nécessiteraient d'exhiber ma brioche, ni m'exclamer « Sans déconner ? » en apprenant le prix de certains articles, ni montrer un ennui manifeste quand le vendeur m'en expliquerait l'entretien ; par-dessus tout, j'étais prié de ne rien tenter de déplacé, comme enfiler un bonnet de ski féminin pour amuser la galerie.

On m'a conseillé de m'adresser à Dave Mengle, car il avait parcouru une bonne partie du sentier et était une véritable encyclopédie de la survie en plein air à lui tout seul : un gars gentil, poli, qui pouvait parler pendant des jours d'équipement de randonnée sans cesser d'être intéressant.

Je n'avais jamais été aussi perplexe et impressionné à la fois. Nous avons passé un après-midi entier à examiner son stock. Il me disait des choses comme : « Cette tente a un double toit en polyester, tissage ripstop 70 deniers, 210 fils au pouce, haute densité et résistant à l'abrasion. Mais je vais être franc avec vous. (Il se penchait alors vers moi et baissait la voix pour adopter le ton de la confidence, comme s'il allait me révéler qu'il avait déjà été arrêté dans des toilettes publiques en compagnie d'un marin en bordée.) Les coutures n'ont pas de biais mais sont simplement rabattues, avec des doubles surpiqûres, et l'habitacle est un peu exigu. »

Je suppose que puisque j'avais mentionné mes quelques expériences de randonnées en Angleterre, il s'imaginait s'adresser à un connaisseur. Ne voulant ni l'inquiéter ni le décevoir, lorsqu'il me posait une question du style : « Qu'est-ce que vous pensez des suspensions en fibres de carbone ? », je hochais la tête avec un petit rire entendu pour montrer que j'avais été confronté maintes fois à cet éternel débat et répondais : « Vous savez, Dave, j'avoue n'avoir jamais réussi à trancher. Quel est votre avis ? »

Nous avons gravement pesé les mérites des sangles de compression latérales, des jupes d'étanchéité, des revêtements antidérapants et des attaches de bretelles, et débattu de différentiels de transfert de charge, de systèmes de ventilation et de quelque chose baptisé « ratio de découpe occipitale ». Cela s'est poursuivi pour chacun des articles. Même un réchaud en aluminium donnait lieu à un certain nombre de considérations en termes de poids, de compacité, de dynamique thermique et d'autres fonctionnalités qui pouvaient alimenter la conversation pendant des heures. Entre ces diverses observations, nous faisions de nombreux apartés sur la randonnée en général, traitant principalement des innombrables dangers qui guettaient le marcheur – chutes de pierres, rencontres avec des ours, explosions de réchauds, morsures de serpents – que Dave décrivait le regard voilé d'une certaine tendresse, avant de revenir à notre sujet.

Il faisait constamment référence aux questions de poids. Cela me paraissait un brin tatillon de choisir tel sac de couchage plutôt qu'un autre simplement parce qu'il pesait 100 grammes de moins ; mais tandis que le matériel s'accumulait autour de nous, j'ai commencé à entrevoir comment les grammes pouvaient rapidement se transformer en kilos. Je ne m'attendais pas à acheter autant de choses : je possédais déjà des chaussures de marche, un couteau suisse et un porte-cartes en plastique transparent que l'on accroche autour du cou, je pensais donc être plutôt bien pourvu. Mais plus je discutais avec Dave, plus je me rendais compte que je m'équipais pour une expédition.

J'ai reçu deux grands chocs : le premier en découvrant le coût élevé des articles (chaque fois que Dave s'esquivait dans la réserve ou allait vérifier un grade de deniers, je regardais les étiquettes en cachette et me sentais gagné par l'affolement) ;

le second en remarquant que toute pièce d'équipement semblait nécessiter une autre pièce d'équipement. Si vous achetiez un sac de couchage, il vous fallait une housse pour le ranger, et cette housse coûtait 29 dollars. Je trouvais ce concept extrêmement difficile à intégrer.

Quand après moult réflexions gravissimes mon choix s'est arrêté sur un sac à dos – un Gregory très cher, le haut de gamme, dans le style « inutile de lésiner là-dessus » –, Dave m'a dit :

« Bien, et quel genre de sangles vous allez prendre avec ?

– Plaît-il ? » ai-je fait en m'apercevant que j'étais soudain atteint de saturation de fièvre acheteuse.

Je n'étais soudain plus capable de répondre allègrement : « Mettez-en-moi donc une demi-douzaine, Dave. Oh ! et je prendrai aussi huit de celles-ci... Allez ! Et puis zut, partons sur douze ! On ne vit qu'une fois, hein ? » Le monceau d'articles dont la plaisante abondance m'avait paru la minute d'avant si pleine de promesses – toutes ces choses neuves rien que pour moi ! – me semblait maintenant pesant, exagéré.

« Les sangles, a répété Dave. Vous savez, pour attacher votre sac de couchage ou arrimer différents accessoires.

– Les sangles ne sont pas fournies ? ai-je coupé d'un ton neutre qui contrastait avec mon enthousiasme passé.

– Oh ! non. »

Il a parcouru du regard un étalage de produits et s'est tapoté le nez du bout du doigt.

« Il vous faudra aussi une housse de protection contre la pluie. »

J'ai cligné des yeux.

« Une housse de protection contre la pluie ? Pourquoi ?

– Pour protéger le sac de la pluie.

– Il n'est pas imperméable ? »

Il a fait la mimique de quelqu'un qui s'apprête à énoncer une très subtile nuance.

« Eh bien, je ne dirais pas à 100 pour cent… »

Cela m'a paru à peine croyable.

« Vraiment ? Le fabricant ne s'est pas dit que des gens allaient avoir envie d'utiliser leur sac en extérieur de temps en temps ? Voire même d'aller camper avec ? Et il coûte combien, ce sac, d'ailleurs ?

– 250 dollars.

– 250 dollars ! Sans déco… »

J'ai stoppé net et changé de ton.

« Êtes-vous en train de me dire, Dave, que je paie 250 dollars pour un sac qui n'a pas de sangles et qui n'est pas imperméable ? »

Il a hoché la tête.

« Et est-ce qu'il a un fond ? »

Mengle a arboré un sourire gêné. Ce n'était pas dans sa nature d'adopter une attitude négative face à l'univers merveilleux du matériel de camping.

« Les sangles existent en six coloris », a-t-il proposé avec obligeance.

J'ai fini avec assez d'équipement pour fournir du travail à plein temps à une vallée entière de sherpas : une tente trois saisons, un matelas autogonflant, une popote, des couverts pliables, des gamelles en plastique, un purificateur d'eau à pompe très compliqué, des sacs fourre-tout de toutes les couleurs de l'arc-en-ciel, un stick étanchéité coutures, un kit de rustines, un sac de couchage, des tendeurs, des gourdes, un poncho imperméable, des allumettes tous temps, une housse de protection pour sac à dos, une boussole-thermomètre sympa montée en porte-clef, un petit réchaud pliable qui avait franchement l'air dangereux, une recharge de gaz, une recharge de gaz de rechange, une lampe frontale que l'on portait sur la tête comme un mineur (celle-ci me plaisait beaucoup), un grand couteau pour tuer les ours et les péquenauds dégénérés, des maillots de corps et des caleçons longs isolants, quatre bandanas, et puis des tonnes d'autres machins dont certains m'ont obligé à retourner au magasin pour demander à quoi ils servaient exactement. Je n'ai pas cédé au tapis de sol de créateur à 59,95 dollars, sachant que je pouvais trouver une bâche pour 5 dollars au supermarché. J'ai également refusé la trousse de premiers soins, le kit couture, le kit antivenin, le sifflet d'alarme à 12 dollars et la petite pelle en plastique orange pour enterrer son caca, au motif que ces objets m'apparaissaient inutiles, trop chers, voire qu'ils invitaient au ridicule. La pelle orange, en particulier, semblait clamer haut et fort : « Ouh ! la chochotte ! »

Afin que tout soit bouclé une bonne fois pour toutes, je me suis rendu à la librairie pour acheter quelques ouvrages sur la randonnée, la vie sauvage et les sciences naturelles, plus une histoire géologique du sentier et le set complet susmentionné des *Guides officiels du sentier des Appalaches* – 11 petits livres de poche accompagnés de 59 cartes de différents styles, échelles et tailles couvrant tout le parcours de Springer Mountain au mont Katahdin pour le prix ambitieux de 233,45 dollars. En me dirigeant vers la sortie, j'ai remarqué un volume intitulé *Les Attaques d'ours. Leurs causes et leur prévention* ; je l'ai ouvert au hasard et suis tombé sur la phrase : « Voici un exemple de cas typique où un ours noir voit une personne et décide d'essayer de la tuer pour la manger. » J'ai ajouté le bouquin à mon panier.

J'ai ramené ces emplettes chez moi et effectué plusieurs voyages pour les descendre au sous-sol. Il y en avait tellement, toute cette technologie me semblait si mystérieuse, que je me sentais à la fois excité et intimidé – mais surtout intimidé. Pour me donner un genre, j'ai placé la lampe frontale sur ma tête avant de retirer la tente de son emballage plastique et de la dresser sur le sol. J'ai déroulé le tapis autogonflant et l'ai poussé à l'intérieur, suivi de mon nouveau sac de couchage moelleux. J'ai rampé dans l'habitacle et y suis resté étendu un long moment afin de tester la sensation procurée par cet abri coûteux, confiné, totalement inédit et à l'étrange parfum de neuf, qui allait devenir ma maison de fortune. J'ai essayé de m'imaginer non pas dans mon sous-sol, à proximité du ronflement rassurant et si douillettement domestique de la chaudière, mais dehors, sur un col d'altitude, à écouter le bruit des arbres, le vent, le cri solitaire de créatures vaguement apparentées au chien et un soudain murmure rauque teinté d'un fort accent des montagnes de Géorgie qui disait : « Hé ! Dick, y'en a un ici. T'as pris la corde ? » Mais je n'y suis pas vraiment parvenu.

Je ne m'étais pas retrouvé dans un espace similaire depuis qu'à l'âge de neuf ans j'avais cessé de fabriquer des cabanes sous des guéridons avec des couvertures. C'était plutôt cosy, en fait, et, une fois qu'on s'était habitué à l'odeur – je songeais naïvement qu'elle se dissiperait avec le temps – ainsi qu'à la lumière d'un vert pâle maladif qui filtrait comme le halo d'un écran radar à travers la toile, ce n'était pas si mal. Un léger sentiment de claustrophobie, des émanations un peu désagréables, mais, indéniablement, il y avait ce qu'il fallait de robustesse et de confort.

« Ça ne sera pas si terrible », me suis-je dit. Mais au fond je savais que je me trompais lourdement.

II

Dans l'après-midi du 5 juillet 1983, trois accompagnateurs adultes et un groupe de jeunes dressèrent leur bivouac près du lac Canimina, un site renommé au beau milieu d'une odorante forêt de pins du Québec, à 130 kilomètres à peu près au nord d'Ottawa, dans la réserve faunique de la Vérendrye. Ils préparèrent leur repas puis, comme il se doit, enfermèrent leur nourriture dans un sac qu'ils transportèrent dans les bois à environ 25 mètres de là. Ils le suspendirent entre deux arbres au-dessus du sol, hors de portée des plantigrades.

Vers minuit, un ours noir vint rôder aux limites de la clairière, repéra le sac, monta dans un des arbres et cassa une branche pour le faire tomber. Il engloutit les provisions et s'éloigna. Une heure plus tard, il était de retour ; il pénétra cette fois au cœur du campement, attiré par l'odeur de viande grillée qui imprégnait les vêtements des dormeurs, leurs cheveux, leurs sacs de couchage et leurs toiles de tente. La nuit fut longue pour les randonneurs de Canimina. L'ours revint trois fois, entre minuit et 3 h 30 du matin.

Imaginez-vous, ou essayez du moins, étendu tout seul dans le noir, avec à peine quelques microns de nylon frémissant entre vous et l'air froid de la nuit, à écouter un ours de 180 kilos déambuler à proximité. Imaginez ses petits grognements, ses chuintements mystérieux, ses pas feutrés, sa respiration lourde, le fracas des gamelles renversées, les bruits baveux de mastication et le frottement sifflant de son arrière-train le long de votre tente. Imaginez la soudaine décharge d'adrénaline, le désagréable picotement dans les avant-bras à la perception d'une secousse brutale, inattendue, provoquée par son museau contre la base de l'habitacle. Imaginez le chancèlement inquiétant de votre fragile coquille tandis qu'il fourrage dans le sac à dos que vous avez négligemment calé près de l'entrée – avec, vous vous en souvenez maintenant, une barre de Snickers dans une des poches. Les ours adorent les Snickers, on vous l'a dit.

Naît alors la pensée sinistre – oh ! non – que vous avez peut-être pris la barre chocolatée avec vous, qu'elle est là quelque part à vos pieds ou sous votre sac de couchage – et merde, la voilà ! Un nouveau choc contre la tente, une tête, des grognements, cette fois près de vos épaules. Une fois encore, tout vacille. Puis vient le silence, un long silence – chut… attends, attends… oui ! – suivi d'un soulagement indicible lorsque vous prenez conscience que l'ours s'est retiré à l'autre bout du camp ou a repris de son pas lourd le chemin de la forêt. Je vous le dis tout net : je ne pourrais pas le supporter.

Alors songez un peu à ce que cela dut être pour le pauvre petit David Anderson, douze ans, quand à 3 h 30, lors de la troisième incursion de l'animal, ce fut sa tente, parmi toutes les autres, qui fut brusquement déchirée par un grand coup de griffe : rendu fou par l'entêtant parfum de hamburger, l'ours mordit violemment dans un des membres de l'enfant et traîna sa proie jusqu'à la forêt. Le temps que ses camarades s'extirpent de leur attirail, rampent hors de leurs sacs de couchage volumineux, trouvent des torches et des gourdins de fortune, ouvrent les fermetures à glissière de leurs tentes avec des doigts désespérément tremblants et donnent la chasse, David Anderson était mort.

Et maintenant figurez-vous quelqu'un qui lit un ouvrage bourré d'anecdotes de ce genre – des histoires vraies racontées sans fioritures – juste avant de partir faire du camping tout seul dans une région sauvage d'Amérique du Nord... Car c'était bien le livre que j'avais acheté : *Les Attaques d'ours. Leurs causes et leur prévention*, par Stephen Herrero, un universitaire canadien. Si ce n'est pas la référence sur le sujet, alors je ne veux vraiment, vraiment pas la connaître. Pendant les longues soirées d'hiver du New Hampshire, tandis que la neige s'amoncelait dehors et que ma femme sommeillait paisiblement à mes côtés, je restais étendu les yeux arrondis de stupeur à lire des comptes rendus d'une précision clinique sur des personnes dévorées ou réduites en bouillie dans leur sac de couchage, cueillies sur l'arbre où elles s'étaient réfugiées en gémissant, suivies sans bruit (je ne savais pas que c'était possible !) sur le sentier feuillu qu'elles avaient emprunté par mégarde ou le long du torrent de montagne dans lequel elles rafraîchissaient leurs pieds. Des gens dont l'unique erreur fatale avait été de lisser leurs cheveux avec une noisette de gel parfumé, de manger un morceau de viande juteux, de glisser un Snickers dans la poche de leur chemise, de faire l'amour ou éventuellement d'avoir leurs règles – c'est-à-dire qui avaient malencontreusement excité d'une façon anodine ou d'une autre les sens d'un ours affamé. Ou simplement, d'ailleurs, des gens qui n'avaient pas eu de chance : ils étaient tombés au détour d'un virage sur un mâle grincheux qui leur bloquait le passage avec un balancement de tête appréciateur ou s'étaient aventurés involontairement sur le territoire d'un spécimen trop âgé ou trop paresseux pour s'attaquer à des proies plus rapides.

Mais soyons clair d'emblée : la possibilité d'une attaque d'ours grave sur le sentier des Appalaches est faible. Tout d'abord, l'ours américain véritablement dangereux, le grizzly, très justement nommé *Ursus horribilis* pour ne laisser planer aucun doute, n'essaime pas à l'est du Mississippi ; c'est plutôt une bonne nouvelle, car l'animal est grand, puissant et furieusement mal luné. Quand en 1804 Lewis et Clark se lancèrent dans leur expédition à travers les contrées sauvages, ils découvrirent que rien n'angoissait plus les populations indigènes que le grizzly, ce qui n'était pas surprenant puisqu'on pouvait le cribler de flèches, le changer littéralement en porc-épic, sans qu'il cesse pour autant d'avancer vers son but. Même Lewis et Clark, avec leurs gros fusils, furent abasourdis en constatant qu'un grizzly pouvait encaisser des volées de plomb sans ciller ou presque.

Herrero rapporte un incident qui illustre parfaitement la quasi-invulnérabilité des grizzlys. Un chasseur professionnel d'Alaska, Alexei Pitka, pista un énorme mâle dans la neige et finit par l'abattre avec sa carabine à gros calibre d'un coup bien ajusté en plein cœur. Pitka aurait probablement dû avoir sur lui un manuel disant : « Vérifiez d'abord que l'ours est mort, puis baissez votre arme. » Il s'approcha prudemment et passa une minute ou deux à observer les tressaillements de l'animal. Quand tout fut fini, il appuya sa carabine contre un arbre – grosse erreur – et avança d'un pas décidé pour s'emparer de son trophée. Au moment où il atteignait sa proie, l'ours bondit, referma ses formidables mâchoires sur la figure de Pitka, comme pour lui donner un baiser, et d'une seule secousse lui arracha le visage.

Par miracle, Pitka survécut. « Je ne sais pas pourquoi j'ai laissé cette foutue carabine contre un arbre », dirait-il plus tard. En fait, cela donna plutôt : « Hmm… mmm… humpf » puisqu'il n'avait plus ni lèvres, ni dents, ni nez, ni langue, ni aucun autre organe vocal.

Si je devais être lacéré et dévoré – et plus je lisais, plus cela me paraissait complètement possible –, cela serait par un ours noir, ou *Ursus americanus.* Il y a au moins 500 000 ours noirs en Amérique du Nord, et peut-être même jusqu'à 700 000. Ils sont surtout présents dans les montagnes environnant le sentier des Appalaches (d'ailleurs ils l'empruntent souvent par commodité) et leur nombre est en constante augmentation. Les grizzlys, au contraire, ne comptent pas plus de 35 000 individus dans toute l'Amérique du Nord, et seulement un millier aux États-Unis, principalement dans le parc national de Yellowstone et ses alentours.

Des deux espèces, les ours noirs sont en général les plus petits (mais c'est franchement relatif, un *Ursus americanus* mâle pouvant quand même peser jusqu'à 295 kilos) et sans aucun doute les plus introvertis. Ils attaquent rarement. Sauf que, voilà, parfois si. Tous les ours sont agiles, intelligents, incroyablement forts et constamment affamés. S'ils veulent vous tuer pour vous manger, ils peuvent le faire à peu près quand ça leur chante. Ce n'est pas très fréquent, mais – et c'est un point absolument fondamental – une fois suffit.

Herrero s'emploie à démontrer que les agressions d'ours noirs sont rares, proportionnellement à leur nombre. De 1900 à 1980, il n'identifie que 23 morts attestées causées par cette race (environ la moitié du nombre de décès provoqués par les grizzlys) et la plupart ont eu lieu dans l'ouest des États-Unis ou au Canada. Dans le New Hampshire, il n'y a pas eu d'attaque fortuite fatale depuis 1784. Dans le Vermont, cela ne s'est jamais produit.

Je ne demandais qu'à être rassuré par ces affirmations mais ne réussissais pas à y accorder toute la foi nécessaire. Après avoir noté que 500 personnes seulement avaient été attaquées et blessées par des ours noirs entre 1960 et 1980 – 25 agressions par an pour une population fixe d'au moins un demi-million d'ours –, Herrero ajoute que la majorité de ces blessures étaient sans gravité. « Les blessures typiques infligées par l'ours noir, écrit-il prosaïquement, sont mineures et ne comportent généralement que quelques griffures et morsures légères. »

Pardon, mais qu'entend-on exactement par morsures légères ? Est-il question de mordillements bavouilleux et de joyeuses bousculades ? J'en doute. Est-ce vraiment si insignifiant, 500 attaques attestées, si l'on considère le faible nombre de personnes qui s'aventurent dans les forêts nord-américaines ? Et ne faut-il pas être un peu idiot pour être rassuré par la nouvelle qu'aucun ours n'a tué d'homme dans le New Hampshire et le Vermont depuis deux cents ans ? Parce que ce n'est pas comme si les ours avaient signé un traité de paix, vous savez. Rien ne dit qu'ils ne vont pas se lancer demain dans un petit massacre rédempteur.

Imaginons donc qu'un ours décide de nous faire la peau au beau milieu de nulle part. Qu'est-ce qu'on est censés faire ? Il est intéressant de constater que les stratagèmes conseillés pour les grizzlys sont l'exact opposé de ceux préconisés pour les ours noirs. Avec un grizzly, il faut opter pour un grand arbre, puisqu'ils ne sont pas très portés sur la grimpette. S'il n'y a aucun arbre adéquat à l'horizon, il ne reste qu'à reculer lentement en évitant les contacts visuels directs. Tous les livres affirment que confronté à un grizzly vous devez absolument éviter de courir. Ceux qui donnent ce genre de conseil sont assis devant leur clavier. À mon avis, si vous vous retrouvez dans un espace découvert, sans armes, et qu'un grizzly se précipite vers vous, courez. Ça ne mange pas de pain. Au moins, ça vous donnera quelque chose à faire pendant les sept dernières secondes de votre vie. Cependant, à l'instant où il vous rattrapera – car il vous rattrapera –, vous pourrez toujours vous jeter au sol et faire semblant d'être mort. Un grizzly tentera de mâchonner un corps inerte une minute ou deux mais finira généralement par s'en désintéresser puis par s'éloigner d'un pas traînant. Avec les ours noirs, il est vain de faire le mort puisqu'ils continueront de toute façon de vous dévorer tranquillement jusqu'à ce que ça ne vous fasse plus ni chaud ni froid. Il est tout aussi stupide de monter à un tronc, car ces plantigrades sont d'adroits grimpeurs et, comme le note Herrero très pince-sans-rire, vous vous retrouveriez quand même à vous battre contre un ours, mais en haut d'un arbre.

Pour faire fuir un ours noir agressif, l'auteur suggère de faire beaucoup de vacarme, de jouer de la cymbale avec des casseroles et des gamelles, mais aussi de lancer des bâtons et des pierres, et de « courir en direction de l'ours » – mais oui, bien sûr : après vous, cher professeur. Cependant, il ajoute avec pertinence que ces stratagèmes pourraient aussi produire l'effet exactement inverse. Bon. Merci. Ailleurs, il recommande que les randonneurs songent à faire du bruit de temps en temps – chantent une chanson, par exemple – pour alerter l'ours de leur présence, étant donné qu'un animal surpris est plus susceptible d'être de mauvais poil ; mais quelques pages plus loin apparaît l'avertissement qu'« il peut y avoir danger à être trop bruyant », puisque cela peut attirer un ours affamé qui autrement serait passé sans s'arrêter.

En vérité, personne ne peut vous dire avec certitude comment agir. Les ours sont imprévisibles et ce qui marche dans telle circonstance pourra échouer dans telle autre. En 1973, Mark Seeley et Michael Whitten, deux adolescents en randonnée dans le parc de Yellowstone, passèrent par inadvertance entre une mère et ses petits. Rien n'inquiète et ne contrarie davantage une femelle que de voir quelqu'un s'interposer entre elle et sa progéniture. Furieuse, elle fit demi-tour et chargea ; malgré sa démarche maladroite, un ours peut atteindre 35 kilomètres-heure. Les deux garçons grimpèrent tant bien que mal dans des arbres. L'ourse suivit Whitten, referma sa gueule sur son pied droit et, lentement mais sûrement, le tira au bas de son perchoir. (C'est moi, ou vous aussi vous entendez crisser vos ongles sur l'écorce ?) Une fois à terre, elle se mit à le lacérer avec acharnement. Dans une tentative pour la distraire de son ami, Seeley lui hurla dessus ; sur quoi, elle se dirigea vers lui et le fit aussi descendre de son arbre. Les deux jeunes hommes firent semblant d'être morts – exactement ce qu'il ne faut pas faire, si l'on en croit tous les manuels de survie –, et l'animal disparut.

Je ne dirais pas que j'étais obsédé par toutes ces histoires, mais elles ont largement occupé mes pensées durant les mois d'attente qui ont précédé le printemps. Ma plus terrible angoisse, l'image saisissante qui me gardait éveillé nuit après nuit à fixer les ombres des arbres qui se découpaient sur le plafond de ma chambre, était de me retrouver étendu dans une petite tente, seul au milieu d'une nature sauvage, dans une obscurité totale, à écouter un ours qui fourrageait dehors en me demandant quelles étaient ses intentions exactes. J'étais particulièrement fasciné par une photographie amateur du livre d'Herrero, prise au flash dans la pénombre par un campeur qui sillonnait l'ouest du pays. Le cliché montrait quatre ours noirs intrigués par un sac de provisions suspendu à une branche. Ils étaient très surpris mais pas vraiment alarmés par le flash. Ce n'était pas la taille ni le comportement des ours qui me troublaient – ils avaient un air débonnaire presque comique, comme quatre gars qui auraient coincé leur frisbee dans un arbre – mais leur nombre. Jusqu'à cet instant, je n'avais pas envisagé que les ours puissent se retrouver en bande pour des petites soirées. Qu'est-ce que j'allais bien pouvoir faire si *quatre* ours débarquaient dans mon campement ? Quelle question ! Mourir, bien sûr ! Littéralement : faire dans mon froc jusqu'à ce que mort s'ensuive.

Le livre d'Herrero avait été écrit en 1985. Depuis cette époque, selon un article du *New York Times*, les attaques d'ours en Amérique du Nord avaient augmenté de 25 pour cent. L'article mentionnait également que les ours étaient plus susceptibles d'être agressifs au printemps après une année de mauvaise récolte de baies. Comme l'année dernière. Je n'aimais pas ça du tout.

Mais il y avait aussi les problèmes et les dangers liés à la solitude. J'avais toujours mon appendice et tout un tas d'autres organes qui pouvaient déclarer forfait ou se mettre à fuir en pleine nature sauvage. Que ferais-je alors ? Et si je tombais dans un précipice et me brisais le dos ? Et si je perdais mon chemin dans le blizzard, qu'un serpent venimeux me saute à la gorge ou que je perde pied sur les roches moussues d'un torrent et me fracasse la tête ? Seul, on pouvait se noyer dans 8 centimètres d'eau. Ou mourir à cause d'une cheville foulée. Non, je n'aimais vraiment pas ça du tout.

À Noël, j'ai ajouté une petite note à toutes mes cartes de vœux pour inviter les gens à se joindre à mon expédition, même ponctuellement. Bien sûr, personne ne m'a répondu. Et puis un jour, à la fin de février, alors que le départ approchait, j'ai reçu un appel. C'était un vieil ami d'école du nom de Stephen Katz[1]. Nous avions grandi ensemble dans l'Iowa, mais j'avais plus ou moins perdu contact avec lui après qu'il eut été le compagnon de voyage de ma jeunesse, en Europe. Durant ces vingt-cinq dernières années où j'avais résidé en Angleterre, je n'étais tombé sur lui que trois ou quatre fois lors de séjours aux États-Unis.

« J'ai hésité à t'appeler », a-t-il dit lentement.

Il semblait ne pas être sûr de la tournure à adopter.

« Mais ce truc du sentier des Appalaches… Tu penses que je pourrais venir avec toi ? »

Je n'arrivais pas à y croire.

« Tu veux venir avec moi ?

– Si c'est un problème, je comprendrais.

– Non. Non, non, non. Tu es le bienvenu. Tout à fait le bienvenu.

– Vraiment ? »

Il a paru s'égayer.

« Bien sûr ! »

1. Bill Bryson l'évoque dans *Ma fabuleuse enfance dans l'Amérique des années 1950*, « Petite Bibliothèque Payot/Voyageurs », 2010. *(N.d.T.)*

Je n'en revenais absolument pas. Je n'allais pas être obligé de marcher seul. Je sautillais sur place. *Je n'allais pas être obligé de marcher seul.* J'ai ajouté :

« Tu ne peux pas savoir comme ça me fait plaisir !

– Oh ! génial, a-t-il répondu avec un immense soulagement, avant d'ajouter sur le ton de la confidence : Je pensais que tu ne voudrais pas de moi.

– Et pourquoi ça ?

– Parce que, tu sais, je te dois toujours 600 dollars depuis l'Europe.

– Hé ! mais non, je ne crois… Tu me dois 600 dollars ?

– J'ai toujours l'intention de te les rembourser.

– Ah ! »

Je n'avais aucun souvenir de ces 600 dollars. Je n'avais jamais exempté quelqu'un d'une dette de cette ampleur auparavant et il m'a fallu un moment pour que les mots franchissent mes lèvres.

« Écoute, ce n'est pas un problème. Viens randonner avec moi. Tu es sûr que tu es partant ?

– Absolument.

– Dans quel genre de forme es-tu ?

– Très bonne. Je vais partout à pied ces temps-ci.

– Vraiment ? »

C'était plutôt inhabituel, en Amérique.

« Ben, ils m'ont retiré le permis, tu sais.

– Ah ! »

Nous avons encore discuté de choses et d'autres : de sa mère, de ma mère, de Des Moines. Je lui ai confié mon peu de connaissance du parcours et de la survie en pleine nature. Nous avons décidé qu'il prendrait l'avion pour le New Hampshire le mercredi suivant et que nous passerions deux jours à faire nos préparatifs avant de nous mettre en route. Pour la première fois depuis des mois, je me sentais totalement positif à l'idée de ce projet. Katz paraissait très motivé pour quelqu'un qui n'était même pas obligé de s'embarquer dans cette galère.

Je lui ai adressé ces derniers mots :

« Et ça va, avec les ours ?

– Hé ! ils n'ont pas encore réussi à m'avoir. »

Voilà le bon esprit, ai-je songé. Cher vieux Katz. Cher vieux qui que ce soit avec assez de cœur au ventre et de bonne volonté pour m'accompagner. Après avoir raccroché, je me suis rendu compte que je ne lui avais pas demandé pourquoi il voulait venir. Mais Katz était le seul gars sur Terre de ma connaissance qui puisse avoir des raisons de fuir des types avec des noms comme Rico ou Big Jim. Mais peu importait. Je n'allais pas marcher seul.

J'ai rejoint ma femme dans la cuisine et lui ai annoncé l'excellente nouvelle. Son enthousiasme s'est avéré plus tiède que je ne l'avais escompté.

« Tu pars en forêt pendant des semaines et des semaines avec quelqu'un que tu as à peine vu depuis vingt-cinq ans. As-tu réfléchi à ça ? a-t-elle demandé avec l'air d'insinuer que je n'avais de toute façon jamais réfléchi à rien. Je croyais que vous aviez fini par vous taper sur les nerfs, en Europe. »

Ce n'était pas tout à fait vrai.

« Non. On a commencé par se taper sur les nerfs. On a fini par se haïr. Mais c'était il y a longtemps. »

« C'est ça », a semblé dire son regard.

« Vous n'avez rien en commun.

– On a tout en commun. On a quarante-quatre ans. On parlera d'hémorroïdes et de douleurs dorsales, on constatera qu'on n'arrive plus à se rappeler où on met les choses. Ensuite, je dirai : "Hé ! je t'ai raconté mes problèmes de dos ?" Il répondra : "Non, je ne crois pas" et on recommencera tout depuis le début. Ça va être génial.

– Ça va être l'enfer.

– Ouais, je sais. »

C'est ainsi que je me suis retrouvé six jours plus tard dans notre aéroport local à observer un avion des lignes intérieures qui atterrissait avec Katz à son bord puis manœuvrait pour se ranger sur le tarmac, à 20 mètres du terminal. Le vrombissement des réacteurs s'est intensifié un moment puis a décliné progressivement jusqu'à l'arrêt total. La porte qui faisait office de passerelle s'est rabattue pour toucher le sol. J'essayais de me rappeler la dernière fois que j'avais vu Katz. Après notre été en Europe, il était retourné à Des Moines et s'était consacré à lui tout seul au maintien d'une culture psychédélique vivace dans l'Iowa. Il avait fait la fête pendant des années, jusqu'à ce qu'il n'y ait plus personne pour faire la fête avec lui ; alors il avait continué en solo, dans son petit appartement, en short de boxeur et tee-shirt, avec une bouteille, un sachet d'herbe et une télé affublée d'oreilles de lapin. Je me suis soudain souvenu de notre ultime entrevue ; c'était il y a cinq ans dans un Denny's où j'avais emmené ma mère pour le petit déjeuner. Il était assis dans un box, avec un type hagard qui ressemblait à Woody Allen dans *Prends l'oseille et tire-toi*, et se bourrait de pancakes tout en avalant de temps à autre quelques gorgées illicites d'une bouteille cachée dans un sac en papier. À 8 heures du matin, Katz semblait très heureux. Il était toujours heureux quand il était bourré, et il était bourré en permanence.

Deux semaines plus tard, j'avais appris que la police l'avait retrouvé dans une voiture renversée sur le capot, au beau milieu d'un champ à la sortie de Mingo ; suspendu par sa ceinture de sécurité, toujours accroché au volant, il avait déclaré : « Il y a un problème, monsieur l'agent ? » Une petite quantité de cocaïne se trouvait dans sa boîte à gants et on l'avait expédié dans un centre de détention pendant dix-huit mois. Là-bas, il s'était inscrit à des réunions des Alcooliques anonymes. À la surprise générale, et surtout la sienne, il n'avait pas touché une goutte d'alcool ni aucune substance illégale depuis.

Après sa libération, il avait trouvé un petit boulot, était retourné à l'université et s'était installé quelque temps avec une coiffeuse du nom de Patty. Ces trois dernières années, il s'était appliqué à rester dans le droit chemin et – comme je l'ai vu instantanément quand il a courbé les épaules pour émerger de la porte de l'avion – à faire du gras. C'était une vision saisissante : il avait incroyablement grossi depuis notre précédente rencontre. Il avait toujours été plutôt rondelet, mais maintenant il rappelait Orson Welles après une nuit agitée. Il boitait un peu et était plus essoufflé qu'on est censé l'être après avoir parcouru 20 mètres.

« Dis donc, j'ai faim, a-t-il dit sans préambule avant de m'abandonner son bagage de cabine qui m'a presque démis l'épaule.

– Qu'est-ce que tu as là-dedans ? ai-je soufflé.

– Oh ! des cassettes et des machins pour la rando. Il n'y a pas un Dunkin' Donuts dans les parages ? Je n'ai rien mangé depuis Boston.

– Boston ? Ce n'est pas le bout du monde…

– Ouais, mais il faut que j'avale quelque chose toutes les heures environ sinon j'ai une crise de – comment on dit ? – convulsions.

– Convulsions ? »

Ce n'était pas vraiment le scénario de retrouvailles que j'avais envisagé. J'imaginais Katz étalé sur le sentier des Appalaches, tressautant comme un jouet à remontoir tombé sur le dos.

« Oui, depuis que j'ai pris ces amphétamines frelatées, il y a dix ans. Mais si je mange un ou deux beignets, ou autre chose, généralement ça va.

– Stephen, on va être paumés en pleine nature dans trois jours. Il n'y aura pas de distributeurs de beignets. »

Il a souri avec fierté.

« J'y ai pensé. »

Il m'a désigné son sac – un paquetage vert provenant d'un surplus de l'armée – qui trônait sur le chariot et m'a laissé le soulever. Il pesait au moins 35 kilos. Katz a remarqué mon air interrogateur.

« Des Snickers, a-t-il expliqué. Des tonnes et des tonnes de Snickers. »

Nous avons pris le chemin de la maison en passant par le Dunkin' Donuts. Ma femme et moi, assis à la table de la cuisine, avons observé Katz engouffrer ses cinq beignets à la crème arrosés de deux verres de lait. Puis il a annoncé qu'il voulait s'allonger un moment. Cela lui a pris plusieurs minutes pour gravir l'escalier.

Ma femme s'est tourné vers moi, le visage vide.

« S'il te plaît, ne dis rien », ai-je lâché.

Dans l'après-midi, après la sieste de Katz, nous avons rendu une petite visite à Dave Mengle pour l'équiper d'un sac à dos, d'un sac de couchage, d'une tente et de tout ce qui s'en suit, puis sommes passés au supermarché pour nous procurer une bâche, des sous-vêtements en Thermolactyl et diverses choses de moindre importance. Ensuite, il s'est de nouveau reposé.

Le jour suivant, nous sommes retournés au supermarché afin d'acheter les provisions pour notre première semaine de trek. Je suis nul en cuisine, mais Katz, qui avait vécu en vieux garçon pendant des années, disposait d'un répertoire de recettes qui comprenait essentiellement les nouilles au thon et beurre de cacahouète, une spécialité qui selon lui conviendrait parfaitement à la popote de camping. Mais il n'en est pas resté là et a bourré le chariot de quantité d'autres produits : quatre gros saucissons, deux kilos et demi de riz, des paquets de biscuits, des flocons d'avoine, des raisins secs, des M&M's, des graines de tournesol, des gâteaux apéritifs, de la purée instantanée, des boîtes de corned-beef, deux grands sachets de sucre roux – « absolument vitaux », a-t-il déclaré avec assurance –, plusieurs bâtonnets de bœuf séché, deux briques de fromage, du jambon en gelée ainsi que la gamme complète de pâtisseries industrielles et de beignets gluants et imputrescibles produits par une société appelée Little Debbie.

« Tu sais, je ne crois pas que nous serons en mesure de transporter tout ça, ai-je osé tandis qu'il ajoutait une saucisse de mortadelle en forme de collier de cheval dans le chariot. »

Katz a examiné avec sévérité le monceau de victuailles.

« Ouais, tu as raison. On recommence. »

Il a abandonné le chariot sur place et est parti en chercher un autre.

Nous avons répété l'opération, en essayant cette fois d'être plus réfléchis et sélectifs, mais avons néanmoins terminé avec beaucoup trop de nourriture.

De retour à la maison, nous avons partagé les provisions en deux et sommes partis préparer notre barda, Katz dans la chambre où se trouvait son attirail, moi dans mon quartier général au sous-sol. J'ai fait et refait mon sac pendant deux heures sans jamais arriver à approcher d'un résultat satisfaisant : impossible de tout caser à l'intérieur. J'ai mis les livres et les carnets de côté ainsi que la majorité de mes vêtements de rechange ; j'ai essayé différentes combinaisons, mais, chaque fois que je pensais avoir terminé, je me retournais et découvrais des articles aussi imposants qu'indispensables oubliés par terre. J'ai fini par monter à l'étage pour voir comment s'en sortait Katz. Il était étendu sur son lit avec son Walkman. Ses affaires étaient éparpillées partout, son sac à dos vide, avachi, comme abandonné. Des crachotements de percussions étouffées montaient de ses écouteurs.

« Tu ne prépares pas ton paquetage ? ai-je demandé.

– Ouais. »

J'ai attendu un instant, pensant qu'il bondirait sur ses pieds, mais il n'a pas fait un geste.

« Excuse-moi, Stephen, mais tu donnes l'impression d'être allongé sur ton lit.

– Ouais.

– Tu entends ce que je te dis ?

– Ouais, une minute. »

Avec un soupir, je suis retourné au sous-sol.

Pendant le dîner, Katz ne s'est pas montré très bavard ; il est retourné dans sa chambre à peine la dernière bouchée avalée. Nous n'avons plus entendu parler de lui de la soirée, mais vers minuit, alors que nous étions au lit, des bruits ont commencé à poindre à travers la cloison : des piétinements, des marmonnements, des raclements – comme si des meubles étaient tirés sur le sol – et de brèves exclamations furieuses suivies de longs silences. J'ai pris la main de ma femme et n'ai rien trouvé à dire.

Au matin, j'ai frappé à la porte de Katz et passé la tête à l'intérieur. Il était endormi, complètement habillé, sur un enchevêtrement de draps en boule. Le matelas avait à moitié glissé du sommier ; on aurait dit que mon futur compagnon de route s'était retrouvé pendant la nuit mêlé à une échauffourée avec des cambrioleurs. Son sac était plein, mais cela ne garantissait rien ; d'autres effets personnels étaient toujours généreusement étalés dans la pièce. Je lui ai annoncé que nous devions partir dans une heure pour attraper notre avion.

« Ouais », a-t-il répondu.

Vingt minutes plus tard, dans un concert de jurons étouffés, il est laborieusement descendu au rez-de-chaussée. Sans même regarder, on devinait qu'il progressait de côté, avec précaution, comme si les marches étaient gelées. Il portait son sac. Des bidules y étaient accrochés partout : des baskets sales, une autre paire de chaussures qui ressemblaient à des bottines de luxe, des gamelles, une poche en plastique Laura Ashley manifestement dérobée dans l'armoire de ma femme et maintenant remplie avec Dieu sait quoi.

« Je n'ai pas pu faire mieux, a-t-il déclaré. J'ai dû laisser quelques trucs. »

J'ai hoché la tête. Moi aussi j'avais abandonné certaines petites choses, notamment les flocons d'avoine que je détestais de toute façon, plus les gâteaux Little Debbie qui me paraissaient les plus répugnants – c'est-à-dire tous.

Ma femme nous a conduits à l'aéroport de Manchester sous des bourrasques de neige, dans cette sorte de silence gênant qui précède les longues séparations ; Katz, assis à l'arrière, mangeait des beignets.

Une fois sur le parking, mon épouse m'a offert un bâton de marche en bois noueux que les enfants m'avaient acheté. Il était orné d'une faveur rouge. J'avais envie d'éclater en sanglots ou, mieux, de sauter dans la voiture et de partir en trombe pendant que Katz observait d'un air perplexe ses énigmatiques sangles toutes neuves. Ma tendre moitié m'a serré le bras, a souri faiblement puis a démarré.

Je l'ai regardée s'éloigner avant de pénétrer avec Katz dans le terminal. L'homme du comptoir d'enregistrement a examiné nos billets pour Atlanta et nos sacs, puis, plutôt judicieusement pour quelqu'un qui portait une chemise à manches courtes en plein hiver, il a lancé :

« Alors, messieurs, vous allez randonner sur le sentier des Appalaches ?

– Eh ouais ! a fièrement répondu Katz.

– Il y a pas mal de problèmes en Géorgie en ce moment avec les loups, vous savez.

– Ah bon ? »

Mon compagnon était tout ouïe.

« Oh ! oui. Quelques personnes se sont fait attaquer récemment. Assez sauvagement, d'après ce que j'ai entendu. »

Il s'est débattu un instant avec nos billets et les étiquettes des bagages puis a poursuivi :

« J'espère que vous avez pris des caleçons longs. »

Katz a plissé le visage.

« Pour nous protéger des loups ?

– Non, du temps. On annonce un record de froid là-bas pendant les quatre ou cinq jours qui viennent. Y'aura bien en dessous de zéro à Atlanta, ce soir.

– Oh ! génial », a fait Katz avec un soupir de découragement déchirant.

Il a regardé l'homme d'un air de défi :

« Vous avez d'autres infos pour nous ? L'hôpital vous a appelé pour dire qu'on avait un cancer ou un truc dans le genre ? »

L'employé a souri et jeté nos billets sur le comptoir.

« Non, c'est à peu près tout, mais je vous souhaite un beau voyage, les gars. Et puis (il s'adressait maintenant à Katz à voix basse) faites bien attention aux loups mon vieux, parce que, entre nous, vous paraissez très appétissant. »

Il nous a décoché un clin d'œil.

« Aïe, aïe », a marmonné Katz, l'air très, très déprimé.

Nous avons pris l'escalator jusqu'à notre porte d'embarquement.

« Et en plus je te parie qu'ils ne vont rien nous servir à manger sur ce vol », a-t-il conclu sur un curieux ton définitif teinté d'amertume.

III

Tout commença grâce à Benton MacKaye, un doux et bienveillant visionnaire pétri de bonnes intentions : à l'été 1921, il dévoila à son ami Charles Harris Whitaker, éditeur d'une célèbre revue d'architecture – *Journal of the American Institute of Architects* – son ambitieux projet de créer un sentier de randonnée. Dire qu'à ce stade la vie de MacKaye n'était pas toute rose est un cruel euphémisme. Au cours de la décennie précédente, il avait été viré de son emploi à Harvard puis écarté de son poste au National Forest Service qui, ne sachant où le caser, avait fini par lui trouver un bureau au Labor Department, avec pour vague mission de trouver des idées pour améliorer l'efficacité et la morale au travail. Là, il produisit consciencieusement quelques propositions aussi audacieuses qu'irréalistes : elles furent reçues avec une indulgence amusée puis promptement classées dans la poubelle. En avril 1921, sa femme, suffragette et pacifiste du nom de Jessie Hardy Stubbs, se jeta d'un pont dans l'East River à New York et se noya.

Ce fut dans ce contexte, à peine dix semaines après la tragédie, qu'il exposa à Whitaker l'idée d'un sentier dans les Appalaches. En octobre 1921, un descriptif du projet fut publié dans le *Journal of the American Institute of Architects*, qui lui offrit ainsi une tribune quelque peu incongrue. Le sentier de randonnée ne représentait qu'une partie de la vision de MacKaye. Il le considérait comme un fil d'Ariane destiné à relier un réseau de camps de jeunes volontaires où, par milliers, de pâles travailleurs urbains épuisés mais néanmoins altruistes viendraient se ressourcer dans la nature en s'adonnant bénévolement à un sain labeur. Ces camps censés abriter des auberges de jeunesse, des hôtels et des universités devaient se transformer au final en villages forestiers permanents, des sortes de communautés « autogérées » dont les habitants assureraient leur subsistance par des « activités coopératives non industrielles » telles que la sylviculture, l'agriculture et l'artisanat. MacKaye décrivait tout cela avec extase comme un « renoncement au profit », mais certains y virent surtout une « provocation bolchevique ».

Au moment de la publication du projet existaient déjà plusieurs clubs de randonnée dans l'est des États-Unis : le Green Mountain Club, le Dartmouth Outing Club et le vénérable Appalachian Mountain Club, entre autres. Ces associations, patriciennes pour la plupart, possédaient et entretenaient des centaines de kilomètres de sentiers montagneux et forestiers, surtout en Nouvelle-Angleterre. Inspirés par MacKaye, les représentants des clubs les plus importants se réunirent en 1925 à Washington et instituèrent l'Appalachian Trail Conference, une sorte de conseil du sentier des Appalaches, dans le but de mettre en place un tronçon de 1 900 kilomètres reliant les deux points culminants de l'est du pays : le mont Mitchell en Caroline du Nord, qui s'élève à 2 037 mètres, et le mont Washington dans le New Hampshire, plus bas d'à peine 121 mètres. Mais, en réalité, rien n'avança pendant les cinq années suivantes, notamment parce que MacKaye s'absorba si bien dans le peaufinage de sa grande idée que ni lui ni elle ne se trouvèrent plus connectés avec le monde réel.

Cependant, en 1930, un jeune avocat de Washington, Myron Avery, spécialisé en droit maritime et randonneur passionné, reprit le projet et lui donna une impulsion décisive. Les travaux se mirent soudain à progresser à vive allure. Avery n'était manifestement pas un type sympathique. Selon l'un de ses contemporains, il aurait laissé derrière lui deux sillages entre le Maine et la Géorgie : « Une traînée de ressentiments et le sentier des Appalaches. » Il ne montrait aucune patience envers MacKaye et ses « épigrammes quasi mystiques » : les deux hommes ne s'entendirent jamais. En 1935, ils se disputèrent âprement sur la question du développement du sentier à travers le Shenandoah National Park. Avery souhaitait y associer une route de montagne panoramique, mais MacKaye pensait qu'il s'agissait d'une trahison des principes fondateurs, et dès lors ils ne s'adressèrent plus la parole.

La paternité du sentier des Appalaches fut toujours attribuée à MacKaye parce qu'il vécut jusqu'à quatre-vingt-seize ans et s'auréola d'une vénérable toison de cheveux blancs ; pendant très longtemps, il fut donc tout à fait indiqué pour apparaître lors des cérémonies ensoleillées à flanc de coteau. Avery, quant à lui, mourut en 1952, un quart de siècle plus tôt, alors que l'AT était encore peu connu. Mais il s'agit pourtant bien de son œuvre : il cartographia le tracé, persécuta ou amadoua de nombreux clubs de randonneurs afin qu'ils fournissent des équipes de bénévoles et supervisa personnellement l'aménagement de centaines de kilomètres de parcours. Il fit passer la longueur initialement prévue, 1 900 kilomètres, à plus de 3 000 kilomètres et en arpenta chaque centimètre. En sept ans, grâce au travail volontaire, il donna jour à 3 200 kilomètres de pistes à travers des paysages sauvages de montagne.

Le sentier des Appalaches fut officiellement achevé le 14 août 1937 par une percée de 3 kilomètres à travers bois dans un coin reculé du Maine. Fait étonnant, la naissance du plus long chemin pédestre du monde n'attira nullement l'attention. Avery n'était pas féru de publicité et, à cette époque, MacKaye faisait profil bas. Aucun journal n'annonça l'événement. Il n'y eut aucune cérémonie officielle pour marquer l'occasion.

Le chemin ainsi créé ne possède aucun fondement historique. Il ne suit ni pistes indiennes anciennes ni routes postales coloniales. Il ne favorise pas les meilleurs points de vue, les altitudes les plus élevées ou les sites les plus remarquables. Il ne s'approche pas du tout du mont Mitchell mais inclut bien le mont Washington et poursuit sur 560 kilomètres jusqu'au mont Katahdin, dans le Maine – Avery, qui était né dans la région et y avait fait ses premières randonnées décisives, insista beaucoup sur ce point. Le sentier passe essentiellement par des endroits qui permettent la connexion avec des voies d'accès ; il privilégie les hauteurs, les corniches solitaires et les vallons oubliés que personne n'a jamais empruntés, ni rêvé d'emprunter – ni même, parfois, nommés. Il manque la véritable chaîne des Appalaches de 240 kilomètres au sud et de près de 1 125 au nord. Exploitations communautaires, chalets, écoles et universités d'été : rien de tout cela ne fut jamais construit.

Néanmoins, une large part de l'esprit originel du projet de MacKaye a survécu. La totalité des 3 380 kilomètres du parcours ainsi que les chemins secondaires, les ponts piétonniers, la signalisation, la surveillance incendie et les refuges sont sous la responsabilité de volontaires – en fait, le sentier des Appalaches a la réputation d'être la plus grande entreprise de bénévolat du monde. Il a conservé un mépris magnifique pour toute forme de commercialisation. L'Appalachian Trail Conference n'employa son premier salarié qu'en 1968 et conserve l'image d'une association chaleureuse, accessible et bienveillante. L'AT n'est plus le plus long sentier de grande randonnée du monde – le Pacific Crest Trail (chemin des Crêtes du Pacifique) et le Continental Divide Trail (chemin de la Ligne du partage des eaux) sont légèrement plus conséquents –, mais il restera toujours le premier et le meilleur. Ses admirateurs sont nombreux. Et il le mérite.

Le plus dur, pour randonner sur le sentier des Appalaches, c'est d'y accéder, surtout à ses extrémités. Le mont Springer, son point de départ sud, est à 11 kilomètres de la route la plus proche, dans le parc fédéral d'Amicalola Falls, lui-même au beau milieu de nulle part. Depuis Atlanta, portail d'entrée le plus commode vers les grands espaces, vous avez le choix entre un train ou deux bus par jour pour Gainesville ; là, vous vous trouverez encore à 64 kilomètres d'être à 11 kilomètres du début du chemin. (Partir du mont Katahdin est encore plus problématique.)

Heureusement, des gens se proposent de venir vous chercher à Atlanta et de vous emmener à Amicalola si vous leur payez la course. C'est ainsi que Katz et moi-même avons remis notre sort entre les mains d'un type à casquette de base-ball, Wes Wisson, un costaud sympathique qui a accepté de nous conduire pour 60 dollars de l'aéroport au Amicalola Falls Lodge, la base d'où nous allions rejoindre le mont Springer.

Chaque année, entre le début mars et la fin avril, 2 000 randonneurs s'engagent sur le sentier depuis Springer avec l'intention, pour la plupart, d'aller jusqu'au mont Katahdin. Seulement 10 pour cent d'entre eux y parviennent. La moitié ne dépasse pas le centre de la Virginie, ce qui représente moins d'un tiers du trajet. Un quart ne va pas plus loin que la Caroline du Nord, l'État suivant. 10 pour cent laissent tomber dès la première semaine. Wisson a tout vu, tout entendu.

« L'année dernière, j'ai lâché un gars au départ du chemin, nous a-t-il raconté tandis qu'il conduisait sans se presser à travers des forêts de pins de plus en plus denses jusqu'aux collines taillées à coups de serpe du nord de la Géorgie. Trois jours plus tard, il m'appelle depuis la cabine téléphonique de Woody Gap, la première qu'on croise sur le parcours. Il dit qu'il veut rentrer, qu'il ne s'attendait pas à ça. Alors je le ramène à l'aéroport. Deux jours plus tard, le voilà de retour à Atlanta. Il me raconte que sa femme l'a obligé à revenir parce que après tout l'argent qu'il a dépensé en équipement elle n'allait pas le laisser abandonner si facilement. Je le ramène au point de départ. Trois jours plus tard, il me rappelle de nouveau de Woody Gap. Pour aller à l'aéroport. "Et votre femme, alors ?" Il me répond : "Cette fois, je ne rentre pas chez moi."

– Ça fait combien jusqu'à Woody Gap ? ai-je demandé.

– Depuis Springer, 34 kilomètres. Ça paraît peu, non ? Surtout qu'il venait de l'Ohio.

– Alors pourquoi avoir renoncé si vite ?

– Il a dit que ça n'était pas ce qu'il avait imaginé. Ils disent tous la même chose. Rien que la semaine dernière, j'ai eu trois dames de Californie dans les cinquante ans, vraiment sympas, un peu le genre à glousser pour un rien, mais bon, vous savez, sympas. Je les ai déposées, elles y croyaient vraiment à fond. Au bout de quatre heures, elles m'ont appelé pour me dire qu'elles voulaient rentrer. Elles avaient fait tout le chemin depuis la Californie. Je ne sais pas si vous voyez ? Elles avaient dépensé Dieu sait combien en avion et en équipement, elles avaient les trucs les plus chouettes qu'on peut trouver, flambant neufs, le haut de gamme, et elles ont marché peut-être sur deux kilomètres et demi maximum avant de laisser tomber. Elles ont dit qu'elles ne s'attendaient pas à ça.

– Mais elles s'attendaient à quoi ?

– Qui sait ? À des escalators, peut-être. Mais c'est de la montée, des cailloux, des arbres et un sentier. Pas besoin de faire des tonnes de recherches scientifiques pour deviner ça. Et pourtant, si vous saviez le nombre de gens qui démissionnent ! J'ai eu un type, il y a environ six semaines, qui aurait bien dû s'arrêter, mais il a continué. Du coup, il a pété les plombs. Il avait marché tout seul depuis le Maine. Ça lui avait pris huit mois, plus qu'à la plupart des gens, et je crois que ça faisait plusieurs semaines qu'il n'avait vu personne. Quand il s'est pointé, tout tremblant, c'était une épave. Sa femme était avec moi ; elle avait voulu venir à sa rencontre. Il lui est juste tombé dans les bras et s'est mis à pleurer. Il ne pouvait plus parler. Il est resté comme ça pendant tout le trajet jusqu'à l'aéroport. Je n'avais jamais vu quelqu'un d'aussi soulagé d'en avoir terminé avec quelque chose et je n'arrêtais pas de penser : "Hé ! vous savez, monsieur, le sentier des Appalaches c'est vous qui l'avez choisi, on ne vous a pas forcé." Mais je me suis tu, bien sûr.

– Alors vous pouvez dire, quand vous déposez les gens, s'ils vont réussir ou pas ?

– En général, oui.

– Et vous pensez qu'on va y arriver ? » a demandé Katz.

Il nous a regardés tour à tour.

« Oh ! oui, ça va aller. »

Mais son expression disait le contraire.

Amicalola Falls Lodge ressemblait à un nid d'aigle accroché au flanc d'une montagne ; on l'atteignait par une longue route en lacet à travers la forêt. Quand nous sommes sortis de la voiture, un froid incroyablement perçant nous a assaillis. Un vent traître et réfrigérant nous enveloppait de tous côtés, s'engouffrait en lames gelées dans nos manches et nos jambes de pantalon.

« Aaah ! » a crié Katz avec stupéfaction, comme si quelqu'un venait juste de lui jeter un seau d'eau glaciale.

Il a filé à l'intérieur. J'ai payé Wisson et je l'ai suivi.

L'hôtel était moderne et très bien chauffé. Le vaste hall s'ornait d'une cheminée de pierre et les chambres avaient cette sorte de confort anonyme que l'on trouve dans un Holiday Inn. Après avoir convenu de nous retrouver à 7 heures le lendemain matin, nous nous sommes retirés chacun dans nos quartiers. J'ai acheté un Coca dans un distributeur du couloir, pris une douche merveilleusement fumante et utilisé des tonnes de serviettes avant de me glisser entre des draps frais – combien de temps se passerait-il avant que je bénéficie à nouveau d'un tel luxe ? J'ai mis la chaîne météo et écouté des bulletins décourageants lus avec décontraction par des présentateurs insouciants. J'ai à peine fermé l'œil de la nuit.

Éveillé avant l'aurore, je me suis assis près de la fenêtre pour contempler le paysage, lentement révélé, presque à contrecœur, par une aube pâle : une étendue infinie de collines ondoyantes couvertes de rangées d'arbres nus et d'une maigre couche de neige. Cela ne semblait pas terriblement inhospitalier – quand même pas l'Himalaya ! – mais l'endroit n'invitait pas particulièrement à la promenade.

Tandis que je me dirigeais vers la salle des petits déjeuners, le soleil a fait une percée : le monde brillait soudain d'une lumière encourageante. Je suis sorti pour humer l'air. Le froid vous saisissait comme une gifle en plein visage et le vent était toujours cinglant. De petites peluches de neige sèche, semblables à de minuscules sphères de polystyrène, tourbillonnaient mollement. Près de la porte, un grand thermomètre mural indiquait – 11,5 degrés.

« C'est un record de froid pour la saison, en Géorgie », a dit une employée de l'hôtel avec un grand sourire joyeux, tandis qu'elle arrivait du parking d'un pas vif.

Elle s'est arrêtée.

« Vous allez randonner ?

– Ouais.

– Eh ben, j'aimerais pas être à votre place ! Bonne chance. Brrr ! »

Et elle a disparu à l'intérieur.

À ma grande surprise, j'ai soudain ressenti une montée d'enthousiasme. Après tout, j'avais attendu ce moment pendant des mois, même si c'était avec plus d'appréhension qu'autre chose. Je voulais voir de quoi il retournait. À cette heure-ci, dans toute l'Amérique, les gens se traînaient au travail, coincés dans les bouchons, noyés dans les gaz d'échappement. Et moi, j'allais randonner dans les bois. Je bouillais d'impatience.

J'ai retrouvé Katz dans la salle à manger ; il avait lui aussi l'air remarquablement guilleret. À vrai dire, il s'était fait une copine : une serveuse du nom de Rayette qui prenait sa commande avec une coquetterie manifeste. Elle mesurait un mètre quatre-vingts et son visage aurait fait peur à un bébé, mais elle paraissait d'une nature heureuse et assurait son service avec zèle. Elle n'aurait pu indiquer plus clairement à Katz qu'il avait sa chance si elle avait retroussé ses jupes et s'était étendue sur la table au beau milieu de son petit déjeuner gargantuesque. En conséquence, Katz suintait la testostérone.

« Oooh ! j'aime les hommes qui savent apprécier les bonnes choses, roucoulait-elle.

– Eh bien, ma belle, ces pancakes sont les meilleurs que j'aie jamais goûtés ! » répondait Katz, la face luisante de sirop d'érable et rayonnante de béatitude matinale.

Ce n'était pas exactement la rencontre entre Katherine Hepburn et Spencer Tracy, et pourtant la scène avait quelque chose d'étrangement touchant.

Rayette est partie un peu plus loin s'occuper d'un client et Katz l'a observée qui s'en allait avec une sorte de fierté paternelle.

« Elle est plutôt moche, hein ? » a-t-il fait avec un grand sourire incongru.

J'ai cherché à répondre avec tact.

« Seulement si on la compare à d'autres femmes. »

Katz a hoché la tête d'un air songeur puis m'a lancé un regard timide.

« Tu sais ce que je recherche chez une femme, aujourd'hui ? Un cœur qui bat, deux bras et deux jambes. »

J'ai pris un air compatissant.

« Et ça, c'est l'option haute, tu vois. Je suis prêt à négocier sur les membres. Tu crois qu'elle est partante ?

– Je pense que tu peux t'inscrire. »

Il a de nouveau eu un léger hochement de tête.

« Il vaut sûrement mieux finir de manger et sortir d'ici. »

Cela m'allait parfaitement. J'ai vidé ma tasse de café et nous sommes allés chercher nos affaires. Mais une fois dehors dix minutes plus tard, tous deux harnachés et prêts à partir, Katz a paru se décomposer.

« Restons ici une nuit de plus, a-t-il dit.

– Quoi ? C'est une blague ? Pourquoi ? »

J'étais complètement décontenancé.

« Parce que dedans il fait chaud et qu'ici, ça caille.

– On doit y aller. »

Il a observé la forêt.

« On va se les geler, là-bas. »

J'ai regardé à mon tour.

« Ouais, probablement, mais on doit quand même y aller. »

J'ai hissé mon sac sur mon dos et, sous le poids, ai vacillé vers l'arrière – il me faudrait des jours et des jours avant que je puisse réaliser cette opération avec un semblant d'aisance. J'ai solidement serré la sangle ventrale et me suis éloigné d'un pas lourd. À la lisière des bois, j'ai jeté un œil par-dessus mon épaule pour m'assurer que Katz suivait. Devant moi s'ouvrait une vaste et sombre étendue d'arbres dépouillés par l'hiver.

Nous étions le 9 mars. Et nous étions en route.

Le chemin descendait dans une vallée boisée jusqu'à un torrent ; il le longeait ensuite sur 800 mètres avant de monter abruptement dans une forêt plus dense. Il est vite devenu évident que nous nous trouvions au pied de la première hauteur remarquable, Frosty Mountain ; et dès les premiers pas, l'ascension s'est avérée pénible. Le soleil brillait et le ciel arborait un bleu généreux, mais au niveau du sol nous étions environnés de brun – arbres, terre, feuilles mortes gelées – et le froid était sans merci. Je me suis traîné dans la montée sur environ 30 mètres avant de faire halte, les yeux exorbités, le souffle rauque, le cœur tambourinant de façon inquiétante. Katz s'était déjà laissé distancer et haletait encore plus fort. J'ai résolument repris la route.

C'était l'enfer. Mais c'est toujours comme ça pendant les premiers jours d'une randonnée. Je me trouvais dans une forme déplorable – un désastre. Mon sac était beaucoup trop lourd. Beaucoup trop. Je ne m'étais jamais lancé dans quelque chose d'aussi difficile en étant si mal préparé. Chaque pas était une lutte.

Le plus dur était de s'habituer à la constante et décourageante révélation qu'une ascension en cachait toujours une autre. Lorsque vous regardez vers le haut d'une pente, contrairement à lorsque vous regardez vers le bas, vous ne pouvez presque jamais voir exactement ce vers quoi vous vous dirigez. Entre le rideau d'arbres de toutes parts, le profil de la côte qui se modifie constamment devant vous et la fatigue accablante, vous perdez rapidement la notion de la distance parcourue. Chaque fois que vous atteignez ce qui semble être la crête, vous découvrez qu'en fait un nouveau relief se dessine juste après, orienté selon un angle qui vous le dissimulait auparavant, et qu'au-delà de ce relief il y en a un autre, puis encore un autre, et derrière eux d'autres encore... Vous finissez par arriver à une altitude où il devient possible de contempler le faîte des arbres les plus élevés, avec un ciel bleu dégagé en arrière-plan ; alors votre moral déclinant connaît un regain d'enthousiasme, mais c'est une cruelle illusion. L'insaisissable sommet semble reculer continuellement, quelle que soit la distance avalée d'un pas soutenu ; chaque fois que la voûte de branchages s'éclaircit suffisamment pour laisser voir l'horizon, vous vous apercevez avec consternation que cette dernière rangée d'arbres reste toujours aussi inaccessible qu'auparavant. Mais pourtant vous continuez en titubant. Que faire d'autre ?

Quand, après un temps interminable, vous accédez au monde légendaire des véritables altitudes où l'air frais exhale le parfum de la sève de pin, où la végétation rude et noueuse croît couchée par le vent, quand vous vous hissez enfin jusqu'à la cime dégagée de la montagne, vous n'en avez, hélas, plus rien à faire. Vous vous affalez face contre le gneiss, écrasé sous le poids de votre sac, et vous restez étendu plusieurs minutes : vous songez vaguement, dans un état proche de la lévitation, que vous n'avez jamais observé un lichen de si près auparavant, ni même aucune autre manifestation de la nature, en tout cas pas depuis vos quatre ans et votre première loupe. Enfin, dans un souffle épuisé, vous roulez sur le dos, vous vous libérez du sac pour vous relever gauchement et prenez conscience – toujours avec cette perception distante, brumeuse, cette sorte d'absence bizarre – que la vue est extraordinaire : un paysage infini de montagnes boisées, sans trace de la main de l'Homme, qui s'étend dans toutes les directions. Ce pourrait être le paradis. C'est splendide, ça ne fait aucun doute, mais vous ne pouvez échapper à la pensée qu'il va vous falloir arpenter ce paysage et qu'il ne s'agit que d'une infime fraction de ce que vous devrez traverser avant d'en avoir terminé.

Vous comparez alors votre carte avec les environs immédiats et remarquez que le sentier descend dans une vallée abrupte, une gorge, en fait, mais pas le genre de gorge où le coyote tombe sans fin comme dans les dessins animés de Bip Bip : une gorge qui arrive quelque part et dont il faudra sortir. Car le chemin vous conduit au pied d'une montée encore plus raide et impressionnante que la précédente. Vous vous apercevez, après évaluation du temps nécessaire pour franchir ce nouveau sommet ridiculement ardu, que vous n'aurez fait que 2,7 kilomètres avant le déjeuner, alors que le programme (allègrement établi autour de la table de la cuisine et jeté sur une feuille après trois secondes de considération) prévoyait 14,2 kilomètres, puis 27 kilomètres jusqu'au dîner, et des distances encore plus ambitieuses le lendemain.

Et peut-être qu'il pleut aussi, une pluie glaciale, oblique, impitoyable, avec des grondements de tonnerre et des éclairs qui dansent sur les hauteurs avoisinantes. Peut-être qu'une troupe de scouts déprimants vient de vous dépasser au petit trot. Peut-être que vous avez froid, faim, et que vous sentez si mauvais que vous vous incommodez vous-même. Peut-être que votre seule envie est de vous allonger par terre et de faire le lichen : pas vraiment mort, mais totalement inerte pendant très très longtemps.

Voilà tout ce qui m'attendait. Mais pour l'heure je devais vaincre quatre montagnes moyennes sur 11 kilomètres d'un sentier bien balisé, par temps clair et sec. Ça ne semblait pas le bout du monde. Juste l'enfer, en fait.

Je ne me souviens pas du moment où j'ai perdu Katz de vue, mais c'était dans les deux premières heures. Au début, j'attendais qu'il me rattrape ; il rouspétait à chaque caillou du chemin et s'arrêtait tous les trois ou quatre pas pour s'essuyer le front et considérer amèrement les prochains supplices à venir. En vérité, c'était un spectacle assez difficile à supporter. J'ai fini par me contenter de patienter jusqu'à ce qu'il soit visible, juste pour vérifier s'il suivait toujours, s'il ne s'était pas écroulé en route, pris de convulsions, ou s'il n'avait pas jeté son sac de dégoût pour partir à la recherche de Wes Wisson. Je faisais le pied de grue, encore et encore, attendant que sa silhouette apparaisse entre les arbres. Il se déplaçait avec une lenteur incroyable, soufflait comme un phoque et parlait tout seul d'une voix forte et acerbe. À mi-hauteur de la troisième montagne, Black Mountain, 1 036 mètres d'altitude, je suis resté à le guetter si longtemps que j'ai songé à rebrousser chemin ; mais j'ai fini par tourner les talons et reprendre mon labeur. J'avais assez de mes petites misères personnelles.

11 kilomètres, ça peut paraître peu de chose, mais c'est loin d'être le cas, croyez-moi. Avec un sac à dos, même pour des gens en bonne condition physique, ce n'est pas rien. Vous voyez ce que ça donne quand vous visitez un zoo ou un parc d'attractions avec un jeune enfant et qu'il refuse de faire un pas de plus ? Vous le hissez d'un revers de main sur vos épaules et l'espace d'un instant – deux minutes – c'est plutôt sympa de l'avoir perché là-haut, de faire semblant de le faire chavirer ou de le basculer tête en bas avant de le remonter au dernier moment (si tout va bien). Mais, très vite, ça commence à être inconfortable. Vous percevez des élancements dans votre cou, des contractions entre vos omoplates,

une sensation diffuse qui se répand insidieusement jusqu'à ce que cela devienne si pénible que vous finissez par annoncer au petit Jimmy que vous allez devoir le poser un peu. Bien sûr, Jimmy braille et s'assoit par terre. Vous n'avez pas tenu 300 mètres et votre femme vous jette un regard méprisant, du style : « J'aurais mieux fait d'épouser ce joueur de base-ball. » Mais ça fait mal. Très mal. Croyez-moi, je vous comprends.

À présent, imaginez *deux* petits Jimmy dans un paquetage sur votre dos ou, mieux, une chose inerte et massive qui ne veut pas être portée, qui vous fait très clairement savoir, dès que vous la soulevez, que sa seule envie est de rester lourdement posée à terre : disons un sac de ciment ou une caisse de manuels de médecine, en tout cas 20 kilos de pesanteur absolue. Imaginez les soubresauts de cette chose sur votre dos, comme si elle était tirée par un escalator en descente. Imaginez ce poids sur vos épaules pendant des heures, des jours, et pas sur des pistes goudronnées avec bancs et buvettes à intervalles réguliers mais sur un sentier rude, plein de cailloux pointus, de racines impitoyables et d'ascensions redoutables qui transfèrent une pression énorme sur vos pâles cuisses tremblotantes. Maintenant, renversez la tête en arrière – s'il vous plaît, après j'arrête – jusqu'à ce que votre cou soit tendu et fixez un point à 3 kilomètres de distance. C'est votre première montée – 1 427 mètres de dénivelé jusqu'au sommet, et il y en aura beaucoup d'autres dans le genre. Alors ne me dites pas que 11 kilomètres ce n'est pas la mer à boire. D'accord, vous n'êtes pas obligé de faire ça. Vous n'êtes pas dans l'armée. Vous pouvez arrêter sur-le-champ. Rentrer chez vous. Voir votre famille. Dormir dans un lit. Ou effectivement, pauvre crétin, parcourir plus de 3 000 kilomètres à travers de sauvages étendues montagneuses jusqu'au Maine.

Je me suis traîné ainsi pendant des heures, enfermé dans ma bulle avec la fatigue pour seule compagnie et me répétant sans relâche : « Je dois bien avoir fait 11 kilomètres maintenant, c'est sûr ! » Mais le chemin continuait toujours de serpenter.

À 3 heures et demie, j'ai gravi quelques marches taillées dans le granit et me suis retrouvé sur un vaste promontoire rocheux : le sommet du mont Springer. Je me suis débarrassé de mon sac avant de m'asseoir lourdement contre un arbre, stupéfait de me sentir si épuisé. La vue était magnifique : les vagues ondulantes des Cohutta Mountains, balayées d'un brouillard bleuté comme une fumée de cigarette, couraient jusqu'à l'horizon lointain. Le soleil était déjà bas dans le ciel. Je me suis reposé dix minutes puis me suis levé pour explorer les alentours. Une plaque de bronze boulonnée sur un gros rocher annonçait le début du sentier des Appalaches ; juste à côté, un poteau supportait une boîte en bois qui contenait un stylo-bille accroché à une ficelle et un cahier à spirale aux pages gondolées par l'humidité. C'était le livre d'or du sentier – je l'avais plutôt imaginé relié plein cuir, dans le style registre de condoléances – et il comportait une multitude d'annotations enthousiastes, presque toutes tracées d'une écriture juvénile. Il y avait peut-être vingt-cinq pages d'inscriptions depuis le 1er janvier et huit commentaires pour cette seule journée. La plupart étaient courts et joyeux – « 2 mars. Eh bien, nous y voilà, et ça caille à mort ! Rendez-vous au mont Katahdin ! Jaimie et Spud » – mais les autres s'étiraient en longueur et semblaient le fruit d'une profonde méditation, avec des phrases du genre : « Me voici donc enfin au mont Springer. J'ignore ce que les semaines à venir me réservent, mais ma foi en Notre Seigneur est immense et je sais que je bénéficie de l'amour et du soutien de ma famille. Mom et Pookie, ce voyage est pour vous. » Et ainsi de suite.

J'ai attendu Katz pendant trois quarts d'heure puis suis parti à sa recherche. La lumière baissait et l'air devenait vif. J'ai marché et marché encore à travers des rangées d'arbres interminables ; je suis repassé dans des lieux que je pensais avec soulagement avoir laissés derrière moi pour toujours. À plusieurs reprises, j'ai crié son nom et me suis arrêté pour écouter, mais je n'ai reçu aucune réponse. J'ai avancé sans fin, enjambé des troncs que j'avais lutté pour escalader des heures auparavant, descendu des pentes dont je me rappelais à peine. Même ma grand-mère aurait pu au moins arriver jusque-là, ne cessais-je de me répéter. Enfin, j'ai pris un virage et il est apparu devant moi, trébuchant dans ma direction, les cheveux en pétard, un gant en moins, à un degré d'hystérie que je n'avais jamais rencontré chez aucun adulte de ma connaissance.

Katz était si furieux qu'il était difficile d'obtenir un récit cohérent d'une seule traite, mais j'ai deviné que dans un moment de colère mon compagnon avait jeté de nombreuses affaires dans un précipice. Aucun des objets censés pendre de son sac n'était plus visible, même sa gourde.

« De quoi t'es-tu débarrassé ? ai-je demandé en essayant de ne pas montrer trop d'inquiétude.

– De merdes dix fois trop lourdes, voilà ! Le saucisson, le riz, le sucre brun, le corned-beef, et je ne sais quoi encore. Plein de trucs. Fais chier ! »

Il semblait presque sonné par l'exaspération. Il agissait comme s'il avait été profondément trahi par le sentier. J'ai supposé que ce n'était pas ce qu'il avait imaginé.

J'ai vu son gant abandonné sur le chemin 30 mètres plus bas et suis allé le récupérer.

« OK, dis-je à mon retour, il ne te reste plus beaucoup à faire.

– Combien ?

– Peut-être un kilomètre et demi.

– Putain !

– Je prends ton sac. »

J'ai hissé le paquetage sur mon dos : il n'était pas exactement vide, mais d'un poids tout à fait modéré. Dieu sait ce que Katz avait bazardé !

Nous sommes montés cahin-caha jusqu'au sommet, dans le crépuscule qui commençait de nous envelopper. Quelques centaines de mètres après le point culminant est apparue une aire de camping avec un refuge en bois et une grande étendue herbeuse adossée à un rideau d'arbres noirs. Beaucoup de gens se trouvaient déjà là, beaucoup plus que je n'aurais cru si tôt dans la saison. Le refuge, un abri ouvert à trois côtés, avait l'air plein et une douzaine de tentes étaient éparpillées dans l'espace découvert. De presque partout s'élevaient le sifflement de petits réchauds de camping ainsi que des fumées de cuisson, tandis que de jeunes gens dégingandés s'affairaient.

Je nous ai déniché un emplacement à l'écart, en bordure du terrain, presque dans la forêt.

« Je ne sais pas comment monter ma tente, a marmonné Katz d'un ton irrité.

– Eh bien, je vais la monter pour toi. »

Il s'est assis sur une bûche et m'a regardé faire. À peine avais-je terminé qu'il a glissé son tapis de sol et son sac de couchage à l'intérieur, et rampé à leur suite. Je me suis occupé de ma propre tente, appliqué à la transformer méticuleusement en un petit nid douillet. Satisfait de mon œuvre, je me suis redressé et ai remarqué qu'aucun bruit ou mouvement n'était plus perceptible du côté de Katz.

« Tu es couché ? ai-je demandé, abasourdi.

– Mmm… a-t-il répondu dans une sorte de grognement affirmatif.

– Comme ça ? Direct au lit ? Sans dîner ?

– Mmm… »

Je suis resté planté un instant, sans voix, ébahi, trop fatigué pour manifester mon indignation. Trop fatigué pour avoir faim aussi, d'ailleurs. Je me suis introduit dans ma tente avec une bouteille d'eau et un livre, ai posé un couteau et une lampe torche en évidence en cas de danger ou d'éventuel besoin d'éclairage nocturne, et me suis enfin tortillé à l'intérieur de mon sac de couchage, plus heureux que jamais de me retrouver à l'horizontale. J'ai aussitôt sombré dans le sommeil. Je ne crois pas avoir jamais aussi bien dormi de ma vie.

Quand je me suis réveillé, le jour était levé. L'intérieur de ma tente était couvert d'une curieuse couche de givre ; j'ai compris au bout d'un moment qu'il s'agissait de la condensation gelée de ma respiration nocturne, agglomérée sur la toile. L'eau de ma bouteille était passée à l'état solide. Cela m'a semblé agréablement gratifiant, dans le genre viril, et j'ai observé le phénomène avec intérêt, comme un minéral précieux. Blotti dans mon sac de couchage étonnamment chaud et confortable, je n'étais pas du tout pressé de me jeter dans une folle équipée à l'assaut des montagnes ; je me suis contenté de rester étendu là, comme si on m'avait intimé l'ordre de ne pas faire un geste.

Quelques instants plus tard, j'ai pris conscience que Katz s'agitait à l'extérieur avec des grommellements étouffés peut-être dus aux courbatures ; il s'activait à quelque chose qui semblait incroyablement productif. Au bout d'une minute ou deux, il s'est accroupi près de ma tente. Il ne m'a pas demandé si j'étais réveillé ni quoi que ce soit mais a juste lancé à voix basse :

« Dirais-tu que je me suis comporté comme un con fini, hier soir ?

– Oui, Stephen. »

Il est resté silencieux un instant puis a ajouté :

« Je fais du café. »

J'ai compris que c'était sa façon de s'excuser et j'ai répondu :

« C'est sympa.

– On se les pèle dehors.

– Dedans aussi.

– Ma bouteille d'eau a gelé.

– Comme la mienne. »

J'ai baissé la glissière de mon cocon de nylon et ai émergé dans un craquement d'articulations. Cela paraissait très incongru de se retrouver debout à l'air libre en caleçons longs. Katz, penché au-dessus du réchaud, faisait bouillir une casserole d'eau. Nous paraissions être les seuls campeurs en activité. Il faisait froid, mais peut-être un soupçon plus chaud que la veille. Un soleil naissant filtrait à travers les arbres telle une promesse timide.

« Comment te sens-tu ? » a demandé Katz.

J'ai fléchi les jambes à titre expérimental.

« Pas trop mal, en fait.

– Moi non plus. »

Il a versé l'eau dans un cône de papier.

« Je vais essayer d'être plus cool, aujourd'hui.

– Bien. »

J'ai jeté un œil par-dessus son épaule.

« Y a-t-il une raison particulière pour que tu utilises du papier toilette pour filtrer le café ? ai-je aventuré.

– Je, oh… J'ai jeté les filtres à café. »

J'ai émis un son qui n'a pas réussi à ressembler à un rire.

« Ils ne devaient pas peser plus de 50 grammes.

– Je sais, mais ils étaient faciles à jeter. Ils ont voltigé partout. »

Il a versé l'eau avec précaution.

« Mais le papier toilette a l'air efficace », a-t-il continué.

Nous avons observé le breuvage qui passait au goutte à goutte et nous sommes sentis étrangement fiers. Notre première tasse de café en pleine nature. Katz m'a tendu un gobelet. Du marc et des petits morceaux de papier rose nageaient à la surface, mais le liquide était bouillant et cela seul importait vraiment.

Il m'a lancé un regard d'excuse.

« J'ai aussi jeté le sucre brun. Du coup, il n'y a pas de sucre pour les flocons d'avoine.

– Ah !

– En fait, il n'y a pas de flocons d'avoine pour les flocons d'avoine. Je les ai laissés dans le New Hampshire. »

Et d'ajouter après un silence :

« J'adore les flocons d'avoine.

– Et si on prenait un peu de fromage ? »

Il a secoué la tête.

« Je l'ai balancé.

– Des cacahouètes ?

– Balancées.

– Du jambon en gelée ?
– Balancé de toutes mes forces. »

Cela commençait à sentir le roussi.

« Et la mortadelle ?
– Oh ! je l'ai mangée à Amicalola », a-t-il répondu comme si c'était il y a des semaines.

Puis, avec l'air de consentir soudain à faire une concession, il a proclamé d'un ton magnanime :

« Une tasse de café avec quelques Little Debbies, ça m'ira très bien. »

J'ai fait une petite grimace :

« Je n'ai pas emporté les Little Debbies. »

Son visage a semblé s'élargir.

« Tu as laissé les Little Debbies ? »

J'ai hoché la tête d'un air contrit.

« Tous ? »

J'ai de nouveau hoché la tête.

Il a soufflé avec force. Là, c'était vraiment grave : un sérieux défi, en plus du reste, à la sérénité dont il avait promis de faire preuve. Nous avons décidé qu'il valait mieux dresser un inventaire et dégagé un tapis de sol pour y rassembler nos victuailles. Le résultat était d'une austérité alarmante : quelques paquets de nouilles déshydratées, un sachet de riz, des raisins secs, du café, du sel, une bonne provision de barres chocolatées et du papier toilette. C'était à peu près tout.

Nous avons englouti un Snickers chacun puis plié le camp, soulevé nos sacs en titubant et pris le départ.

« Je n'arrive pas à croire que tu aies pu laisser les Little Debbies », a dit Katz avant de se retrouver presque aussitôt à la traîne.

IV

Les forêts ne sont pas un espace comme les autres. Pour commencer, elles sont cubiques. Leurs arbres vous entourent, vous surplombent, vous pressent de toutes parts. Ils obstruent la vue, vous désorientent, vous plongent dans la confusion. Dans les bois, vous êtes petit, perdu, vulnérable, comme un jeune enfant noyé dans une foule de jambes étrangères. Si vous vous postez dans le désert ou dans une prairie, vous savez que vous êtes au cœur d'une vaste étendue. Parmi les arbres, vous ne faites que la percevoir. La forêt est un immense et morne nulle part. Et elle est vivante.

Il y a donc quelque chose de sinistre dans les bois. Hormis l'idée qu'ils peuvent abriter des bêtes sauvages et des types armés génétiquement déficients, ils exhalent naturellement une atmosphère lugubre – un je-ne-sais-quoi d'ineffable qui vous donne à chaque pas le sentiment d'aller vers un destin pesant, la profonde conscience que vous n'êtes pas dans votre élément et feriez mieux de rester aux aguets. Même si vous vous dites que c'est ridicule, vous ne pouvez jamais vraiment vous débarrasser de l'impression d'être surveillé. Vous vous exhortez à rester serein – ce n'est qu'une forêt, enfin – mais en vérité vous êtes plus nerveux que Lucky Luke avec un six-coups à la main. À chaque bruit soudain – le craquement d'une branche dans sa chute, le fracas de la fuite d'un cerf –, vous vous retournez, paniqué, et réprimez une prière. Quel que soit le mécanisme dans votre corps qui contrôle l'adrénaline, il n'a jamais été aussi bien rodé à force de rester constamment sur le qui-vive pour envoyer au moment opportun une giclée énergisante depuis vos glandes surrénales. Même endormi, vous êtes montés sur ressort.

Il faut dire que depuis trois cents ans la forêt américaine a été le lieu de toutes les angoisses. L'inestimable et pénible moralisateur Henry Thoreau trouvait quant à lui la nature merveilleuse ; merveilleuse, en effet, tant qu'il pouvait toujours retourner facilement en ville pour acheter des biscuits et de la bière, mais lorsqu'il s'aventura dans de véritables étendues sauvages, au cours d'une visite au mont Katahdin en 1846, il connut l'odeur de la peur. Ce n'était plus le monde domestiqué, peuplé de vergers en friche et de sentiers tachetés de soleil, qui passait pour de l'environnement naturel à Concord, sa banlieue du Massachusetts, mais une terre primitive, inhospitalière, oppressante, « sinistre et barbare… morne et brutale », faite pour « être habitée par des hommes plus proches parents que nous des roches et des animaux sauvages ». L'expérience le laissa, selon les mots d'un de ses biographes, « au bord de l'hystérie ».

Mais même des individus bien plus endurants et plus accoutumés à une nature indomptée que Thoreau furent douchés dans leur enthousiasme par la menace étrange et presque palpable qui émane de la forêt américaine. L'explorateur Daniel Boone, qui, au XVIIIe siècle, non seulement lutta à mains nues contre des ours mais essaya aussi de draguer leurs sœurs, décrivit certains coins du sud des Appalaches comme « si hideux et sauvages qu'il est impossible de les contempler sans effroi ». Lorsque même Boone est mal à l'aise, c'est signe qu'il faut bien regarder où vous mettez les pieds.

Quand les premiers Européens arrivèrent dans le Nouveau Monde, près de 4 millions de kilomètres carrés de forêts recouvraient ce qui allait devenir les États-Unis (hors Alaska). Celle de Chattahoochee, que nous étions péniblement en train de traverser avec Katz, appartenait à une immense frondaison ininterrompue qui s'étirait du sud de l'Alabama jusqu'au fin fond du Canada et des côtes de l'Atlantique jusqu'aux prairies du Missouri. Elle a maintenant largement disparu mais ce qu'il en reste est des plus impressionnants. Chattahoochee fait partie d'une étendue boisée de 16 000 kilomètres carrés gérée par l'administration fédérale ; elle remonte jusqu'aux confins des Great Smoky Mountains et s'étend latéralement à travers quatre États. Sur une carte des États-Unis, c'est une traînée verte insignifiante, mais à pied l'échelle est colossale. Il nous a fallu quatre jours, à Katz et à moi, avant de croiser une route et huit avant d'atteindre une ville.

Nous avons donc marché. Gravi des montagnes, remonté de hautes failles oubliées, longé des crêtes solitaires d'où se révélaient encore d'autres crêtes, franchi des mamelons herbeux, descendu des pentes rocailleuses et sinueuses, traversé des kilomètres et des kilomètres d'une interminable forêt sombre, profonde, silencieuse, sur un sentier tortueux de 45 centimètres de large marqué de rectangles blancs (5 centimètres de haut, 15 de long) jetés à intervalles réguliers sur l'écorce grise des arbres. Marcher, tel était notre lot.

Comparée à la plupart des autres contrées du monde industrialisé, l'Amérique est toujours, dans des proportions remarquables, une terre de forêts. Le tiers des États-Unis est boisé – et je ne compte toujours pas l'Alaska. Les surfaces construites ne représentent que 2 pour cent du pays. 970 000 kilomètres carrés de forêts américaines appartiennent au gouvernement. La majeure partie – 770 000 kilomètres carrés répartis en 155 parcelles – est administrée par l'office américain des forêts, l'US Forest Service, sous diverses désignations : forêts nationales, prairies nationales, réserves de loisirs nationales. Toutes ces appellations peuvent donner une impression virginale et écologique, mais en réalité beaucoup de territoires placés sous l'autorité du Forest Service sont labellisés « à usages multiples », ce qui permet le développement de nombreuses activités pour le moins dérangeantes – industrie du bois, extraction minière, pétrolière et gazière, stations de ski et autres programmes immobiliers, clubs de motoneige et de tout-terrain – qui semblent curieusement incompatibles avec l'idée de sérénité sylvestre.

Le Forest Service est un organisme tout à fait extraordinaire. Il fut créé il y a un siècle comme une sorte de banque du bois, un conservatoire permanent des essences américaines, à une époque où les gens commençaient à s'inquiéter du taux de réduction alarmant des forêts nationales. Son rôle était d'administrer et de protéger les ressources arboricoles du pays. Il n'était pas question de créer des réserves. Des sociétés privées se voyaient accorder des baux pour extraire du minerai ou couper des arbres, à condition de respecter des règles de mesure et de bon sens.

Telle était l'idée de base. Mais dans les faits le Forest Service s'appliqua surtout à construire des routes. Ce n'est pas une blague. Il y a 604 000 kilomètres d'axes carrossables dans les forêts nationales américaines, ce qui représente huit fois le système autoroutier américain. C'est le plus grand réseau du monde à se trouver sous le contrôle d'une seule entité. Le Forest Service se classe deuxième parmi toutes les institutions gouvernementales de la planète pour le nombre d'ingénieurs des ponts et chaussées qu'il emploie. Dire que ces gars aiment percer des routes est un euphémisme sans commune mesure avec la ferveur de leur dévotion. Montrez-leur une rangée d'arbres n'importe où et ils la regarderont un moment d'un air songeur avant de dire : « Vous savez quoi, on pourrait faire une route ici. » L'US Forest Service a pour but avoué de construire 930 000 kilomètres de voies supplémentaires en cinquante ans.

La raison derrière toute cette frénésie bâtisseuse, mis à part le plaisir intense de faire un boucan d'enfer dans les bois avec de grosses machines jaunes, est de permettre aux entreprises forestières privées d'atteindre des bosquets d'arbres restés jusque-là inaccessibles. Sur les 600 000 kilomètres carrés de terrains exploitables, deux tiers sont gardés en stock pour l'avenir. Le tiers restant – à peu près deux fois la superficie de l'Ohio – est ouvert au déboisement. Ainsi, d'énormes trouées peuvent être réalisées, comme par exemple les 85 hectares de séquoias millénaires de la forêt nationale d'Umpqua, dans l'Oregon.

En 1987, le Forest Service annonça avec désinvolture qu'il laisserait des compagnies privées de l'industrie du bois décimer chaque année des centaines d'hectares dans la vénérable et verdoyante forêt nationale de Pisgah, juste à côté du Great Smoky Mountains National Park, et que 80 pour cent de ces abattages relèveraient d'un « forestage scientifique » :

des coupes pures et simples qui non seulement sont un outrage brutal à la beauté du paysage mais favorisent d'énormes et irrépressibles écoulements pluviaux, lessivent les sols, les dépouillent de leurs nutriments et bouleversent les écosystèmes situés en aval, parfois sur des kilomètres. Ce n'est pas de la science : c'est du viol.

Et pourtant, le Forest Service continue laborieusement de grignoter du terrain. À la fin des années 1980 – c'est tellement hallucinant que j'en ai presque le souffle coupé –, il était le seul acteur significatif de l'industrie américaine du bois à abattre plus vite qu'il ne replantait. En outre, il accomplissait son œuvre avec la plus somptueuse inefficacité – 80 pour cent des licences d'exploitation qu'il accordait étaient déficitaires, et parfois dans de larges proportions. Selon l'association de protection de la nature Wilderness Society, il a perdu entre 1989 et 1997 près de 2 milliards de dollars. C'est tellement démoralisant que je pense que nous allons en rester là pour revenir à nos deux héros solitaires progressant péniblement dans le monde perdu de Chattahoochee.

Hors saison, la forêt dégageait une étrange impression de violence figée. Chaque clairière, chaque vallon semblaient avoir récemment subi un énorme cataclysme. Des arbres tombés obstruaient le sentier tous les 50 ou 60 mètres, avec souvent de gros cratères de bombe sous leurs racines découvertes. Des douzaines d'autres pourrissaient le long des pentes et un pin sur trois ou quatre s'appuyait obliquement sur son voisin. C'était comme s'ils attendaient la chute, comme si leur but dans le grand ordre du monde était de pousser assez haut pour pouvoir s'écrouler dans un bon gros fracas retentissant. Je me retrouvais sans arrêt aux abords de troncs énormes, penchés dans un équilibre si précaire au-dessus du sentier que j'hésitais chaque fois à passer, puis filais le plus vite possible, terrifié à l'idée de me trouver là juste au moment de l'effondrement définitif. J'imaginais Katz arriver quelques minutes plus tard, observer mes jambes qui battaient l'air et dire : « Dis, Bryson, qu'est-ce que tu fais là-dessous ? » Mais aucun arbre ne tombait. Le calme régnait partout ; la forêt était d'un silence surnaturel. Excepté le glouglou de l'eau vive et le bruissement des feuilles mortes dans le vent, il n'y avait presque jamais de bruit.

Les bois restaient muets car l'hiver n'avait pas encore relâché son emprise. Au cours d'une année normale, nous aurions marché dans la généreuse exubérance d'un printemps des montagnes du Sud, à travers un monde renaissant, radieux, fécond, vibrant du bourdonnement des insectes et des gazouillis affectés des oiseaux ; un monde baigné d'un air frais, pur, et de la riche senteur veloutée de la chlorophylle qui emplit les poumons lorsque vous écartez les branches basses pour vous frayer un chemin. Et par-dessus tout, il y aurait eu une étonnante profusion de fleurs sauvages, s'épanouissant au bout de chaque tige, perçant vaillamment l'humus fertile du sol forestier pour tapisser chaque pente ensoleillée, chaque bord de ruisseau : trilliums, épigées rampantes, dicentres à capuchon, arisèmes petit-prêcheur, mandragores, violettes, bleuets, boutons d'or, sanguinaires, iris à crête, ancolies, oxalis et autres petites merveilles, presque innombrables, hochant joyeusement la tête. Il existe près de 1 500 espèces de fleurs sauvages dans le sud des Appalaches, dont une quarantaine de variétés rarissimes pour les seules forêts du nord de la Géorgie. C'est une vision à réchauffer les cœurs les plus endurcis. Mais au lieu de cela, nous nous traînions dans un paysage d'arbres morts, froid, muet, sous un ciel plombé et sur un sol d'acier.

Une routine simple s'est installée. Chaque matin, nous nous levions avec les premières lueurs du jour ; tremblants, nous frottions nos bras pour faire circuler le sang, faisions du café, pliions le camp, mangions quelques poignées de raisins secs et nous enfoncions dans les bois silencieux. Nous marchions de 7 h 30 à 16 heures, rarement ensemble – nos rythmes ne s'accordaient toujours pas –, mais toutes les deux heures je m'asseyais sur une souche (non sans inspecter les fourrés avoisinants des fois que le bruissement d'un ours ou d'un sanglier ne se fasse entendre) et j'attendais que Katz me rattrape pour m'assurer que tout allait bien. Parfois, d'autres randonneurs apparaissaient et me disaient où se trouvait mon compagnon et quelle était sa progression : presque toujours lente, mais résolue. Le parcours était beaucoup plus difficile pour lui que pour moi et, à son crédit, je dois dire qu'il essayait de ne pas trop râler. Je n'oubliais jamais un seul instant qu'il avait fait l'effort d'être là.

Je pensais que nous aurions échappé à la foule, mais il y avait une bonne poignée de marcheurs dispersés le long du chemin : trois étudiants de l'université de Rutgers dans le New Jersey, deux vieux étonnamment énergiques avec des sacs minuscules qui allaient à pied au mariage de leur fille dans la lointaine Virginie, Jonathan, un gamin de Floride un peu godiche… Au total, peut-être deux douzaines de personnes se trouvaient dans le même tronçon de forêt que nous et se dirigeaient toutes vers le nord. Du fait des allures diverses et des heures de pause décalées de chacun, nous nous croisions trois ou quatre fois par jour, par petits comités ou tous ensemble, parfois sur les hauteurs avec vue panoramique, parfois au bord des torrents d'eau potable, mais surtout le soir aux refuges postés dans des clairières à proximité du sentier – soi-disant à un jour de marche d'intervalle les uns des autres, mais pas toujours, en vérité. Il est donc possible de connaître au moins un peu et même davantage ses compagnons de route si on les retrouve chaque nuit à la halte. Un groupe informel se crée, des gens d'âges divers, aux parcours de vie différents, aux liens distants, mais pleins de bienveillance, qui partagent tous le même climat, le même inconfort, les mêmes paysages, la même envie folle de marcher jusqu'au Maine.

Malgré toute cette compagnie potentielle, la forêt restait un formidable lieu de solitude. Je traversais de longues périodes de parfait isolement où des heures s'écoulaient avant que je ne croise âme qui vive ; à de nombreuses reprises, j'attendais Katz un bon moment sans qu'aucun autre randonneur se présente. Quand cela se produisait, j'abandonnais mon sac et partais à sa rencontre pour voir s'il n'avait pas eu de problèmes – ce qu'il appréciait beaucoup. Parfois, il brandissait fièrement mon bâton de marche oublié contre un arbre lorsque je m'étais arrêté pour relacer mes chaussures ou réajuster mon paquetage. C'était un peu comme si nous veillions l'un sur l'autre. C'était vraiment… bien. Je ne saurais mieux l'exprimer.

Vers 16 heures, nous dénichions un endroit pour camper et plantions les tentes. L'un de nous allait chercher de l'eau pour la filtrer, puis l'autre préparait une platée de nouilles fumantes. Parfois nous discutions, mais la plupart du temps nous restions assis dans un silence complice. À 18 heures, l'obscurité, le froid et la fatigue nous forçaient à regagner nos abris. Katz s'endormait immédiatement, pour autant que je puisse dire. Je lisais environ une heure avec ma petite lampe frontale curieusement inefficace, dont le faisceau, comme un phare de vélo, projetait des cercles de lumière concentriques complexes sur ma page ; je lisais jusqu'à ce que mes épaules et mes bras se refroidissent d'être trop longtemps restés hors du sac de couchage et deviennent raides d'avoir incliné le livre dans tous les sens pour capturer un peu de l'éclairage capricieux. Alors je me plongeais dans le noir et restais étendu à écouter les bruits nocturnes de la forêt singulièrement distincts, les soupirs des feuilles agitées par le vent, le gémissement las des branches ; des murmures et des frémissements sans fin, comme les bruits d'un dortoir d'hôpital après l'extinction des feux. Puis je sombrais enfin dans un sommeil lourd. Le lendemain matin, nous répétions sans un mot nos petites tâches quotidiennes, empoignions nos sacs et nous aventurions de nouveau dans la grande forêt inextricable.

Le quatrième soir, nous nous sommes fait une copine. Nos tentes dressées, nous étions assis dans une jolie petite clairière en bordure de sentier, savourant simplement le délicieux plaisir d'être assis, quand une jeune femme rondelette à lunettes, vêtue d'une veste rouge et affublée de l'habituel sac à dos démesuré, s'est approchée. Elle nous a observés avec le plissement d'yeux caractéristique de la personne qui souffre d'un problème de vue – ou de confusion mentale. Nous nous sommes salués et avons échangé les banalités coutumières sur le temps et le lieu où nous nous trouvions. Puis elle a encore plissé le regard pour examiner la pénombre environnante, avant d'annoncer qu'elle allait camper avec nous.

Elle s'appelait Mary Ellen. Elle venait de Floride et était – comme l'a ensuite systématiquement qualifiée Katz avec une sorte de respect admiratif – un vrai boulet. Elle parlait sans arrêt, sauf quand elle se débouchait les trompes d'Eustache, ce qu'elle faisait fréquemment en se pinçant le nez avant d'enchaîner sur une série d'éternuements étouffés, violents, du genre à faire fuir un chien du canapé jusque sous la table de la pièce voisine. Je sais depuis longtemps qu'il est dans les desseins de Dieu de m'obliger à passer un moment avec chacune des personnes les plus crétines de la planète ; Mary Ellen était la preuve que, même dans les Appalaches, je ne serais pas épargné. Dès le début, il est devenu évident que nous étions face à un spécimen rare.

« Alors, qu'est-ce que vous mangez ? a-t-elle demandé en s'affalant sur une souche et en tendant le cou pour voir ce qu'il y avait dans nos bols. Des nouilles ? Grosse erreur. Les nouilles n'ont aucune valeur énergétique. Carrément zéro, si vous voyez ce que je veux dire. »

Elle s'est débouché les oreilles.

« Et ça, c'est un demi-dôme ? »

J'ai regardé ma tente.

« Je ne sais pas.

– Grosse erreur. Ils ont dû te voir venir dans le magasin. Combien tu as payé ça ?

– Je ne sais pas.

– Trop, c'est sûr. Tu aurais dû prendre une tente trois saisons.

– C'est une tente trois saisons.

– Excuse-moi de te dire ça, mais c'est carrément débile de venir ici en mars sans une tente trois saisons. »

Elle s'est débouché les oreilles.

« C'est une tente trois saisons, ai-je insisté.

– Tu as de la chance de ne pas avoir gelé sur place. Tu devrais retourner voir le type qui te l'a vendue et lui mettre ton poing dans la figure parce qu'il a été plutôt léger de te refiler ça.

– Mais c'est une tente trois saisons. »

Elle s'est débouché les oreilles et a secoué la tête avec impatience avant de désigner la tente de Katz.

« Ça, c'est une tente trois saisons.

– Mais c'est exactement la même. »

Elle a de nouveau scruté l'abri.

« Peu importe. Vous avez fait combien de kilomètres aujourd'hui ?

– Environ 16. »

En vérité, nous en avions parcouru 13,5 mais ils avaient inclus plusieurs escarpements redoutables, dont un inoubliable mur d'enfer appelé Preaching Rock, le sommet le plus élevé depuis le mont Springer : ce relief justifiait à lui seul que nous nous rajoutions quelques centaines de mètres supplémentaires, histoire de garder le moral.

« 16 kilomètres ? C'est tout ? Vous ne tenez pas la grande forme, les gars. J'en ai avalé 24 !

– Et ta langue, elle en a fait combien ? » a demandé Katz en relevant les yeux de ses nouilles.

Elle l'a fixé avec un plissement d'yeux particulièrement accentué.

« Autant que le reste de ma personne, bien sûr. »

Elle m'a ensuite coulé un regard de côté comme pour dire : « Ton copain est carrément bizarre ou quoi ? »

Elle s'est débouché les oreilles.

« J'ai démarré à Gooch Gap.

– Comme nous. Ça fait seulement 16 kilomètres. »

Elle a secoué la tête comme pour chasser une mouche particulièrement tenace.

« 24 !

– Non, je t'assure, 16.

– Excuse-moi, mais je viens juste de me les taper. Il me semble que je sais de quoi je parle. »

Puis soudain :

« Oh ! non, tu as des Timberland ? Super grosse erreur. Combien tu les as payées ? »

Et ainsi de suite. Finalement, je suis parti rincer les bols et suspendre le sac à provisions. À mon retour, Mary Ellen préparait son propre dîner mais continuait de noyer mon compagnon sous un flot de paroles.

« Tu sais c'est quoi, ton problème ? a-t-elle déclaré. Passe-moi l'expression, mais tu es trop gros. »

Katz l'a regardée, muet d'émerveillement.

« Pardon ? a-t-il fini par dire.

– Tu es trop gros. Tu aurais dû perdre du poids avant de venir. Faire de l'exercice. Parce que tu pourrais faire un truc cardiaque, ici, tu vois.

– Un truc cardiaque ?

– Oui, tu sais, quand ton cœur s'arrête et puis que, ben, tu meurs.

– Tu veux dire une crise cardiaque ?

– C'est ça. »

Il est à noter que Mary Ellen n'était pas des plus graciles ; au même moment, elle a eu la mauvaise idée de se pencher pour prendre quelque chose dans son sac, nous présentant alors un postérieur si imposant qu'on aurait pu y projeter un film destiné, disons, à une base militaire. Pour Katz, c'était une épreuve de patience intéressante. Il n'a rien dit, s'est levé pour aller faire pipi, mais, lorsqu'il est passé devant moi, il a émis du coin des lèvres un juron bien senti, quelques syllabes consternées lâchées à voix sourde, comme la sirène d'un train de marchandises dans la nuit.

Le lendemain, comme d'habitude, nous nous sommes levés, misérables et frigorifiés, et avons vaqué à nos petits rituels, mais cette fois avec le stress supplémentaire d'avoir chacun de nos faits et gestes examiné et commenté. Tandis que nous mangions nos raisins secs et buvions notre café à la surface duquel flottait du papier toilette, Mary Ellen engouffrait un petit déjeuner complet avec flocons d'avoine, gaufrettes fourrées et mélange de fruits secs, plus une douzaine de petits carrés de chocolat qu'elle a soigneusement alignés sur la bûche qui se trouvait devant elle. Nous la regardions comme deux réfugiés orphelins tandis qu'elle se remplissait les bajoues de nourriture tout en nous éclairant de ses remarques sur notre inconséquence en termes de régime alimentaire et d'équipement, et sur notre comportement typiquement masculin d'une manière générale.

Puis, formant maintenant un trio, nous nous sommes enfoncés dans les bois. Mary Ellen marchait tantôt avec moi, tantôt avec Katz, mais jamais seule. De toute évidence, malgré ses fanfaronnades, elle manquait totalement d'expérience et ne valait rien en randonnée – elle n'avait pas la moindre idée de la façon de lire une carte et semblait mal à l'aise, livrée à elle-même en pleine nature. Je ne pouvais m'empêcher d'éprouver de la peine pour elle. Mais, étrangement, elle commençait aussi à m'amuser. Elle était capable des commentaires les plus extraordinairement plats et inutiles qui soient. Elle disait des choses comme : « Il y a un torrent là-bas » ou « Il est presque 10 heures… ». À un moment, faisant référence aux hivers de Floride, elle m'a gravement annoncé : « D'habitude, il ne gèle qu'une ou deux fois, mais cette année il a gelé deux fois. » Katz, de son côté, redoutait clairement sa compagnie et grimaçait sous ses constantes exhortations à accélérer l'allure.

Le temps était exceptionnellement clément ; il semblait plus automnal que printanier, mais agréablement doux. Vers 10 heures, la température a confortablement atteint les 15 degrés. Pour la première fois depuis Amicalola, j'ai ôté mon blouson et me suis rendu compte avec une légère perplexité que je n'avais absolument nulle part où le ranger. Je l'ai accroché à mon sac avec une corde et ai poursuivi mon chemin.

Après 6 kilomètres de montée pénible, nous avons gagné le sommet de Blood Mountain, 1 359 mètres, le plus haut et le plus ardu du parcours en Géorgie. Puis a débuté une descente raide et enthousiasmante de 3 kilomètres en direction de Neels Gap ; enthousiasmante, car il y avait un magasin là-bas, un endroit appelé le Walasi-Yi Inn, où l'on pouvait acheter des sandwichs et des glaces. À 13 h 30, nous avons entendu un bruit insolite de circulation automobile et quelques minutes plus tard nous avons émergé de la forêt sur la Highway 19 et 129 qui, bien qu'affublée de deux numéros, n'était en vérité qu'une voie secondaire franchissant un col élevé entre deux déserts boisés. De l'autre côté de la route s'élevait le Walasi-Yi Inn, une splendide bâtisse de pierres édifiée par le Civilian Conservation Corps (sorte d'armée de chômeurs constituée pendant la crise des années 1930). Le bâtiment abritait un magasin de sport pour randonneurs, une épicerie, une librairie et une auberge de jeunesse. Nous avons forcé l'allure dans sa direction – cavalé, à vrai dire – et pénétré à l'intérieur.

Évidemment, cela pourra sembler peu crédible de raconter qu'une route goudronnée, un grondement de voiture qui passe et une construction en dur nous soient apparus si exaltants, si incongrus après seulement cinq petits jours en forêt, mais c'était pourtant bien le cas. Le seul fait de passer une porte, d'être dans un lieu clos, cerné de murs avec un plafond, avait le goût d'une expérience totalement inédite. Et les marchandises vendues au Walasi-Yi étaient si extraordinaires que les mots me manquent pour les décrire. Il n'y avait qu'une seule armoire réfrigérée, de taille modeste, emplie de sandwichs, de sodas, de briques de jus de fruits et de diverses denrées périssables comme le fromage. Katz et moi sommes restés en contemplation devant les étagères pendant des siècles, plongés dans une fascination muette. J'ai commencé à comprendre que la privation était au cœur de la vie sur le sentier des Appalaches, que tout l'intérêt de l'aventure était de s'affranchir si complètement du confort quotidien que les choses les plus ordinaires – du fromage industriel, une canette de boisson gazeuse sur laquelle perlait une condensation prometteuse – vous remplissaient d'émerveillement et de gratitude. C'est une sensation enivrante de boire du Coca-Cola comme si c'était la première fois ou de se retrouver à la limite de l'orgasme avec un morceau de pain de mie. Cela justifie tous les désagréments du monde.

Katz et moi avons acheté deux club sandwichs œufs et salade, des chips, des barres chocolatées, des sodas. Nous nous sommes installés à une table de pique-nique extérieure pour les déguster avec des claquements de langue gourmands et une expression de ravissement sur le visage ; puis nous avons fait un deuxième voyage jusqu'à l'armoire réfrigérée pour nous abîmer de nouveau dans sa contemplation. Nous avons alors découvert que le Walasi-Yi offrait, pour une participation modique, bien d'autres services aux authentiques randonneurs – laverie, douche, location de serviettes – et avons profité de tout avec empressement. La douche était une antiquité qui ne laissait s'écouler qu'un mince filet d'eau, mais elle était chaude et je n'ai jamais – je dis bien jamais – autant apprécié de faire ma toilette. J'ai regardé avec une profonde satisfaction cinq jours de crasse descendre le long de mes jambes et disparaître dans la bonde, puis, dans une heureuse stupéfaction, j'ai remarqué que mon corps avait adopté un profil nettement plus svelte. Après avoir lancé deux fournées de machine à laver, nettoyé nos tasses, bols, casseroles et autres gamelles, envoyé des cartes postales et téléphoné chez moi, nous avons refait le plein en denrées fraîches et préemballées.

Le Walasi-Yi était tenu par un Anglais, Justin, et son épouse américaine, Peggy. À force de déambuler dans leur boutique tout l'après-midi, nous nous sommes retrouvés à bavarder à bâtons rompus. Peggy m'a raconté qu'ils avaient déjà vu passer un millier de randonneurs depuis le 1er janvier, alors que la véritable saison de trek n'avait toujours pas commencé. C'était un couple affable. Peggy en particulier m'a donné l'impression de consacrer beaucoup de temps à encourager les gens pour qu'ils n'abandonnent pas. La veille, un jeune homme du Surrey avait demandé qu'on lui appelle un taxi pour le ramener à Atlanta. Peggy avait presque réussi à le persuader de persévérer, d'essayer encore une semaine, mais il avait fini par s'effondrer et, sanglotant sans bruit, avait supplié du fond du cœur qu'on le laisse rentrer chez lui.

Quant à moi, j'éprouvais pour la première fois un véritable désir de continuer. Le soleil brillait, j'étais propre et reposé. Nos sacs débordaient de provisions. J'avais parlé à ma femme au téléphone et savait qu'elle allait bien. Mais par-dessus tout, je commençais à me sentir en forme ; j'étais sûr d'avoir déjà perdu 3 kilos. J'étais prêt à repartir. Katz aussi rayonnait de propreté et arborait un air guilleret.

Nous refaisions nos paquetages sous le porche du Walasi-Yi quand nous nous sommes tous deux rendus compte au même instant, dans un mélange de joie et d'étonnement, que Mary Ellen ne faisait plus partie de notre escorte. J'ai passé la tête par la porte et demandé à nos hôtes s'ils l'avaient vue.

« Oh ! je crois que ça fait à peu près une heure qu'elle est partie », a répondu Peggy.

Les choses allaient de mieux en mieux.

Le temps que nous nous remettions en route, il était plus de 16 heures. Justin nous avait expliqué qu'une prairie naturelle idéale pour camper se trouvait à environ une heure de marche. Le sentier était incroyablement plaisant dans la lumière de fin d'après-midi, avec ses arbres aux ombres longues et ses vues dégagées sur une vallée bordée de robustes montagnes de couleur charbonneuse. La prairie s'est effectivement avérée un endroit parfait pour passer la nuit. Nous avons planté nos tentes et englouti les sandwichs, les chips et les sodas que nous avions prévus pour le dîner.

Puis, avec autant de fierté que si je les avais confectionnées moi-même, j'ai sorti mes petites surprises : deux paquets de moelleux au chocolat Hostess. Le visage de Katz s'est illuminé comme celui d'un petit garçon qui fête son anniversaire dans un dessin de Norman Rockwell[1].

« Waouh !

1. Illustrateur américain (1894-1978) célèbre pour ses couvertures du *Saturday Evening Post* et ses représentations de l'Américain moyen. *(N.d.T.)*

– Ils n'avaient pas de Little Debbies, ai-je dit en guise d'excuse.

– Eh ben… Eh ben… »

Les mots lui manquaient. Il adorait les gâteaux.

Nous avons partagé trois moelleux et gardé le dernier pour plus tard ; nous l'avons posé sur un rondin pour pouvoir l'admirer. Allongés dos contre une souche, nous rotions, fumions à qui mieux mieux, bavardions enfin, reposés et contents. Nous vivions en fait un moment tel que j'en avais imaginé dans mes rêves les plus optimistes avant notre départ, mais Katz a laissé échapper un grognement. J'ai suivi son regard pour découvrir Mary Ellen qui descendait prestement vers nous.

« Je me demandais vraiment où vous étiez passés, a-t-elle rouspété. C'est dingue ce que vous pouvez être lents. On aurait facilement pu avoir fait au moins 6 kilomètres à cette heure. Je crois qu'il va falloir que je vous aie à l'œil. Tiens, c'est un gâteau Hostess, ça ? »

Avant même que j'aie pu prononcer une parole ou que Katz ait eu le temps d'attraper une bûche pour lui défoncer le crâne, elle a ajouté :

« Bon, ben je me sers, hein… »

Elle n'en a fait qu'une bouchée.

Il allait s'écouler plusieurs jours avant que Katz puisse sourire de nouveau.

V

« Alors, vous êtes de quel signe ? a demandé Mary Ellen.

– Puceau », a répondu Katz d'un air profondément agacé.

Elle l'a regardé avec un froncement de sourcils incrédule.

« Je ne le connais pas, celui-là. Je pensais tous les connaître. Moi, je suis Balance. »

Elle s'est tournée vers moi.

« Et toi ?

– Je ne sais pas. »

J'ai essayé de trouver quelque chose :

« Centaure.

– Je ne connais pas celui-là non plus. Hé ! les gars, est-ce que vous vous foutez de moi ?

– Ouais. »

Deux jours s'étaient écoulés. Nous campions dans les hauteurs, sur un site appelé Indian Grave Gap, entre deux sommets sinistres : le seul souvenir du premier était épuisant, la seule vision du second décourageante. Nous avions parcouru 35 kilomètres en quarante-huit heures – une distance tout à fait respectable pour nous – mais un certain désenchantement, une sorte de langueur des moyennes montagnes, une baisse de tonus sensible s'étaient installés. Nous passions nos journées à faire exactement ce que nous avions fait la veille et ferions le lendemain, par-delà les mêmes reliefs, les mêmes forêts sans fin, sur le même sentier sinueux. Les arbres étaient si serrés que nous n'avions presque jamais de perspectives dégagées ; quand nous atteignions un panorama, ce n'était que montagnes à perte de vue et d'autres arbres encore. Je déprimais de constater que j'étais déjà redevenu sale et que je rêvais de sandwichs au pain frais. Et, bien sûr, il y avait la présence constante et extraordinairement débilitante de la très loquace Mary Ellen.

« C'est quand ton anniversaire ? a-t-elle interrogé.

– Le 8 décembre.

– Tu es Vierge, alors.

– Non, Sagittaire.

– Peu importe. »

Puis, abruptement :

« Bon Dieu, les gars, qu'est-ce que vous puez !

– Ben, euh… on marche toute la journée.

– Moi, je ne transpire pas. Jamais. Je ne rêve jamais non plus.

– Tout le monde rêve, a dit Katz.

– Pas moi.

– Sauf les gens d'une intelligence extrêmement faible. C'est prouvé scientifiquement. »

Mary Ellen l'a regardé un moment, le visage dénué de toute expression ; puis, soudain, sans s'adresser à personne en particulier, elle a lancé :

« Vous avez déjà fait ce rêve où vous êtes à l'école, par exemple, et vous baissez les yeux pour vous apercevoir que vous êtes tout nu ? »

Elle a frissonné.

« Celui-là, je le déteste, a-t-elle ajouté.

– Je croyais que tu ne rêvais pas », a fait remarquer Katz.

Elle l'a dévisagé très longtemps, comme si elle essayait de se rappeler où elle l'avait déjà rencontré.

« Et quand on tombe, a-t-elle poursuivi, imperturbable, je déteste celui-là aussi. Quand on tombe dans un trou et puis qu'on continue à tomber sans fin. »

Après un bref frémissement, elle s'est bruyamment débouché les oreilles.

Katz l'observait avec un vague intérêt.

« Je connais un type qui a fait ça une fois et un de ses yeux lui est sorti de la tête », a-t-il dit.

Elle l'a regardé d'un air sceptique.

« L'œil a roulé sur le sol de la salle à manger et son chien l'a bouffé. C'est pas vrai, Bryson ? »

J'ai hoché la tête.

« T'inventes, a répliqué Mary Ellen.

– Pas du tout. Le chien l'a avalé tout rond avant que quiconque puisse intervenir. »

J'ai confirmé ses dires d'un nouveau hochement de tête.

Elle a réfléchi une minute.

« Alors qu'est-ce que ton copain a fait avec son orbite vide ? Il a dû trouver un œil de verre ou un truc dans le genre ?

– C'est ce qu'il aurait voulu, mais sa famille était plutôt pauvre, tu vois, alors il s'est procuré une balle de ping-pong et il a peint un œil dessus. Ça lui sert de prothèse.

– Pouah..., a fait doucement Mary Ellen.

– Donc, si j'étais toi, j'arrêterais de me déboucher les oreilles. »

Elle a réfléchi de nouveau.

« Ouais, peut-être que tu as raison », a-t-elle fini par répondre, avant de se déboucher les oreilles.

Durant un de nos rares instants d'intimité (Mary Ellen était allée faire un petit pipi dans un buisson éloigné), Katz et moi avions conclu un accord secret qui stipulait que nous ferions encore 22 kilomètres le lendemain pour terminer dans un endroit nommé Dicks Creek Gap, où passait une route qui menait à Hiawassee, 18 kilomètres plus loin. Il nous fallait atteindre Dicks Creek coûte que coûte puis fuir en stop jusqu'en ville, où nous nous payerions un dîner et une nuit dans un motel. Sinon, le plan B était de tuer Mary Ellen et de lui piquer ses gaufrettes.

Aussi, le jour suivant, nous avons marché, marché comme des fous furieux, laissant Mary Ellen pantoise devant nos larges enjambées énergiques. Il y avait un motel à Hiawassee – des draps propres ! une douche ! la télé couleur ! – et soi-disant une sélection de restaurants. Nous n'avions pas besoin d'une meilleure motivation pour allonger le pas. Katz a faibli dès la première heure. L'après-midi, c'est moi qui en avais plein les mollets. Mais nous avons poursuivi avec détermination. Mary Ellen se faisait distancer de plus en plus, jusqu'à ce qu'elle finisse même derrière Katz. C'était une sorte de miracle.

Vers 16 heures, épuisé, en nage, le visage marbré de rigoles de sueur terreuse, j'ai émergé des arbres pour poser un pied sur le bas-côté de la Highway 76, véritable rivière d'asphalte en pleine forêt, heureux de constater que cette route était large et raisonnablement importante. À 500 mètres de là se trouvait une aire de stationnement desservie par une petite bretelle d'accès – un avant-goût de la civilisation –, puis la route continuait en un grand virage plein de promesses. Plusieurs voitures m'ont dépassé tandis que je me tenais sur la zone d'arrêt autorisé.

Katz a déboulé des bois quelques minutes plus tard, l'œil et le cheveu fous, et je l'ai pressé de me rejoindre malgré ses abondantes protestations : il prétendait avoir besoin de s'asseoir sur-le-champ, mais je voulais arrêter une voiture avant que Mary Ellen n'apparaisse et ne fasse tout rater. Je ne savais pas comment elle aurait pu réussir ce coup-là, mais j'étais sûr qu'elle en était capable.

« Tu l'as vue ? ai-je demandé avec inquiétude.

– À des kilomètres derrière, assise sur une pierre sans ses chaussures, en train de se masser les pieds. Elle avait l'air vraiment crevé.

– Parfait. »

Katz s'est écroulé sur son sac, sale et épuisé, et je me suis planté non loin de lui sur l'accotement, le pouce en l'air, essayant de donner une image saine et respectable, sans pour autant pouvoir retenir un petit claquement de langue contrarié chaque fois qu'une voiture ou un pick-up filait sans s'arrêter. Je n'avais pas fait d'auto-stop depuis vingt-cinq ans et l'expérience s'avérait vaguement humiliante. Les véhicules passaient comme des flèches, incroyablement rapides pour nous qui vivions maintenant dans un univers piéton. Les conducteurs nous jetaient à peine un regard. Rares et toujours âgés étaient ceux qui approchaient à vitesse mesurée ; leurs petites têtes blanches apparaissaient tout juste au-dessus du tableau de bord et ils nous dévisageaient sans compassion, ni aucune autre expression d'ailleurs, comme si nous étions un pré à vaches. Il paraissait peu probable que quiconque s'arrête jamais pour nous. Moi-même je ne me serais pas arrêté.

« Personne ne va nous prendre », a lancé Katz avec découragement, après quinze minutes de vaines tentatives.

Il avait raison, bien sûr, mais ça m'énervait toujours cette façon qu'il avait de tout laisser tomber si facilement.

« Tu pourrais essayer d'être un peu plus confiant de temps en temps ? ai-je demandé.

– OK. Je suis absolument certain que personne ne va nous prendre. Non mais regarde-nous ! »

Il a reniflé ses aisselles avec dégoût.

« C'est dingue ! Je sens comme le frigo d'un tueur psychopathe ! »

Il existe un phénomène appelé « Trail Magic » – la magie ou le pouvoir du sentier –, connu de tous les randonneurs des Appalaches, et qui se manifeste souvent quand les choses vont au plus mal : il se produit alors un petit événement, un hasard heureux qui vient regonfler à bloc le moral des troupes. Le nôtre a été l'apparition d'une Pontiac TransAm bleu layette qui nous a dépassés à toute vitesse avant de freiner à mort sur le bas-côté, 100 mètres plus loin, dans un nuage de poussière. C'était si éloigné de l'endroit où nous nous trouvions que nous ne pensions d'abord pas être concernés ; mais elle a fait marche arrière et est revenue vers nous à vive allure, de manière un peu chaotique, moitié sur l'accotement, moitié sur la route. Je suis resté cloué sur place. La veille, un couple de randonneurs chevronnés nous avaient raconté que parfois, dans le Sud, les conducteurs faisaient des écarts pour effrayer les marcheurs ou roulaient sur leurs sacs, juste histoire de rigoler. J'ai soudain imaginé que nous allions subir le même sort et étais sur le point de courir pour me mettre à l'abri

– même Katz s'était à demi redressé –, quand la voiture s'est arrêtée pile devant nous, avec de nouveaux jets de cailloux et de poussière. Une fille a sorti la tête par la fenêtre côté passager.

« Vous voulez monter ? a-t-elle lancé.

– Oui, merci, madame », avons-nous répondu de notre ton le plus poli.

Nous nous sommes précipités vers la voiture et penchés à la portière pour découvrir un couple de jeunes gens très beaux, très joyeux et très ivres, qui ne devaient pas avoir plus de dix-huit ou dix-neuf ans. La fille, munie d'une bouteille de Wild Turkey aux trois quarts vide, emplissait à ras bord, avec précaution, deux gobelets en plastique.

« Salut ! a-t-elle dit. Installez-vous. »

Nous avons marqué un temps d'hésitation. La voiture paraissait pleine à craquer : des valises, des cartons, un assortiment de sacs en plastique noir, des monceaux de vêtements. Elle n'était pas vraiment grande et ses occupants semblaient déjà lutter pour s'y faire une place.

« Darren, fais un peu le ménage pour que ces messieurs puissent s'asseoir, a ordonné la fille avant d'ajouter : lui, c'est Darren. »

Darren est sorti du véhicule, a grimacé un bonjour et ouvert le coffre ; il l'a contemplé d'un regard vide, tandis que l'idée s'insinuait lentement dans son cerveau qu'il n'y avait pas d'espace disponible là non plus. Il était tellement imbibé que pendant un instant j'ai eu l'impression qu'il allait s'endormir debout ; mais il s'est repris, a dégotté une corde et ficelé plutôt adroitement nos sacs sur le toit. Puis, ignorant les conseils et les encouragements véhéments de sa compagne, il a poussé une partie du bazar à l'arrière pour créer une petite cavité où Katz et moi-même nous sommes introduits, sans manquer de nous répandre en excuses et en témoignages de sincère reconnaissance.

La fille s'appelait Donna. Ils étaient en route pour un bled au nom épouvantable – Turkey Balls Falls, Coon Slick ou un truc dans le genre – qui se trouvait à 80 kilomètres. Ils ne voyaient aucun inconvénient à nous déposer à Hiawassee – à condition qu'ils ne nous tuent pas tous d'abord. Darren faisait du 200 à l'heure, un doigt sur le volant, tout en secouant la tête au rythme d'une chanson qu'il semblait seul à entendre, tandis que Donna se contorsionnait sur son siège pour nous parler. Elle était extraordinairement jolie, merveilleusement jolie.

« Faut nous excuser. On a un truc à fêter. »

Elle a levé son gobelet comme pour porter un toast.

« Qu'est-ce que vous fêtez ? a demandé Katz.

– On s'marie demain ! a-t-elle annoncé fièrement.

– Sans blague ! Félicitations !

– Ouaip ! Darren, y va faire de moi une honnête femme. »

Elle a ébouriffé les cheveux de son fiancé puis s'est soudain penchée avec vivacité pour l'embrasser près de l'oreille ; son baiser est devenu pressant, insistant, puis franchement lascif. Elle a terminé, en guise de bonus, par plonger sa main vers un endroit imprévisible, ou du moins c'est ce que nous avons supposé, parce que Darren s'est brutalement heurté le crâne contre le toit et nous a entraînés, dans un bref mais passionnant détour, sur la voie contraire. Sans manifester aucune gêne, Donna s'est ensuite tournée vers nous avec un regard rêveur, concupiscent, comme pour dire : « À qui le tour ? » Plus tard, nous nous sommes fait la réflexion que Darren devait avoir pas mal de pain sur la planche avec Donna mais avons néanmoins conclu qu'il n'était pas à plaindre.

« Hé ! buvez un coup, a-t-elle offert soudain, serrant la bouteille par le goulot.

– Oh ! non merci, a répondu Katz, l'air tenté.

– Allez... »

Il a levé la main :

« J'ai arrêté.

– Ah ! ouais ? Ben c'est super ! Bon, bois un coup alors.

– Non, je t'assure.

– Et toi ? m'a-t-elle dit.

– Non, ça va, merci. »

De toute façon, même si j'avais voulu prendre un gobelet, je n'aurais pu libérer mes bras. Complètement coincés, ils pendaient devant moi comme les pattes avant d'un tyrannosaure.

« T'es pas un ancien alcoolo, toi aussi ?

– Ben, plus ou moins. »

J'avais décidé, par solidarité, de renoncer à boire pour la durée de l'équipée.

Elle nous a regardés.

« Vous êtes des genres de mormons ou quoi ?

– Non, juste des randonneurs. »

Elle a hoché pensivement la tête, satisfaite de la réponse, et bu son verre. Puis elle a de nouveau fait sursauter Darren.

Ils nous ont laissés au Mull's Motel d'Hiawassee, un établissement démodé, quelconque, dressé dans un virage sur la route qui menait au centre-ville, et qui de toute évidence n'appartenait à aucune chaîne. Nous les avons remerciés avec effusion et avons fait notre petit numéro pour essayer de participer aux frais d'essence, ce qu'ils ont fermement refusé.

Nous avons observé Darren réengager la voiture dans la circulation dense comme si elle était propulsée par un lance-roquettes. Je crois bien l'avoir vu se cogner de nouveau la tête contre le toit tandis qu'ils disparaissaient derrière une petite côte.

C'est ainsi que nous nous sommes retrouvés seuls avec nos sacs sur un parking de motel vide, dans une petite ville poussiéreuse, oubliée et un peu louche du nord de la Géorgie. Le mot qui résonne dans la tête de tous les randonneurs de ce coin des États-Unis est *Délivrance*, titre d'un roman de James Dickey (1974) et du film qui en a été tiré. Il raconte, vous vous en souvenez peut-être, l'histoire de quatre hommes d'âge moyen qui quittent Atlanta pour s'offrir un week-end de canoë sur la fictive Cahulawasee River (inspirée de l'authentique Chattooga River qui coule non loin d'Hiawassee) et se retrouvent plongés dans un univers totalement déroutant. « Toutes les familles que j'ai rencontrées ici ont au moins un parent en prison », fait remarquer un des personnages du livre, comme habité d'un pressentiment, pendant que le petit groupe roule vers la rivière. « Certains sont coffrés pour avoir distillé illégalement de l'alcool ou l'avoir passé en contrebande, mais la plupart d'entre eux sont condamnés pour meurtre. Tuer ne les émeut pas plus que ça, dans les parages. » Et bien sûr, ce pressentiment s'avère fondé quand nos quatre citadins se retrouvent pourchassés, sodomisés et assassinés par deux paysans dégénérés.

Au début du récit, les héros de Dickey s'arrêtent dans une ville « laide, somnolente, ankylosée », qui, pour ce que j'en sais, pourrait très bien être Hiawassee. Ce qui est certain, c'est que le livre se déroule dans cette partie de l'État et que le film a été tourné dans la région. Le célèbre banjoïste albinos qui y joue *Duelling Banjos* vit apparemment toujours à Clayton, non loin de là.

Le roman de Dickey, comme on s'en doute, a suscité dans le coin des critiques virulentes ; un observateur l'a qualifié de « portrait le plus rabaissant des montagnards de Géorgie jamais produit par la littérature moderne », ce qui est encore bien en dessous de la vérité. Mais il faut dire que cela fait cent cinquante ans que les Géorgiens terrorisent les gens. Pour peindre ce peuple ignorant, reclus dans des bourgades désolées et des forêts profondes, un chroniqueur du XIXe siècle parle d'« animaux cadavériques aussi tristes et indolents que de la morue bouillie » ; d'autres ne se sont pas gênés pour employer les mots « dépravés », « sauvages » et « arriérés ». Dickey, qui était lui-même géorgien et connaissait bien la région, jurait que son livre reflétait fidèlement la réalité.

Était-ce l'influence persistante de ce bouquin, l'heure de la journée, ou simplement notre désaccoutumance à l'environnement urbain ? Hiawasse nous donnait une impression d'étrangeté palpable, perturbante : le genre d'endroit où l'on ne serait pas du tout surpris de se faire servir de l'essence par un cyclope. Nous nous sommes dirigés vers la réception du motel, qui ressemblait davantage à un petit salon désordonné qu'à un bureau, et avons découvert une femme âgée, assise près de la porte sur un sofa, avec des cheveux blancs ébouriffés et une robe de coton aux couleurs vives. Elle avait l'air contente de nous voir.

« Bonjour, ai-je dit. Nous cherchons une chambre. »

La dame a souri et hoché la tête. J'ai attendu qu'elle se lève, mais elle n'a pas bougé.

« Pour ce soir, ai-je ajouté d'un ton encourageant. Vous avez des chambres ? »

Son sourire s'est épanoui davantage ; elle m'a attrapé la main et l'a serrée. Ses doigts paraissaient froids et osseux. Elle se contentait de me regarder avec intensité, impatience, comme si elle croyait – ou espérait – que j'allais lui lancer un bâton pour qu'elle coure après.

« Dis-lui que nous venons de la planète Terre », a murmuré Katz à mon oreille.

À cet instant, une porte s'est ouverte et une femme grisonnante est entrée précipitamment en s'essuyant les mains sur son tablier.

« Ça sert à rien de lui parler, a-t-elle lancé d'un ton amical. Elle sait rien, elle dit rien. Maman, laisse la main du monsieur. »

Sa mère lui a adressé un sourire béat.

« Maman, laisse la main du monsieur ! »

Après la libération de ma main, nous avons réservé deux chambres. Muni chacun de notre clef, nous avons convenu de nous retrouver une demi-heure plus tard. La pièce que j'occupais était sommaire, délabrée. Des brûlures de cigarette apparaissaient sur toutes les surfaces possibles, dont le siège des toilettes et les cadres de portes. Les murs et les plafonds étaient couverts de grosses taches qui évoquaient un étrange combat à mort avec de grandes quantités de café brûlant. Et pourtant, cette chambre me faisait l'effet d'un véritable paradis. J'ai appelé Katz, pour la joie de me servir d'un combiné, et appris que sa piaule était encore pire. Nous étions enchantés.

Après avoir pris une douche et enfilé les vêtements les plus propres que nous ayons pu rassembler, nous avons filé au très couru Georgia Mountain Restaurant. Le parking était plein de pick-up ; dans la salle bondée se serraient des clients bien en chair, coiffés de casquettes de base-ball. J'avais le sentiment que si je clamais : « Téléphone pour toi, mon gros ! » tous les hommes de la pièce se lèveraient. Je ne dirais pas que le Georgia Mountain servait une nourriture qui méritait le détour, même par rapport aux autres établissements d'Hiawassee, mais son prix était tout à fait raisonnable. Pour 5 dollars chacun, on avait droit selon l'expression du coin à un *meat and three* (une viande accompagnée de trois légumes), plus salade et dessert. J'ai commandé du poulet rôti, des cornilles, des pommes de terre au four et des « rutabardas », comme l'indiquait le menu. Je n'en avais jamais goûté auparavant mais je ne suis pas sûr que je recommencerai. Nous avons mangé avec appétit, bruyamment, et redemandé maints verres de thé glacé.

Le moment du dessert était bien sûr le plus attendu. Sur le sentier, chacun rêve de manger quelque chose en particulier, généralement une sucrerie : mon fantasme récurrent consistait en une gigantesque portion de tarte ; elle occupait mes pensées depuis des jours. Quand la serveuse est venue prendre notre commande, je lui ai demandé, les yeux implorants, une main sur son avant-bras, de m'apporter la plus grosse part qu'elle puisse couper sans perdre son travail. Elle est revenue avec un énorme morceau visqueux de tarte au citron jaune canari. C'était un monument à la gloire de l'alimentation industrielle, assez jaune pour vous donner la migraine, assez sucré pour vous faire sortir les yeux de la tête : bref, tout ce que vous pouviez espérer d'une tarte à condition que le goût et la qualité ne fassent pas partie de vos priorités. Je m'apprêtais à la prendre d'assaut lorsque Katz a brisé un long silence pour dire avec une sorte de nervosité bizarre :

« Tu sais ce que je n'arrête pas de faire ? De regarder si Mary Ellen ne franchit pas la porte. »

J'ai marqué une pause, une pleine fourchette de gélatine chatoyante à mi-chemin de ma bouche, et ai noté avec une vague incrédulité que son assiette à dessert était déjà vide.

« Tu ne vas pas me dire qu'elle te manque, Stephen ? ai-je demandé sèchement en faisant disparaître la nourriture dans mon gosier.

– Non », a-t-il répondu d'un ton acerbe, sans la moindre envie de plaisanter.

Il semblait avoir des difficultés à trouver les mots pour exprimer son sentiment.

« Mais tu sais, on l'a un brin plantée, en quelque sorte », a-t-il fini par lâcher.

J'ai pesé l'accusation. Je n'étais pas du tout prêt à le suivre sur ce terrain.

« En fait, on ne l'a pas un brin plantée. On l'a plantée. Et alors ?

– Ben, c'est juste que je me sens un peu mal, juste un peu, de l'avoir laissée toute seule dans les bois. »

Puis il a croisé les bras comme pour signifier : « Voilà, c'est dit. »

J'ai posé ma fourchette et réfléchi à cet aspect de la situation.

« Elle est venue dans les bois toute seule, ai-je répliqué. On n'est pas responsable d'elle. Ce n'est pas comme si on avait signé un contrat pour veiller sur elle. »

Tandis que je lui faisais cette réponse, je me rendais compte dans une sorte d'horrible et lente prise de conscience qu'il avait raison. Nous l'avions plantée, livrée aux ours, aux loups, et aux culs-terreux adeptes du ricanement sardonique. Mon envie sauvage d'un repas et d'un lit dignes de ce nom m'avait tant absorbé que je ne m'étais pas arrêté un seul instant pour réfléchir à ce que pouvait impliquer pour Mary Ellen notre départ brutal : une nuit de solitude et de ténèbres occupée à guetter le craquement révélateur d'une branche écrasée par une lourde patte. Je ne souhaitais cela à personne. Mes yeux sont tombés sur ma tarte et je me suis aperçu que je n'en avais plus envie.

« Peut-être qu'elle a trouvé quelqu'un d'autre pour camper, ai-je suggéré sans conviction avant de repousser mon assiette.

– Tu as vu quelqu'un aujourd'hui ? »

Il avait raison. Nous n'avions croisé âme qui vive.

« Elle marche probablement toujours, à l'heure qu'il est, a dit Katz avec une sorte d'emportement soudain. Elle se demande où on peut bien être passés. Morte de trouille, son petit esprit plein de pensées confuses.

– Oh ! arrête », ai-je presque supplié.

J'ai distraitement éloigné la tarte d'un centimètre de plus. Katz m'a gratifié d'un hochement de tête rapide, catégorique, raide comme la justice, et m'a regardé avec une étrange expression enflammée, accusatrice, qui disait : « Si elle meurt, tu auras sa mort sur la conscience. » Et c'était vrai : j'avais été le meneur, sur ce coup-là. C'était de ma faute.

Puis il s'est penché vers moi, et d'une voix complètement différente a demandé :

« Si tu n'es pas sur le point de manger cette tarte, est-ce que je peux l'avoir ? »

Le lendemain matin, nous avons pris notre petit déjeuner dans un Hardee's, de l'autre côté de la route, puis payé un taxi jusqu'au sentier. Nous ne parlions pas de Mary Ellen – ni de grand-chose d'autre, d'ailleurs. Chaque fois que nous reprenions la route après avoir retrouvé le confort de la vie moderne, nous restions silencieux.

Aussitôt confrontés à une montée très raide, nous avons marché avec lenteur, voire avec précaution. J'en bavais vraiment, ce qui s'est systématiquement produit au lendemain de toutes les pauses que nous nous sommes octroyées ; Katz, quant à lui, en bavait tout le temps. Quel que soit l'effet roboratif d'un petit séjour en ville, il disparaissait toujours avec une incroyable rapidité sur le sentier. Au bout de deux minutes, c'était comme si nous ne l'avions jamais quitté. C'était même pire, en fait, parce que lors d'une étape normale nous ne peinions pas sur des collines pentues en étant plombés par un petit déjeuner Hardee's bien gras qui menaçait de remonter à chaque instant.

Nous marchions depuis une demi-heure quand un autre randonneur – un type d'âge moyen et d'allure sportive – s'est approché de nous en sens inverse. Nous lui avons demandé s'il avait vu une fille du nom de Mary Ellen qui parlait fort et portait un coupe-vent rouge.

Cela a paru lui rappeler quelque chose :

« Est-ce qu'elle – sans vouloir être grossier, hein – fait souvent ça ? »

Il s'est pincé le nez et a produit une série d'horribles coin-coin.

Nous avons vigoureusement opiné du chef.

« Ouais, j'ai passé la nuit dernière avec elle et deux autres gars dans le refuge de Plumorchard Gap. »

Il nous a regardés de plus près, un peu dubitatif.

« C'est une amie à vous ?

– Oh ! non, avons-nous répondu, sans hésiter à la désavouer complètement (ainsi que l'aurait fait toute personne sensée). Elle nous a juste collés pendant deux jours. »

Il a hoché la tête d'un air compréhensif puis souri.

« C'est pas un cadeau, hein ? »

À notre tour, nous avons souri à pleines dents.

« Ça a été dur ? » ai-je demandé.

Il a affiché une expression douloureuse puis, brusquement, comme s'il recollait enfin les morceaux, a ajouté :

« Alors vous devez être les deux types dont elle nous a parlé.

– Ah ! oui ? a dit Katz. Qu'est-ce qu'elle a raconté ?

– Oh ! rien, a-t-il répliqué, mais il réprimait un petit sourire qui nous a obligés à demander :

– Mais quoi ?

– Rien. Rien du tout. »

Il souriait.

« QUOI ? »

Il a capitulé.

« Bon, d'accord. Elle a dit que vous étiez deux mauviettes obèses qui n'avaient pas la moindre idée de ce qu'était une randonnée, et qu'elle en avait eu marre de vous traîner.

– Elle a dit ÇA ? a lâché Katz, scandalisé.

– En fait, je crois qu'elle vous a aussi traités de couilles molles.

– De COUILLES MOLLES ? Maintenant, c'est sûr : je vais lui faire la peau.

– Je pense que vous n'aurez aucun problème à trouver quelqu'un pour vous la tenir, a répondu l'homme d'un air absent, les yeux fixés sur le ciel. Il paraît qu'il va neiger. »

J'ai émis un couinement décontenancé.

« Vraiment ? Beaucoup ? »

Il a acquiescé.

« 15 à 20 centimètres. Davantage plus haut. »

Il a levé un sourcil dépité : il semblait partager ma consternation. La neige n'était pas seulement décourageante, elle était dangereuse. Cette pensée est restée en suspens un instant, puis il a conclu :

« Bien, je ferais mieux d'avancer. »

J'ai acquiescé avec compréhension. C'était tout ce que nous avions à faire dans ces montagnes. Je l'ai regardé s'éloigner et me suis tourné vers Katz, qui secouait la tête avec incrédulité.

« Imagine un peu ce qu'elle a raconté après tout ce que nous avons fait pour elle », a-t-il dit avant de remarquer que je le dévisageais.

Il a ajouté d'un ton inquiet :

« Quoi ? »

Puis, encore plus inquiet :

« QUOI ?

– Ne me gâche plus jamais, plus JAMAIS, une part de tarte. T'as compris ? »

Katz a grimacé.

« Ouais, c'est bon, putain… »

Il s'est éloigné en marmonnant, d'un pas traînant.

Deux jours plus tard, nous avons appris que Mary Ellen avait abandonné, couverte d'ampoules, après avoir essayé d'avaler 56 kilomètres en quarante-huit heures. Grosse erreur.

VI

Les distances changent radicalement quand vous abordez le monde à pied. 2 kilomètres deviennent un bon bout de chemin ; 4, un trajet conséquent ; 15, énorme ; 80, à la limite du concevable. Vous prenez conscience de cette immensité de la planète que seuls vous et une petite communauté de marcheurs peuvent percevoir. Sa véritable échelle est votre secret.

En randonnée, la vie revêt une simplicité bien ordonnée. Le temps cesse d'avoir une signification. Vous vous couchez quand il fait sombre et vous vous levez quand la lumière revient ; tout ce qui se passe dans l'intervalle n'est qu'un entre-deux. C'est assez merveilleux, en vérité.

Vous n'avez aucune obligation, aucun engagement, aucun devoir, aucune ambition particulière ; vos désirs sont des plus modestes, des moins élaborés. Vous existez dans un ennui tranquille, serein, l'exaspération ne peut vous atteindre, vous flottez « loin de toute source de conflit », comme l'a écrit à la fin du XVIIIe siècle William Bartram, l'un de nos grands es et explorateurs. Tout ce que l'on vous demande, z de bonne volonté pour continuer d'avancer.

a aucune raison de vous dépêcher parce que vous nulle part. Et quelle que soit la durée de votre marche a distance que vous parcourez, vous vous trouvez ours au même endroit : dans la forêt. C'est là que vous ez hier, c'est là que vous serez demain. Les bois ne sont 'une seule et même réalité, infinie. Chaque virage du entier révèle une perspective semblable à celle offerte par tous les autres, chaque regard vers le lointain se perd dans le même enchevêtrement. Votre itinéraire pourrait aussi bien décrire un large cercle et revenir à son point de départ que vous ne vous en apercevriez même pas. Et d'une certaine façon, cela n'aurait pas vraiment d'importance.

Par moments, vous développez la certitude que vous avez déjà grimpé cette côte trois jours auparavant, que vous avez traversé ce torrent hier, que vous avez bien deux fois aujourd'hui enjambé cet arbre mort. Mais la plupart du temps vous ne pensez pas. C'est inutile. Au lieu de cela, vous naviguez dans une sorte de quiétude itinérante ; votre cerveau, comme un ballon retenu par une ficelle, vous accompagne sans plus faire partie de votre corps. Marcher sur des kilomètres pendant des lustres devient aussi automatique, aussi anodin que respirer. À la fin de la journée, vous ne vous dites pas plus : « J'ai fait 25 bornes aujourd'hui ! » que vous ne vous diriez : « J'ai respiré 8 000 fois aujourd'hui ! » Vous le faites, c'est tout.

Nous avons progressé ainsi, heure après heure, sur de véritables montagnes russes, le long de crêtes étroites, à travers des plateaux herbeux, des alignements sans fin de chênes, de frênes et de pins. Le ciel s'est obscurci, l'air s'est rafraîchi, mais ce n'est qu'au bout de trois jours qu'est apparue la neige annoncée. Cela a débuté le matin par de maigres flocons épars, à peine visibles, puis le vent s'est levé, a forci, et forci encore, jusqu'à ce qu'il souffle avec une fureur de fin du monde qui semblait semer la panique même parmi les arbres ; dans son sillage est venue la véritable neige, en énormes bourrasques. Vers midi, nous nous sommes retrouvés à nous traîner dans un froid perçant, au beau milieu d'une violente tempête. Peu après, nous avons atteint un étroit chemin en corniche le long d'une paroi rocheuse appelée Big Butt Mountain.

Même dans des circonstances idéales, le sentier qui faisait le tour de cette montagne aurait nécessité lenteur et précaution. Avec ses 35 ou 40 centimètres de large, il donnait l'impression d'un rebord de fenêtre en haut d'un gratte-ciel ; il s'éboulait ici et là, bordé d'un côté par un précipice de 25 mètres, surplombé de l'autre par des parois de granit. À une ou deux reprises, j'ai poussé dans le gouffre des cailloux de la taille de mon pied et les ai regardés avec une vague angoisse dégringoler et s'écraser à des distances improbables. Le chemin était encombré de pierres, tapissé de racines rampantes contre lesquelles nous butions et trébuchions constamment, et recouvert d'un placage de glace polie dissimulé sous une fine couche de poudreuse. À une fréquence exaspérante, il était coupé par des torrents abrupts pavés de grosses pierres et pris dans une glace marbrée de bleu ; nous ne pouvions les négocier qu'en progressant en crabe, accroupis. Et tandis que nous rampions sur ce perchoir absurdement étroit et dangereux, nous étions sans cesse à demi aveuglés par des tourbillons de neige, déstabilisés par des rafales de vent qui secouaient nos sacs à dos et rugissaient entre les arbres mouvants. Ce n'était pas du blizzard ; c'était un ouragan. Nous évoluions avec une minutie délibérée, assurions solidement chaque pas avant de lever l'autre chaussure. Malgré notre vigilance, Katz a glissé à deux reprises en lâchant des cris horrifiés, incontrôlables, dignes d'une bande dessinée. Quand je me suis retourné, je l'ai découvert chaque fois enlacé à un arbre, essayant de reprendre pied, les yeux écarquillés, un air de frayeur sur le visage.

C'était incroyablement stressant. Nous avons mis plus de deux heures à parcourir un kilomètre. Le temps que nous revenions sur la terre ferme, à un endroit appelé Bearpen Gap, la couche de neige atteignait 10 à 12 centimètres et continuait d'épaissir à vue d'œil. Le paysage était intégralement blanc, noyé dans des flocons de la taille d'une pièce de 10 cents ; ils tombaient à angle oblique avant d'être capturés par le vent et balayés dans toutes les directions. Nous ne voyions pas à plus de 4 ou 6 mètres devant nous, souvent moins.

Le sentier traversait une route forestière puis s'élevait tout droit sur les flancs d'Albert Mountain – un sommet de 1 600 mètres –, où les vents violents et furieux frappaient avec un tel vacarme que nous étions obligés de hurler pour nous parler. Après avoir entamé la montée, nous avons vivement battu en retraite. Même dans des conditions optimales, les sacs à dos affectent considérablement votre centre de gravité. Ici, nous étions littéralement poussés par les bourrasques. Déconcertés, nous nous tenions au pied de la montagne et échangions des regards. En fait, la situation était plutôt grave. Nous étions pris entre un sommet que nous ne pouvions pas gravir et une corniche que nous n'avions aucune intention de parcourir de nouveau. Apparemment, notre seul choix consistait à planter nos tentes – si nous y arrivions avec ce vent – puis à nous glisser à l'intérieur et à croiser les doigts. Je n'essaie pas de donner dans le mélo, mais des gens sont déjà morts dans des circonstances moins difficiles.

J'ai laissé tomber mon sac et ai farfouillé dans les différentes poches pour retrouver ma carte de randonnée. Les cartes du sentier des Appalaches sont d'une telle inutilité monumentale que j'avais depuis longtemps renoncé à les utiliser. Il en existe de différentes sortes, mais la plupart sont au 1/100 000, une échelle abyssale où chaque kilomètre du monde réel est compressé en un ridicule petit centimètre de dessin. Imaginez un kilomètre carré de paysage et tout ce qu'il peut contenir – des routes forestières, des torrents, un sommet ou deux, peut-être une tour de surveillance incendie, un plateau, le tracé sinueux de l'AT et d'un ou deux sentiers secondaires importants – et imaginez maintenant ces éléments transposés sur une zone imprimée de la taille de l'ongle de votre petit doigt. Vous avez votre carte du sentier des Appalaches.

En vérité, c'est même bien pire que cela car, pour des raisons qui dépassent l'entendement au-delà de toute mesure, les cartes de l'AT fournissent encore moins de détails que ne le permet leur maigre échelle. Pour 15 kilomètres de parcours, le relevé ne nommera que trois sommets, peut-être, sur la douzaine – voire plus – que vous affronterez. Des vallées, des lacs, des dépressions, des ruisseaux ainsi que bien d'autres particularités topographiques importantes, sinon vitales, restent régulièrement anonymes. Les routes forestières sont souvent omises ou identifiées de manière hasardeuse. Même les sentiers secondaires passent fréquemment à la trappe. Il n'y a aucune coordonnée, aucun moyen d'indiquer un endroit particulier à des sauveteurs, aucune flèche pour localiser les villes situées juste au-delà des bords de la carte. Bref, c'est un document totalement inadapté.

Dans des circonstances normales, cet état de fait semblerait simplement irritant. Mais maintenant, dans ce blizzard, cela paraissait proche de la négligence. J'ai sorti la carte de mon sac et ai lutté contre le vent pour l'examiner. Le sentier était matérialisé par un trait rouge. Juste à côté se trouvait une large ligne noire, sinueuse, que j'imaginais être la route forestière que nous venions de traverser, bien que rien ne l'indique. Selon la carte, cette route – s'il s'agissait vraiment d'une route – commençait au milieu de nulle part puis s'interrompait une dizaine de kilomètres plus loin, toujours au milieu de nulle part, ce qui n'avait évidemment pas de sens. On ne peut faire démarrer une route en pleine forêt : les engins de terrassement n'apparaissent pas spontanément parmi les arbres. Cette carte avait sans conteste quelque chose de si profondément hors sujet qu'elle en était exaspérante.

« J'ai payé ça 11 dollars, ai-je dit à Katz en agitant la carte dans sa direction, avant de la froisser en un éventail plus ou moins plat pour la fourrer dans ma poche.

– Alors, qu'est-ce qu'on va faire ? » a-t-il demandé.

J'ai soupiré, indécis, puis ai de nouveau extirpé le document d'un coup sec pour reprendre mon examen. Mes yeux allaient du relevé topographique à la route forestière.

« Bon, on dirait que cette route fait le tour de la montagne puis se rapproche du sentier sur l'autre versant. Si c'est le cas et qu'on ne se perd pas en chemin, il y a un refuge qu'on peut rejoindre. Si ça ne fonctionne pas, ben, j'imagine qu'il vaudra mieux reprendre la route dans l'autre sens pour redescendre à plus basse altitude et voir si on peut trouver un endroit à l'abri du vent pour camper. »

J'ai fait une moue un peu désabusée.

« Je ne sais pas trop. Qu'est-ce que tu en penses ? »

Katz regardait le ciel et les flocons qui voltigeaient.

« Eh bien, je pense, a-t-il dit d'un air pénétré, que j'aimerais faire une longue trempette dans un jacuzzi, dîner d'un gros steak accompagné d'une patate au four et de beaucoup de crème, mais vraiment beaucoup, puis me lancer dans une partie de jambes en l'air avec les pom-pom girls des Dallas Cowboys, sur une peau de tigre étendue devant le feu crépitant d'une de ces grandes cheminées de pierre que l'on trouve dans les chalets de stations de ski. Tu vois lesquelles ? »

Il m'a regardé. J'ai hoché la tête.

« Voilà ce que j'aimerais faire. Mais je suis d'accord pour essayer ton plan si tu crois que ça peut être plus sympa. »

Il a balayé quelques flocons de son front.

« De plus, ce serait dommage de ne pas profiter d'une si belle neige. »

Il a lâché un rire amer puis s'est éloigné dans les bourrasques tourbillonnantes. J'ai hissé mon sac sur mes épaules et l'ai suivi.

Nous progressions péniblement, pliés en deux, fouettés par le vent. Là où la neige s'amoncelait, elle formait une couverture lourde, humide, si profonde qu'elle serait bientôt infranchissable et qu'il nous faudrait nous arrêter, de gré ou de force. J'ai remarqué avec inquiétude qu'il n'y avait aucun endroit dans les parages pour planter une tente : de part et d'autre du chemin s'étendait une déclivité boisée, montante d'un côté et descendante de l'autre. La route a continué tout droit sur une bonne distance – beaucoup plus longtemps qu'elle n'aurait dû, semblait-il. Même si elle entamait bien un peu plus loin un virage qui la rapprochait du sentier, il n'y avait aucune certitude – ni, peut-être, aucune probabilité – que nous saurions le repérer. Avec ces arbres et cette neige, on pouvait se trouver à trois mètres de l'AT sans le voir. Cela aurait été de la folie de quitter la route pour nous lancer à sa recherche. Mais c'était aussi de la folie de suivre une route forestière qui montait en altitude à travers le blizzard.

Peu à peu, puis de plus en plus nettement, sa trajectoire a commencé à réaliser une courbe autour de l'éminence. Après avoir passé environ une heure à ramper dans une neige de plus en plus profonde, nous avons atteint une hauteur plane et venteuse où le sentier – un sentier, tout du moins – émergeait de derrière la montagne puis continuait à travers un plateau boisé. J'ai regardé ma carte avec perplexité et agacement : elle était complètement muette sur le sujet, mais Katz a repéré une marque blanche sur un tronc à 20 mètres et nous avons poussé un cri de joie. Nous avions retrouvé l'AT. Le refuge n'était que quelques centaines de mètres plus loin. Il semblait bien que nous allions vivre un jour de plus.

La neige nous arrivait maintenant presque jusqu'aux genoux, mais malgré notre fatigue nous avons avancé à larges bonds. Katz a de nouveau poussé un cri de triomphe en apercevant un panneau fléché accroché à une branche basse ; il indiquait un sentier secondaire avec la mention : BIG SPRING SHELTER. Le refuge, un simple abri de bois ouvert sur un côté, se dressait au beau milieu d'une trouée enneigée, un vrai décor hivernal de conte de fées, à 150 mètres environ du sentier principal. Même à distance on pouvait voir que l'ouverture faisait face au vent et que la neige s'était engouffrée à l'intérieur presque jusqu'au niveau de la plate-forme de couchage. Mais quoi qu'il en soit, le refuge donnait au moins un sentiment de protection.

Nous avons traversé la clairière, hissé nos sacs sur la plateforme et découvert que deux personnes y étaient déjà : un homme accompagné d'un garçon d'environ quatorze ans, le père et le fils. Ils venaient de Chattanooga et se nommaient Jim et Heath. Chaleureux et sympathiques, ils n'étaient pas affectés le moins du monde par la météo. Ils nous ont raconté qu'ils randonnaient pour le week-end (je ne m'étais même pas rendu compte que nous étions un week-end) ; ils savaient dès le départ que le temps serait probablement mauvais – peut-être pas aussi mauvais, néanmoins – et s'étaient donc bien préparés. Jim avait apporté une grande bâche transparente, du genre de celles qu'utilisent les peintres pour protéger les sols, et il essayait de la tendre devant la façade ouverte de l'abri. Katz, contrairement à son habitude, a bondi pour l'aider. Le film de plastique ne couvrait pas toute la surface, mais nous avons découvert qu'avec un tapis de sol amarré sur un des côtés nous pouvions boucher toute l'ouverture. Le vent frappait furieusement contre la bâche et, de temps à autre, la décrochait en partie ; elle commençait alors à battre et claquait comme un coup de fusil, jusqu'à ce que l'un de nous se lève et lutte pour la remettre en place. Le refuge était incroyablement perméable aux courants d'air ; les murs et le plancher révélaient de nombreuses fissures à travers lesquelles s'infiltraient parfois une bourrasque glaciale ou une rafale de neige. Nous étions cependant, et de loin, plus douillettement installés que nous ne l'aurions été à l'extérieur.

Katz et moi avons donc aménagé notre petit coin, déroulé nos sacs de couchage, défait nos sacs à dos et enfilé tous les vêtements de rechange que nous pouvions trouver. Nous avons préparé notre dîner en position allongée. L'obscurité est tombée rapidement, lourdement, ce qui a donné encore plus de présence aux étendues sauvages du dehors. Jim et Heath avaient du gâteau au chocolat qu'ils ont partagé avec nous, un trésor inestimable, puis nous nous sommes tous les quatre installés sur le bois dur pour une longue nuit froide, bercés par le vent lugubre et les chutes des branches malmenées.

Quand je me suis réveillé, tout était calme, de cette sorte de calme qui vous pousse à vous asseoir et à reprendre rapidement vos esprits. Devant moi, la bâche de plastique s'était décrochée sur une trentaine de centimètres ; l'orifice laissait deviner une faible lumière qui baignait les alentours. La neige montait plus haut que la plate-forme et formait une couche de deux centimètres d'épaisseur sur le bas de mon duvet. J'ai secoué les pieds pour la faire tomber. Jim et Heath remuaient déjà. Katz dormait profondément, un bras replié sur le front, la bouche grande ouverte. Il était à peine 6 heures.

J'ai décidé de partir en reconnaissance pour évaluer jusqu'à quel point nous étions ensevelis. Au bord de la plate-forme, j'ai eu quelques hésitations avant de sauter dans la congère ; je m'y suis enfoncé jusqu'à la taille et ai ouvert de grands yeux lorsque des flocons se sont infiltrés sous mes vêtements pour fondre sur ma peau nue. J'ai progressé à travers la clairière, où la couverture neigeuse était légèrement – mais juste légèrement – moins profonde. Même dans les zones abritées, sous les branches basses des conifères qui formaient comme un toit, je pataugeais péniblement jusqu'aux genoux. Mais tout était d'une beauté éblouissante. Chaque arbre portait un épais manteau blanc, chaque souche, chaque rocher arborait un coquet bonnet cotonneux ; et il y avait ce calme parfait, immense, que l'on ne trouve nulle part ailleurs que dans une forêt après une grosse chute de neige. Ici et là des amas gelés glissaient des branches, mais sinon aucun son ni mouvement n'étaient perceptibles. J'ai suivi le sentier secondaire jusqu'à sa jonction avec l'AT, que surplombaient des ramures lourdement courbées. L'AT lui-même n'était plus qu'un traversin blanc rembourré, arrondi et bleuté, sous un long tunnel sombre de rhododendrons qui ployaient vers le bas. La neige semblait épaisse et le chemin difficilement praticable. J'ai avancé sur quelques mètres en guise de test. C'était bien de la neige épaisse. Et un chemin difficilement praticable.

À mon retour au refuge, Katz était levé ; il bougeait avec lenteur et proférait ses ronchonnements matinaux. Jim étudiait ses cartes qui paraissaient bien meilleures que les miennes. Je me suis accroupi près de lui et il s'est poussé pour me laisser regarder. Il restait 9,5 kilomètres avant Wallace Gap et une route goudronnée, la vieille 64, qu'il fallait encore emprunter sur 1,5 kilomètre pour arriver au Rainbow Spring Campground, un terrain de camping privé avec un magasin et des douches. J'ignorais quelle difficulté réelle représentait une marche de 11 kilomètres dans la neige profonde et si le camping serait effectivement ouvert si tôt dans l'année. Néanmoins, il était évident que cette neige allait tenir pendant des jours et qu'il nous faudrait bien bouger à un moment ou à un autre : autant que ce soit tout de suite, alors que le temps était calme et clément. Une nouvelle tempête pouvait se lever et nous coincer définitivement.

Jim et Heath avaient prévu de nous accompagner pendant les deux premières heures puis de bifurquer sur un sentier secondaire, Long Branch, qui descendait dans un ravin en pente raide sur 3,5 kilomètres puis émergeait près du parking où ils avaient laissé leur voiture. Jim avait emprunté Long Branch de nombreuses fois et savait à quoi s'attendre. Quand bien même, cela ne me disait rien qui vaille ; je lui ai donc demandé en hésitant s'il pensait vraiment que c'était une bonne idée de s'engager sur un sentier secondaire peu fréquenté et dans un état plus qu'incertain. Si lui ou son fils avait un problème, ils ne croiseraient personne pour les aider. J'ai constaté avec soulagement que Katz était d'accord avec moi : « Au moins, il y a toujours quelqu'un sur l'AT, a-t-il dit. On ne sait jamais ce qui peut vous arriver sur une voie annexe. » Jim a réfléchi à la question et conclu qu'ils feraient demi-tour si les choses s'annonçaient périlleuses.

Katz et moi nous sommes offert deux tasses de café chacun ; Jim et Heath ont partagé leur porridge avec nous, ce qui a plongé mon camarade dans une joie immense. Puis nous avons levé le camp ensemble. Il faisait froid, la progression était pénible. Les tunnels de rhododendrons courbés étaient absolument charmants, mais quand nos sacs frottaient contre eux, ils laissaient tomber des monceaux de flocons sur nos crânes et dans nos nuques. Les trois adultes se relayaient pour marcher devant, car la personne de tête recevait toujours les platées de neige les plus abondantes, sans compter qu'il lui revenait la tâche difficile de faire la trace.

Nous avons atteint le sentier de Long Branch pour constater qu'il descendait abruptement à travers des pins penchés – trop abruptement, me semblait-il, pour permettre de remonter si le chemin s'avérait impraticable. Et il m'avait tout l'air de l'être. Katz et moi avons pressé nos deux compagnons de changer d'avis, mais Jim nous a assurés que c'était une descente bien balisée et qu'il était sûr que tout irait bien.

« Vous savez quel jour on est ? » a-t-il soudain lancé.

Devant nos regards vides, il a immédiatement fourni la réponse :

« Le 21 mars. »

Nous n'avons pas réagi davantage.

« C'est le début du printemps. »

Cette ironie nous a fait sourire. Après quelques serrages de main et autres vœux de bonne chance, nous nous sommes séparés.

Katz et moi avons avancé encore pendant trois heures, ouvrant la marche chacun notre tour, en silence, avec lenteur, à travers la forêt froide et blanche. Vers 13 heures, nous sommes enfin arrivés sur la route 64, une deux-voies solitaire qui traversait les montagnes. Elle n'avait pas été dégagée et il n'y avait aucune trace de pneus sur sa surface immaculée. La neige recommençait à tomber avec grâce et régularité. Nous avons emprunté la chaussée dans le but de rejoindre le terrain de camping, mais à peine avions-nous parcouru 400 mètres que le crissement d'un véhicule motorisé progressant avec précaution s'est fait entendre derrière nous. Une sorte de grosse Jeep arrivait à notre hauteur. La fenêtre du conducteur s'est abaissée avec un ronronnement. C'était Jim et Heath. Ils étaient venus nous annoncer qu'ils étaient sains et saufs, et vérifier qu'il en était de même pour nous.

« On s'est dit que vous ne seriez pas contre un petit bout de conduite », a dit Jim.

Nous avons grimpé à bord avec reconnaissance, avons inondé leur jolie voiture de neige et sommes descendus ainsi vers le camping. Jim nous a raconté qu'ils étaient passés à côté de l'entrée en montant à notre rencontre et que l'endroit semblait ouvert, mais qu'il nous conduirait jusqu'à Franklin, la ville la plus proche, si ce n'était pas le cas. Il avait écouté la météo. De nouvelles chutes de neige étaient annoncées pour les deux jours suivants.

Jim et Heath nous ont laissés au camping – ouvert – et se sont éloignés en agitant la main. Rainbow Springs était un petit terrain privé avec plusieurs chalets, un bloc sanitaire et deux autres bâtiments à la fonction indéterminée, éparpillés autour d'une grande aire plane manifestement destinée aux caravanes et autres véhicules de loisir. L'accueil se faisait près de l'entrée, dans une vieille maison blanche qui était en réalité une épicerie. Nous avons pénétré à l'intérieur et découvert que tous les randonneurs de ces trente derniers kilomètres étaient déjà là : beaucoup se trouvaient assis autour du poêle à bois et mangeaient du chili ou des glaces. Ils avaient les pommettes roses et l'air propre. Nous connaissions trois ou quatre d'entre eux. Le camp était tenu par Buddy et Jensine Crossman, qui semblaient sympathiques et accueillants. Les affaires devaient rarement marcher aussi bien en mars.

J'ai demandé s'ils avaient un chalet de libre. Jensine a écrasé sa cigarette et ri de ma naïveté, ce qui lui a provoqué une petite crise de toux.

« Mon grand, les chalets sont complets depuis deux jours. Il reste deux places en dortoir. Et après ça, il faudra que les gens couchent par terre. »

« Dortoir » n'est pas un mot que j'aime particulièrement entendre à mon âge, mais nous n'avions pas le choix. Nous avons rempli la fiche, reçu deux toutes petites serviettes raides pour la douche et traversé le terrain d'un pas traînant pour découvrir à quoi nous avions droit pour 11 dollars par personne. La réponse était : pas grand-chose.

Le dortoir, sommaire et extraordinairement déplaisant, comportait 12 couchettes de bois étroites empilées sur trois niveaux, chacune équipée d'un fin matelas sans literie et d'un oreiller malpropre bourré de grains de polystyrène expansé qui formaient des bosses. Dans un coin chuintait doucement un poêle bedonnant entouré d'un demi-cercle de chaussures avachies et enguirlandé de chaussettes de laine humides qui exhalaient une vapeur fétide. Une petite table de bois et deux fauteuils délabrés qui vomissaient leur rembourrage complétaient le mobilier. Partout étaient suspendues des affaires mises à sécher – tentes, vêtements, sacs à dos, housses imperméables – qui gouttaient lentement. Le sol était de ciment brut, les murs de contreplaqué non isolant. L'ensemble dégageait une atmosphère singulièrement inhospitalière ; c'était un peu comme camper dans un garage.

« Bienvenue au stalag ! » a lancé un homme avec un sourire ironique et un accent anglais.

Il s'appelait Peter Fleming. Maître de conférences à l'université du Nouveau-Brunswick, il était descendu dans le Sud pour une semaine de randonnée mais, comme nous tous, se retrouvait coincé ici à cause de la neige. Il nous a présentés à la compagnie – chaque personne nous a salués d'un signe de tête amical mais peu convaincu – et nous a indiqué les couchettes libres, l'une au niveau supérieur, presque sous le plafond, l'autre au niveau bas, à l'autre bout de la pièce.

« Les colis de la Croix-Rouge arrivent le dernier vendredi du mois et il y a une réunion du comité d'évasion ce soir à 19 heures. Je crois que vous savez tout.

– Et ne commandez pas le cheeseburger Philadelphia à moins de vouloir vomir toute la nuit, fit avec un touchant élan de sincérité une voix blême qui provenait d'une paillasse obscure.

– C'est Tex », a commenté Fleming.

Nous avons hoché la tête.

Katz a choisi la couchette la plus haute et s'est aussitôt imposé la gageure de réussir à y accéder. Je me suis dirigé vers mon propre couchage et l'ai examiné avec une sorte d'horrible fascination. D'après ma connaissance des taches de matelas, il semblait qu'un précédent occupant n'avait pas seulement souffert d'incontinence nocturne mais s'était vautré dedans avec délice ; et il avait de toute évidence inclus l'oreiller dans ses épanchements. Je l'ai soulevé, reniflé… et ai immédiatement regretté mon geste. J'ai déroulé mon duvet, accroché quelques chaussettes au poêle, suspendu des affaires à sécher puis me suis assis sur le rebord de mon lit ; j'ai alors passé une demi-heure réjouissante à observer le combat acharné de Katz pour monter sur sa couche, accompagné de moult grognements sourds, battements de jambes et invitations à aller se faire foutre à l'intention de tous les spectateurs et supporters. D'où je me tenais, je ne pouvais voir que son énorme derrière et ses membres inférieurs qui brassaient l'air. Sa position faisait penser à la victime d'un naufrage arrimée à un morceau d'épave sur une mer démontée ou, peut-être, à une personne emportée dans les cieux par un ballon-sonde et qui essaie désespérément de ne pas lâcher.

J'ai pris mon oreiller et l'ai rejoint ; je me suis hissé à sa hauteur pour lui demander pourquoi il n'avait pas simplement préféré la couchette la plus basse. Le visage rouge, les yeux fous, je ne suis même pas sûr qu'il m'ait tout de suite reconnu.

« Parce que la chaleur monte, mon pote, a-t-il répondu, et que quand j'aurais réussi à monter là-haut – si j'y arrive, putain ! –, ça va être le sauna ! »

J'ai hoché la tête : il n'y avait absolument aucune utilité à essayer de raisonner Katz quand il était hors d'haleine et faisait une fixette. J'ai profité de l'opportunité pour échanger mon oreiller avec le sien.

Finalement, quand la situation est devenue d'un pathétique à la limite du soutenable, trois personnes l'ont poussé jusqu'à destination. Il s'est lourdement affalé ; le bois a émis un craquement alarmant qui a fait paniquer le pauvre gars discrètement étendu sur la couchette du dessous. Katz a annoncé qu'il ne quitterait pas sa position avant que la neige n'ait totalement fondu et que le printemps ne soit arrivé dans les montagnes. Puis il nous a tourné le dos et s'est endormi.

J'ai pataugé dans la neige jusqu'au bloc sanitaire, juste pour le plaisir de me retrouver en train de sautiller sous une douche glacée, puis suis retourné à l'épicerie pour traîner autour du poêle en compagnie d'une demi-douzaine de personnes. Il n'y avait rien d'autre à faire. J'ai englouti deux bols de chili – la spécialité de la maison – et prêté une oreille à la conversation. Elle était plus ou moins monopolisée par Buddy et Jensine qui cassaient du sucre sur les clients de la veille, mais c'était tout de même sympa d'entendre d'autres voix que celle de Katz.

« Vous auriez dû les voir, a fait Jensine avec dégoût en retirant une miette de tabac collée sur sa langue. Ça disait pas "s'il vous plaît", ça disait jamais "merci". Pas comme vous, les gars. Vous êtes une bouffée d'air frais en comparaison, croyez-moi. Et ils ont transformé le dortoir en porcherie totale, pas vrai, Buddy ? »

Elle a passé le relais à son compagnon.

« Ça m'a pris une heure pour astiquer ce matin, a-t-il dit farouchement (ce qui m'a surpris car le dortoir n'avait pas l'air d'avoir été nettoyé depuis le début du siècle). Y'avait des flaques partout sur le sol et y'a quelqu'un, je sais pas qui, qui a laissé une vieille chemise de flanelle vraiment dégueulasse. Et ils ont brûlé tout le bois. Trois jours de bois. Je l'avais ramené hier, ils l'ont cramé jusqu'à la dernière brindille.

– On était bien contents de les voir partir, a renchéri Jensine. Vraiment contents. Pas comme vous, les gars. Vous êtes une bouffée d'air frais, croyez-moi. »

Elle s'est levée pour répondre au téléphone. J'étais assis à côté d'un des trois jeunes de Rutgers University que nous avions croisés de temps à autre depuis le deuxième jour de notre expédition. Ils bénéficiaient d'un chalet mais avaient dormi dans le dortoir la nuit précédente. Mon voisin s'est penché vers moi et a murmuré :

« Elle a dit la même chose hier à propos des gars qui étaient là le jour d'avant. Et elle dira la même chose sur nous demain. Vous savez qu'on était quinze dans le dortoir la nuit dernière ?

– Quinze ? » ai-je répété avec stupéfaction.

C'était déjà assez insupportable comme ça à douze.

« Et où ont dormi les trois personnes supplémentaires ?

– Sur le sol. Et ils ont quand même payé 11 dollars. Il est bien, votre chili ? »

J'ai observé mon bol comme si je ne m'étais même pas posé la question, ce qui, à vrai dire, était le cas.

« Assez immonde, en fait. »

Il a hoché la tête.

« Attendez un peu d'en avoir mangé pendant deux jours. »

Quand j'ai pris congé pour retourner au dortoir, il neigeait toujours, mais doucement. Katz était réveillé ; appuyé sur un coude, il fumait une cigarette qu'il avait tapée à quelqu'un. Trois des pensionnaires se tenaient à la fenêtre et regardaient la neige. On ne parlait que du temps. Il était impossible de dire quand nous pourrions partir d'ici. Difficile de ne pas se sentir piégé.

Nous avons passé une nuit misérable sur nos couchettes, faiblement éclairés par la lueur dansante du poêle que le type discret, incapable ou peu désireux de dormir sous la masse remuante de Katz, alimentait consciencieusement dans une vibrante symphonie de bruits de sommeil : soupirs, exhalations lasses, ronflements sonores et constants gémissements d'agonie du gars qui avait mangé le cheeseburger Philadelphia. Le chuintement monotone du poêle rappelait la bande-son d'un vieux film. Nous nous sommes réveillés, raides et fatigués, dans une aube lugubre, sous la neige tombante, avec la perspective déprimante d'une longue, longue journée, à n'avoir rien d'autre à faire que de traîner dans l'épicerie ou de rester allongés sur nos couchettes à lire les vieux *Sélection du Reader's Digest* qui s'alignaient sur une petite étagère près de la porte. Puis la nouvelle a circulé qu'un jeune gars entreprenant du nom de Zack, qui occupait l'un des chalets, avait réussi on ne sait trop comment à rejoindre Franklin et à louer un monospace : il offrait d'emmener qui le souhaitait en ville pour 5 dollars. Il y a eu un véritable sauve-qui-peut. À la grande consternation de Buddy et Jensine, écœurés, presque tout le monde a payé et est parti. Quatorze personnes se sont entassées dans le véhicule pour entamer la longue descente jusqu'à Franklin, située dans une vallée sans neige bien plus bas.

C'est ainsi que nous avons profité de petites vacances dans cette bourgade ennuyeuse, laide, mais sans ostentation ; surtout ennuyeuse, à vrai dire : le genre d'endroit où, faute de mieux, vous vous retrouvez à traîner du côté de la scierie pour regarder des gars déplacer du bois avec des chariots élévateurs. Il n'y avait absolument rien à faire en termes de distractions, nulle part où acheter un livre ou même un magazine qui ne parle pas de hors-bord, de voitures customisées ou d'armes et de munitions. La ville était pleine de randonneurs comme nous, descendus des hauteurs en voiture, qui n'avaient d'autres occupations que d'errer mollement entre le café et la laverie automatique et, deux ou trois fois par jour, de faire un pèlerinage jusqu'au bout de la rue principale pour observer avec tristesse les sommets lointains, drapés dans la neige, manifestement infranchissables. Les choses ne s'annonçaient pas très bien. Certaines rumeurs parlaient de congères de 2 mètres dans les Smoky Mountains. Il faudrait peut-être des jours avant que le sentier soit de nouveau praticable.

Cette pensée me plongeait dans un état aussi agité que morose, renforcé par le constat que Katz était véritablement au septième ciel à l'idée de passer plusieurs jours à paresser en ville affranchi de tout but, de tout effort, concentré sur l'essai de différentes positions allongées. À mon immense contrariété, il s'était même acheté un guide télé pour organiser plus efficacement son programme de visionnages sur les jours à venir.

Moi, je voulais retourner sur le sentier, avaler des kilomètres. C'était notre job. De plus, je mourais d'ennui à un point qui défiait l'imagination. Je lisais les sets de table dans les restaurants puis les retournais pour voir s'il y avait quelque chose au verso. À la scierie, je discutais avec les ouvriers à travers le grillage. Le troisième jour, en fin d'après-midi, je me suis posté au Burger King pour étudier avec attention la photographie du manager et de son équipe directoriale en m'interrogeant sur ce phénomène curieux : pourquoi les gens qui se lançaient dans la gestion de fast-foods donnaient-ils toujours l'impression d'avoir eu une mère qui avait couché avec Dingo ? Ensuite, j'ai glissé d'un pas vers la droite pour examiner le tableau de l'employé du mois. C'est alors que j'ai compris qu'il me fallait quitter Franklin.

Vingt minutes plus tard, j'ai annoncé à Katz que nous retournions sur le sentier le lendemain matin. Il a bien sûr été aussi stupéfait que consterné.

« Mais il y a *X-Files* vendredi… a-t-il bégayé. Je viens d'acheter du cream soda.

– La déception doit être amère, ai-je répliqué avec un mince sourire cruel.

– Et la neige ? On ne passera jamais. »

J'ai eu un haussement d'épaules qui se voulait optimiste mais était probablement plus proche de l'indifférence.

« C'est sûrement faisable, ai-je dit.

– Et si ça ne l'est pas ? S'il y a une autre tempête ? Nous avons eu beaucoup de chance, si tu veux mon avis, de nous en être tirés la dernière fois. »

Il m'a regardé avec des yeux désespérés.

« J'ai dix-huit canettes de cream soda dans ma chambre », a-t-il lâché avant de le regretter aussitôt.

J'ai levé un sourcil.

« Dix-huit ? Tu as prévu de t'installer ici ?

– Elles étaient en promo, a-t-il marmonné sur la défensive, avec l'air de commencer à bouder.

– Écoute, Stephen, je suis désolé de gâcher ton programme de festivités, mais nous ne sommes pas venus jusqu'ici pour boire du soda et regarder la télé.

– On n'est pas venus ici non plus pour mourir », a-t-il répondu.

Mais il a cessé de discuter.

Nous sommes donc partis et la chance nous a souri. La neige était profonde mais pas paralysante. Un randonneur solitaire encore plus impatient que moi avait ouvert le chemin et plus ou moins compacté la poudreuse, ce qui n'était pas sans nous aider. Les montées raides restaient glissantes – Katz dérapait sans arrêt en arrière, tombait, jurait copieusement – et parfois, aux points élevés, nous devions faire un détour pour éviter d'énormes congères circulaires, mais à aucun moment nous n'avons été bloqués.

Le temps s'est annoncé plus clément. Le soleil a pointé le bout de son nez et l'air s'est fait plus doux. Les petits torrents de montagne ont repris vie dans un gargouillis d'eaux de fonte tumultueuses. J'ai même entendu une tentative de pépiement d'oiseaux. Au-dessus de 1 300 mètres, la neige persistait et l'air semblait glacial, mais plus bas elle reculait jour après jour ; à la troisième journée de marche, il ne restait plus que des plaques éparses sur les pentes les plus à l'ombre. Ce n'était vraiment pas aussi terrible qu'on le disait, même si Katz refusait de l'admettre. Peu importait. Je marchais. Et j'étais très heureux.

VII

Deux jours durant, Katz ne m'a quasiment pas adressé la parole. Le deuxième soir, à 21 heures, un bruit insolite m'est parvenu de sa tente – le clic, suivi du souffle d'air expulsé, d'une canette que l'on ouvrait – et il a dit d'une voix vindicative :

« Tu sais ce que c'était, ça, Bryson ? Du cream soda. Et tu sais quoi d'autre ? Je suis en train de le boire et tu n'en auras pas une goutte. Et tu sais quoi aussi ? C'est super bon. »

Il y a eu un bruit de déglutition délibérément amplifié :

« Mmm… mmm… Dé-li-cieux ! »

Puis un nouveau slurp satisfait.

« Et tu sais pourquoi je bois ça maintenant ? Parce qu'il est 21 heures, l'heure d'*X-files*, la série que je préfère le plus au monde. »

S'est ensuivi un long glouglou, le son d'une fermeture à glissière que l'on ouvrait, le tintement d'une canette vide que l'on jetait dans les broussailles, puis de nouveau le zip de la tente que l'on remontait.

« Mon pote, c'était trop bon. Maintenant va te faire voir et bonne nuit. »

Et ça s'est arrêté là. Le lendemain matin, il était revenu à la normale.

Katz ne développera jamais vraiment de goût pour la randonnée, et pourtant Dieu sait qu'il s'est donné à fond ! De temps en temps, je crois qu'il a entrevu qu'il y avait quelque chose – quelque chose d'insaisissable, de profond – qui rendait l'expérience d'aller se perdre en pleine forêt presque gratifiante. Parfois, il s'extasiait sur un paysage ou considérait avec admiration une merveille de la nature que nous croisions sur notre passage, mais, généralement, marcher était pour lui une sale corvée, un inconvénient regrettable entre deux zones de confort situées à intervalles distants. J'étais en revanche totalement, stupidement, béatement absorbé par le simple fait d'avancer. Ma distraction congénitale le fascinait, l'amusait parfois, mais la plupart du temps le rendait dingue.

À la fin de la quatrième matinée depuis notre départ de Franklin, je me suis retrouvé perché en haut d'un gros rocher vert à attendre Katz, après m'être soudain rendu compte que je ne l'avais pas vu depuis un moment. Lorsqu'il est enfin apparu, il semblait encore plus débraillé que d'ordinaire. Il avait des brindilles dans les cheveux, un nouvel accroc impressionnant dans sa chemise de flanelle et un filet de sang séché sur le front. Il a laissé tomber son sac, s'est lourdement assis à côté de moi, gourde à la main, a bu une longue gorgée, s'est essuyé le front puis a examiné sa main à la recherche de traces de sang. Enfin, sur le ton de la conversation, il m'a demandé :

« Comment as-tu fait pour faire le tour de l'arbre, là-bas ?

– Quel arbre ?

– L'arbre tombé, un peu plus haut. Celui qui est à moitié dans le vide. »

J'ai réfléchi une minute.

« Je ne m'en souviens pas.

– Comment ça, tu ne t'en souviens pas ? Il bloquait le sentier, bon sang ! »

J'ai réfléchi encore, me suis concentré du mieux possible puis ai secoué la tête avec un vague air d'excuse. Je voyais bien qu'il était au bord de l'exaspération.

« Mais juste là, à 500 mètres ! »

Il a marqué une pause dans l'espoir de voir jaillir dans mes yeux l'étincelle d'un souvenir.

« D'un côté, une falaise à pic, de l'autre, des ronces, et au milieu un énorme chêne tombé qui ne laissait que ça comme passage ! »

Il a baissé une main à environ 35 centimètres du sol et est resté sidéré devant mon regard vide.

« Bryson, je ne sais pas ce que tu prends, mais j'en veux. Le tronc était trop gros pour être escaladé, trop bas pour qu'on puisse passer en dessous, et il n'y avait aucun moyen de le contourner. Ça m'a pris une demi-heure pour arriver de l'autre côté et je n'ai pas arrêté de me couper sur des saloperies pendant l'opération. Comment pourrais-tu ne pas t'en rappeler ?

– Ça me reviendra peut-être dans un moment », ai-je dit avec espoir.

Katz a tristement secoué la tête. Je ne savais pas avec certitude pourquoi il trouvait mes absences si irritantes, s'il pensait que j'étais délibérément obtus ou que je minimisais à plaisir les difficultés en faisant mine de ne pas les remarquer, mais je me suis secrètement engagé à rester vigilant et pleinement lucide, au moins pendant un moment, afin de ne pas le pousser à bout.

Je n'ai pas eu à le regretter car deux heures plus tard nous avons vécu un de ces moments de grâce qui se produisent rarement sur le sentier. Nous longions le flanc élevé d'une montagne appelée High Top quand, depuis un belvédère de granit, nous avons vu les arbres s'écarter pour nous offrir une perspective époustouflante : un nouveau monde de montagnes énormes, musculeuses, relativement escarpées, plongées dans la brume et appuyées sur un fond de nuages menaçants. Des montagnes qui, pour une fois, semblaient plutôt impressionnantes et profondément désirables.

Nous avions atteint les Great Smoky Mountains.

À leur pied, à bonne distance, se trouvait Fontana Lake, coincé dans une vallée étroite : un long bras d'eau vert pâle, semblable à un fjord. La Little Tennessee River se jetait à son extrémité ouest, à l'endroit où se dressait un gigantesque barrage de 150 mètres de haut construit par la Tennessee Valley Authority dans les années 1930. C'est le plus grand barrage des États-Unis à l'est du Mississippi et un must si on aime le béton en volume. Nous avons accéléré le pas dans sa direction car nous avions le pressentiment qu'il y aurait là-bas un centre d'accueil pour les visiteurs, ce qui signifiait peut-être une cafétéria et quelques autres interactions plaisantes avec le monde développé. Au minimum, songions-nous avec excitation, nous trouverions des distributeurs et puis des toilettes où nous pourrions nous laver, remplir nos gourdes et nous regarder dans un miroir – nous sentir un bref instant pomponnés et civilisés.

Il y avait bien un centre d'accueil mais il était fermé. Une note mal scotchée à la vitre indiquait qu'il n'ouvrirait pas avant un mois. Les distributeurs étaient vides et débranchés et, à notre grande amertume, même les toilettes étaient verrouillées. Katz a découvert un robinet à l'extérieur mais l'eau était coupée. Nous avons soupiré, échangé de longs regards stoïques, résignés, et avons repris la route.

Le sentier traversait le lac en empruntant le barrage. À l'horizon, les montagnes ne semblaient pas simplement s'élever au-dessus de la surface de l'eau mais plutôt se cabrer pour lui échapper, comme des animaux surpris. Un seul regard suffisait pour comprendre que nous entrions dans un nouveau royaume de magnificence et de défis. La rive opposée, lointaine, marquait la limite sud du Great Smoky Mountains National Park. Devant nous s'étendaient 2 000 kilomètres carrés d'une forêt montagneuse abrupte, dense, c'est-à-dire sept jours et 115 kilomètres de marche soutenue avant que nous émergions de l'autre côté et puissions de nouveau rêver de cheeseburgers, de Cocas, de toilettes et d'eau courante. Nous aurions apprécié de pouvoir entamer ce périple avec au minimum le visage et les mains propres. Je ne l'avais pas dit à Katz, mais nous étions sur le point de franchir 16 sommets de plus de 1 800 mètres, dont le Clingmans Dome, le plus haut point du sentier des Appalaches, à 2 025 mètres (seulement 12 mètres de moins que son voisin, Mount Mitchell, la plus haute montagne de l'est des États-Unis). J'étais impatient, transporté – même Katz affichait un enthousiasme prudent –, car il semblait y avoir là la promesse d'un tas de choses excitantes.

Pour commencer, nous abordions tout juste notre troisième État, le Tennessee, ce qui, sur le sentier, donne toujours un sentiment d'accomplissement. Sur presque toute sa longueur jusqu'aux Great Smoky Mountains, l'AT suit la démarcation entre la Caroline du Nord et le Tennessee. J'adorais l'idée que chaque fois que l'envie m'en prenait, c'est-à-dire souvent, je pouvais me tenir avec le pied gauche dans un État et le pied droit dans l'autre, choisir de m'asseoir sur une souche dans le Tennessee ou un rocher en Caroline du Nord, ou encore faire pipi par-dessus la frontière, et plein d'autres variantes. Il y avait aussi la pensée stimulante de toutes les merveilles inconnues que nous verrions peut-être dans ces riches et sombres montagnes légendaires : les salamandres géantes, les majestueux tulipiers de Virginie et les célèbres pleurotes de l'olivier, qui émettent une lumière phosphorescente verdâtre la nuit – la bioluminescence. Peut-être croiserions-nous même un ours, contre le vent, à une distance raisonnable, indifférent à ma personne et exclusivement intéressé par Katz... Par-dessus tout, il y avait l'espoir – la conviction – que le printemps ne pouvait plus être loin, que chaque jour qui passait devait nous en rapprocher et qu'ici, dans cet éden naturel des Great Smoky Mountains, il finirait certainement par exploser.

Car les Smokies sont, de fait, un éden. Nous pénétrions dans ce que les botanistes aiment appeler « la plus belle forêt mélangée mésophile du monde ». Elle abrite une palette étonnante de végétaux : 1 500 sortes de fleurs sauvages, 1 000 variétés d'arbustes, 530 mousses et lichens, 2 000 champignons. 130 espèces indigènes d'arbres y cohabitent.

Les Great Smoky Mountains doivent cette généreuse abondance aux sols riches de leurs vallées abritées – appelées localement *coves* –, à leur climat chaud et humide, lequel est à l'origine de la brume bleutée qui leur a donné leur nom, Smoky (« fumantes »), et par-dessus tout au heureux hasard de l'orientation nord-sud des Appalaches. Durant la dernière période glaciaire, lorsque la calotte polaire se déploya depuis l'Arctique, la flore septentrionale du monde entier migra naturellement vers le sud. En Europe, un nombre incalculable d'espèces indigènes s'écrasèrent contre la barrière infranchissable des Alpes et d'autres contreforts, et furent vouées à l'extinction. Dans l'est de l'Amérique du Nord, il n'y avait pas de tels obstacles à franchir : arbres et plantes se frayèrent un chemin par les vallées et les hauteurs jusqu'à coloniser le havre sympathique des Smoky Mountains, où ils restèrent jusqu'à aujourd'hui. (Quand la calotte glaciaire recula enfin, certaines variétés d'arbres septentrionales se lancèrent dans le long processus de retour sur leur territoire d'origine. Le cèdre blanc et le rhododendron viennent à peine de rentrer à la maison, ce qui nous rappelle que d'un point de vue géologique la glace vient juste de se retirer !)

Une flore riche amène naturellement une faune riche. Les Smokies comportent 67 espèces de mammifères, plus de 200 sortes d'oiseaux et 80 espèces de reptiles et d'amphibiens – des chiffres plus importants que ceux relevés à peu près partout dans le monde tempéré en des zones de taille comparable. Mais surtout, les Smokies sont célèbres pour leurs mammifères plantigrades. La population d'ours noirs du parc est estimée à 400 ou 600 individus, ce qui n'est pas très impressionnant mais pose tout de même un problème récurrent, car beaucoup d'entre eux n'ont plus peur de l'homme. Près de 9 millions de personnes viennent chaque année dans ces montagnes, souvent pour pique-niquer. Les ours ont donc appris à associer humains et nourriture. Pour eux, les gens sont des créatures obèses coiffées de casquettes de base-ball qui répandent beaucoup, beaucoup de choses comestibles sur des tables de plein air puis poussent de petits cris et partent en se dandinant à la recherche de leur caméra vidéo lorsqu'un de leurs congénères monte sur lesdites tables pour dévorer salades de pommes de terre et gâteaux au chocolat. Puisque les ours ne détestent pas être filmés et semblent, à vrai dire, plutôt indifférents à leur public, il y a généralement toujours un imbécile pour s'approcher et le caresser ou lui offrir un biscuit, entre autres. On a rapporté le cas d'une femme qui avait tartiné du miel sur le doigt de son enfant en bas âge afin que l'ours vienne le lécher devant la caméra. Ne comprenant pas la subtilité de l'opération, l'animal a mangé la main du bébé.

Quand ce genre d'accidents se produit – environ une douzaine de personnes par an sont blessées, souvent sur des aires de pique-nique et en faisant généralement quelque chose de vraiment débile – ou quand un ours devient agressif, voire tenace, les rangers lui envoient une fléchette anesthésiante, le ligote et l'emmène dans les profondeurs de l'arrière-pays pour le relâcher loin des routes et des tables de pique-nique. Évidemment, à ce stade, l'ours est déjà bien habitué aux êtres humains et à leur nourriture. Et qui va-t-il trouver pour lui fournir ses petites gâteries dans cet endroit isolé ? Eh bien, moi et Katz, bien sûr, et d'autres comme nous. Les annales du sentier des Appalaches regorgent d'histoires de randonneurs agressés par des ours au fin fond des Smokies. Alors, lorsque nous nous sommes enfoncés dans les bois denses et enveloppants de Shuckstack Mountain, je suis resté plus près de Katz que d'habitude et brandissais mon bâton de marche comme un gourdin. Il trouvait ça crétin, bien entendu.

Sur le sujet des animaux, le véritable symbole des Smokies reste cependant la discrète salamandre, aux mérites peu reconnus. Il en existe 25 variétés dans cette région, plus que nulle part ailleurs sur la planète. Les salamandres sont très intéressantes, ne laissez jamais personne vous dire le contraire. Pour commencer, ce sont les plus anciennes de toutes les créatures vertébrées terrestres : elles furent les premiers êtres vivants à ramper hors de l'océan et n'ont guère évolué depuis. Certains types de salamandres des Smokies n'ont même pas développé de poumons : elles respirent à travers leur peau. La plupart sont minuscules, pas plus de 2 centimètres de long, mais le ménopome, rare et d'une laideur déconcertante, peut atteindre une longueur de plus de 60 centimètres. Je mourais d'envie de voir un ménopome.

Encore plus diversifiée et sous-estimée que la salamandre, il y a la moule d'eau douce : 300 variétés vivent dans les Smokies. Certaines ont reçu des noms formidables, comme mulette verruqueuse, par exemple. Malheureusement, c'est le seul égard dont elles aient jamais bénéficié. Faute de n'avoir pas suscité plus d'intérêt, même chez les naturalistes, leur population a chuté avec une rapidité incroyable. La moitié des variétés de moules de ces montagnes sont menacées. Cela ne manque pas de surprendre un peu dans un parc national. C'est vrai, ça n'est pas comme si les moules se jetaient sous les roues des voitures, et pourtant les Great Smoky Mountains sont en passe de perdre la plupart de leurs mollusques. En fait, le National Park Service semble avoir une sorte de tradition qui consiste à achever l'extinction des espèces. Sur ce point, le Bryce Canyon National Park constitue peut-être un des exemples les plus intéressants – c'est en tout cas celui qui a probablement suscité le plus d'enthousiasme destructeur. Fondé en 1923, il a perdu, sous l'égide attentionnée du Park Service, 7 espèces animales en moins d'un demi-siècle : le lièvre de Townsend, le chien de prairie, l'antilocapre, l'écureuil volant, le castor, le renard roux et la mouffette tachetée. Une vraie réussite. Plus généralement, 42 espèces de mammifères ont disparu des parcs nationaux américains au XXe siècle.

Ici, dans les Smokies, pas très loin de l'endroit où Katz et moi progressions maintenant, le Park Service a décidé en 1957 de « revendiquer » l'Abrams Creek, un affluent de la Little Tennessee River, pour y développer la truite arc-en-ciel. Dans ce but, des biologistes ont balancé des quantités extravagantes d'un poison appelé roténone sur une trentaine de kilomètres de cours d'eau. En quelques heures, des dizaines de milliers de poissons morts flottaient à la surface comme autant de feuilles d'automne – quel moment de gloire cela a dû représenter pour un naturaliste ! Parmi les 31 espèces de poissons qui ont été anéanties dans l'Abrams Creek ce jour-là, il y avait un poisson-chat, *Noturus baileyi*, que les scientifiques n'avaient jamais vu auparavant. Ainsi, les biologistes du Park Service ont accompli la prouesse originale de découvrir et d'éradiquer dans le même mouvement une nouvelle espèce de poisson. (En 1980, une autre colonie de *Noturus baileyi* a été découverte dans une rivière voisine.)

Bien sûr, tout cela se passait il y a quarante ans et de telles aberrations sont inimaginables en nos temps plus éclairés. De nos jours, le National Park Service développe une bien plus subtile approche de la question de la faune menacée : la négligence. Il ne dépense pratiquement rien – moins de 3 pour cent de son budget – en recherches, quelles qu'elles soient, ce qui explique que personne ne sache exactement combien d'espèces de moules ont déjà disparu ni pourquoi, le cas échéant, elles vont disparaître. Dans les forêts de l'est du pays, partout où se porte le regard, les arbres meurent en quantités astronomiques. Dans les Great Smoky Mountains, plus de 90 pour cent des sapins de Fraser – un arbre majestueux qui ne pousse que sur les hauteurs du sud des Appalaches – sont malades ou mourants en raison du double impact des pluies acides et des ravages causés par le puceron lanigère du sapin. Demandez à un responsable du parc ce qu'on compte faire à ce propos et il vous répondra : « Nous suivons la situation de très près. » Ce qui signifie : « Nous les regardons mourir. »

Ou prenez ces sommets chauves, les *grassy balds*, si typiques du sud des Appalaches : des espaces herbeux, sans arbres, qui peuvent s'étendre sur une centaine d'hectares. On ne sait pourquoi ils sont là ni depuis combien de temps ils existent, ni pour quelles raisons ils apparaissent sur telle montagne plutôt que sur une autre. Certains pensent qu'il s'agit de phénomènes naturels, peut-être le reliquat d'incendies provoqués par la foudre ; d'autres, qu'ils ont été créés par l'homme, défrichés à la main ou par le feu, pour dégager des pâtures d'été. Ce qui est certain, c'est qu'ils sont une des caractéristiques des Smokies. Grimper pendant des heures à travers une forêt sombre et fraîche puis émerger enfin dans l'espace ouvert, libérateur, d'une prairie ensoleillée, sous un dôme de ciel bleu, avec un champ de vision aux quatre points de l'horizon, est une expérience inoubliable. Mais les balds sont bien plus que des curiosités gazonnées. Selon l'écrivain Hiram Rogers, ils ne représentent que 0,015 pour cent de la superficie des Great Smoky Mountains mais abritent 29 pour cent de sa flore. Ils ont été utilisés par les Indiens puis par les colons européens pour l'estivage des troupeaux, mais à l'heure actuelle, avec l'interdiction de pacage et l'immobilisme du Park Service, des espèces buissonneuses comme l'aubépine et le mûrier envahissent lentement mais sûrement les sommets. Dans vingt ans, il n'y aura peut-être plus de balds dans les Smokies. 90 variétés de plantes ont disparu de ces prairies depuis la création du parc dans les années 1930. On prévoit la perte d'au moins 25 essences supplémentaires dans les années à venir. Il n'est prévu aucun programme de sauvegarde.

Le crépuscule descendait quand nous avons atteint le refuge de Birch Spring Gap, qui se dressait sur un coteau à proximité d'un torrent boueux, à environ 60 mètres en contrebas du sentier. Dans la semi-pénombre argentée, c'était une vision enchanteresse. Au contraire des constructions fonctionnelles en contreplaqué rencontrées partout ailleurs sur le parcours, les abris des Smokies étaient solidement bâtis en pierre dans un style intentionnellement désuet, rustique ; à distance, le refuge de Birch Spring Gap donnait une impression de chalet accueillant et douillet. De plus près, en revanche, il paraissait déjà beaucoup moins séduisant. L'intérieur était sombre et prenait l'eau, le sol boueux faisait songer à du pudding au chocolat, la plate-forme de couchage était sale et exiguë, et des ordures détrempées gisaient un peu partout. Des infiltrations s'écoulaient en filets le long des murs et formaient des flaques. Pis, il n'y avait ni tables de pique-nique extérieures ni toilettes. Même d'après les normes spartiates du sentier des Appalaches, c'était sinistre. Mais au moins nous n'avions pas à partager.

Le refuge comportait une façade ouverte, comme ailleurs – je n'ai jamais compris quelle était la finalité de la chose –, mais cette fois elle était obstruée par un grillage moderne sur lequel un panneau annonçait : « Présence d'ours dans le périmètre. Gardez la grille fermée. » Curieux de savoir à quel point ces ours étaient présents, j'ai jeté un œil au registre pendant que Katz faisait bouillir de l'eau pour les nouilles. Chaque abri possède en effet un registre dans lequel les visiteurs, un peu comme dans un journal de voyage, laissent des commentaires sur le temps qu'il fait ou leurs états d'âme, s'ils en ont, et notent les événements inhabituels. Celui-ci ne mentionnait qu'une ou deux fois des bruits nocturnes étranges, potentiellement produits par des ours, mais ce qui avait vraiment retenu l'attention des différents chroniqueurs, c'était la vitalité peu commune des souris et même des rats qui occupaient les lieux.

À partir du moment précis où nous nous sommes allongés cette nuit-là, l'abri a résonné des cavalcades d'une sarabande de rongeurs. Ils n'éprouvaient aucune peur et trottinaient librement sur nos sacs et même sur nos têtes. Avec des jurons furieux, Katz jouait du tambourin sur sa gourde ainsi que sur tout ce qui lui tombait sous la main. Lorsque que j'ai allumé ma lampe frontale, j'ai découvert une souris sur mon duvet, au niveau de ma poitrine, à 15 centimètres à peine de mon menton, assise sur ses pattes arrière : elle me regardait d'un œil perçant. D'instinct, j'ai frappé mon duvet de l'intérieur et l'ai envoyée au diable par surprise.

« J'en ai eu une ! a crié Katz.

– Moi aussi », ai-je répondu avec une certaine fierté.

Mon compagnon tâtonnait à quatre pattes sur la plateforme, comme s'il essayait de se faire passer pour un rongeur ; il balayait les ténèbres du faisceau de sa lampe puis s'arrêtait de temps à autre pour frapper sur sa gourde ou lancer une chaussure. Il réintégrait ensuite sa couche, restait tranquille un moment puis jurait brusquement, rejetait son duvet et recommençait la manœuvre. Je me suis enfoncé dans mon sac de couchage et ai refermé la fermeture à glissière au-dessus de ma tête. Ainsi s'est passée la nuit, ponctuée des accès de violence répétés de Katz, suivis de silences puis de bruits de galopade interrompus par un nouvel accès de violence. Au bout du compte, j'ai étonnamment bien dormi.

Je m'attendais à ce que Katz se réveille d'une humeur massacrante, mais en fait il était plutôt guilleret.

« Rien ne vaut une bonne nuit de sommeil et rien n'a moins ressemblé à une bonne nuit de sommeil ! » a-t-il annoncé avec un reniflement appréciateur lorsqu'il a commencé à remuer.

Sa jovialité s'avéra due au fait qu'il avait tué sept souris durant la nuit et qu'il s'en sentait incroyablement fier – pour ne pas dire gonflé à bloc, voire invincible. Un peu de fourrure et un petit bout de quelque chose de rose et mou étaient toujours collés au fond de sa gourde. J'ai remarqué cela quand il l'a portée à ses lèvres.

Par moment, j'étais troublé – et je suppose que ça doit traverser l'esprit de tous les randonneurs de temps à autre – de constater à quel point on s'écartait des normes de la civilisation sur le sentier.

À l'extérieur, le brouillard avançait à pas de loup, remplissant les espaces entre les arbres. Ce n'était pas une matinée très encourageante. Quand nous avons levé le camp, une bruine flottait dans les airs ; elle s'est vite transformée en pluie battante, régulière, implacable.

La pluie gâche tout. Marcher en vêtements imperméables ne procure aucun plaisir. Il y a quelque chose de profondément déprimant dans le bruissement raide du nylon et le crépitement incessant, curieusement amplifié, des gouttes d'eau sur le tissu. Et pis que tout, vous finissez quand même par être mouillé. Les matériaux étanches protègent de la pluie mais vous font tellement transpirer que vous vous retrouvez bientôt inondé de votre propre sueur. L'après-midi, le sentier s'est transformé en torrent. Mes chaussures ont renoncé à rester sèches. Mes pieds suintaient d'humidité et je pataugeais à chaque pas. Il tombe jusqu'à 3 mètres d'eau par an dans certaines zones des Great Smoky Mountains ! Ça fait beaucoup d'eau. Et nous étions dessous.

Nous avons marché sur 15 kilomètres jusqu'au refuge de Spence Field : une distance modeste, mais nous étions gelés et trempés jusqu'aux os. De plus, le refuge suivant se trouvait beaucoup trop loin. Dans les Smokies, le Park Service – toujours lui – impose quantité de règles mesquines, rigides, exaspérantes aux randonneurs de l'AT, dont notamment l'obligation d'avancer avec constance et rapidité sans s'écarter du sentier balisé, et de dormir dans les refuges. En réalité, cela signifie que vous devez non seulement marcher sur une distance donnée chaque jour mais aussi passer toutes vos nuits parqué avec des étrangers.

Nous avons retiré nos vêtements mouillés et plongé dans nos sacs à la recherche de changes secs, mais même nos affaires enterrées au milieu des autres semblaient moites. Il y avait une cheminée de pierre dans le refuge et une bonne âme avait laissée une brassée de brindilles et des petites bûches à côté. Katz a essayé de faire du feu mais tout était tellement humide que les flammes ont refusé de prendre. Même ses allumettes ne produisaient plus d'étincelles. Il a soupiré de découragement et a renoncé. J'ai décidé de faire du café pour nous réchauffer, mais le réchaud s'est également avéré capricieux.

Tandis que je bataillais avec le gaz, le doux bruit d'un frottement de nylon nous est parvenu du dehors : deux jeunes femmes sont entrées en clignant des yeux, passablement trempées. Elles venaient de Boston et avaient emprunté un sentier secondaire depuis Cades Cove. Une ou deux minutes plus tard, quatre gars de l'université de Wake Forest qui profitaient des vacances de printemps ont fait leur apparition, bientôt suivis par un randonneur solitaire qui s'est avéré être Jonathan, notre vieille connaissance, puis par un couple d'hommes barbus d'âge moyen. Après avoir passé quatre ou cinq jours sans croiser quiconque ou presque, nous étions soudainement noyés dans la foule.

Tout le monde se comportait de façon respectueuse et sympathique, mais il était impossible d'échapper à la conclusion que nous étions vraiment en surnombre. J'ai songé, et ce n'était pas la première fois, quel bonheur cela aurait été si le projet originel de MacKaye avait vu le jour, si les refuges le long du sentier avaient été de vrais gîtes avec des douches chaudes, des couchettes individuelles (équipées de rideaux pour l'intimité et de lampes de lecture, merci). Un gardien cuisinier aurait entretenu en permanence un joyeux feu dans l'âtre et nous aurait invités – d'une minute à l'autre, maintenant – à prendre place à une longue table pour dîner d'un bon ragoût aux boulettes, de pain au maïs et, disons, d'un flan aux pêches. À l'extérieur, il y aurait eu une véranda avec des chaises à bascule sur lesquelles on se serait assis pour fumer la pipe et regarder au loin le soleil plonger derrière de charmantes éminences. Quelle félicité ! Perché sur le rebord de la plate-forme de couchage, perdu dans des rêveries de ce genre, j'essayais de faire bouillir un petit volume d'eau – plutôt heureux et détendu, à vrai dire – quand un des types d'âge moyen s'est glissé vers moi et s'est présenté sous le nom de Bob. J'ai tout de suite su avec découragement que nous allions parler équipement. Je l'ai vu venir gros comme une maison, or je déteste parler équipement.

« Alors, qu'est-ce qui vous a fait acheter un sac Gregory ? a-t-il demandé.

– Eh ben, j'ai pensé que ça serait plus pratique que de tout transporter dans mes bras. »

Il a hoché la tête d'un air pensif comme si ma réponse méritait réflexion puis a ajouté :

« J'ai un Kelty. »

J'avais envie de dire, je mourais d'envie de dire :

« Hé ! Bob, j'ai une info qui devrait te donner matière à gamberger : j'en ai rien à foutre. »

Mais parler équipement fait partie de ces choses auxquelles on ne peut échapper, comme échanger quelques mots avec les mères de vos amis au supermarché. J'ai donc répliqué :

« Ah ! ouais ? Et vous en êtes content ?

– Oh ! ça oui ! (Sa réponse venait du fond du cœur.) Et je vais vous dire pourquoi ! »

Il a apporté son sac pour me faire une démonstration de ses caractéristiques techniques : ses poches pressionnées, son étui protège-cartes, sa miraculeuse abilité à contenir des choses. Il était particulièrement fier d'un compartiment intérieur suspendu, bourré de petits flacons de vitamines et de médicaments que l'on apercevait par une fenêtre transparente.

« Ça permet de voir ce qu'on a sans être obligé d'ouvrir le zip », a-t-il expliqué avant de me regarder avec une expression qui appelait l'admiration.

Juste à cet instant, Katz est entré. Il mangeait une carotte – il était imbattable pour taxer de la nourriture – et allait demander quelque chose, quand ses yeux sont tombés sur la pochette transparente de Bob. Il a lancé :

« Regarde ! Une poche avec une fenêtre ! Tu crois que c'est pour les débiles qui ne comprennent pas comment ça s'ouvre ?

– C'est un aménagement très pratique, en fait, a précautionneusement répondu Bob. Ça permet de voir ce qu'il y a à l'intérieur sans défaire le zip. »

Katz lui a jeté un regard totalement incrédule.

« Quoi ? Parce que t'es tellement occupé sur le sentier que tu ne peux pas perdre trois secondes à ouvrir ton zip et regarder dans ta poche ? »

Il s'est tourné vers moi :

« Les étudiants sont d'accord pour échanger des Pop Tarts contre des Snickers. Qu'est-ce que tu en penses ?

– Eh bien moi, je trouve que c'est drôlement pratique », a ajouté Bob pour lui-même.

Il a pris son sac et ne nous a plus importunés. J'ai bien peur que mes discussions sur les questions d'équipement se soient toutes plus ou moins achevées de la sorte : avec un interlocuteur froissé battant en retraite, son matériel chéri serré contre sa poitrine. Mais cela n'a jamais été délibéré, croyez-moi.

À partir de ce point, le parcours à travers les Smokies était en descente. Nous avons marché quatre jours sous la pluie qui tombait sans répit dans un crépitement incessant, comme une machine à écrire. Le sentier s'est partout changé en piste glissante et marécageuse. Des flaques se formaient dans chaque déclivité, chaque creux. La boue est devenue une des composantes principales de nos existences. Nous pataugions, trébuchions, tombions dedans ; nous en laissions une traînée sur chaque objet que nous touchions. Avec toujours, en bruit de fond, le son monotone, exaspérant, de nos coupe-vent de nylon qui faisaient « wiss, wiss, wiss », au point que nous aurions aimé avoir un fusil pour les descendre. Je n'ai pas vu d'ours, ni de salamandre, ni de pleurote de l'olivier ; en fait je n'ai rien vu, mis à part les perpétuelles gouttelettes et rigoles de pluie qui traçaient leur chemin sur mes lunettes.

Tous les soirs, nous faisions halte dans des étables suintantes, nous préparions nos repas et dormions avec des inconnus – des cohortes d'inconnus mouillés, refroidis, amaigris, rendus à moitié fous par la pluie continuelle et la morosité de cette marche sous les intempéries. C'était épouvantable. Et plus le temps empirait, plus les abris se remplissaient. Partout dans l'Est, c'était les vacances universitaires de printemps, à mi-trimestre, et des tas de jeunes avaient eu l'idée de venir randonner dans les Smokies. Les refuges sont censés être à l'usage des vrais randonneurs, pas des touristes de passage, et cela donnait parfois lieu à des altercations. On ne se croyait plus sur le sentier des Appalaches. C'était vraiment l'horreur.

Le troisième jour, Katz et moi n'avions plus un vêtement de sec et grelottions constamment. Nous sommes montés au sommet du Clingmans Dome – un point remarquable du parcours, au dire de tous, avec par temps clair un panorama à vous chavirer le cœur – et n'avons rien vu, rien du tout, hormis des silhouettes lugubres d'arbres mourants dans une mer de brouillard tourbillonnant.

Nous étions trempés, sales, nous avions désespérément besoin d'un lavomatic, d'habits secs et d'un vrai repas, et d'un musée de curiosités du genre « incroyable mais vrai ». Il était grand temps de rejoindre Gatlinburg.

VIII

Mais encore fallait-il y arriver.

Nous avons parcouru 13 kilomètres de Clingmans Dome à la route 441, notre première voie goudronnée depuis le barrage de Fontana, quatre jours plus tôt. Gatlinburg se trouvait vers le nord, au bout d'une descente de 24 longs kilomètres tortueux. C'était trop loin pour compter sur nos jambes et il semblait peu probable que nous soyons pris en stop dans un parc national. Cependant, sur un parking situé non loin de là, j'ai remarqué trois jeunes, manifestement sur le chemin du retour, qui chargeaient leurs sacs dans une grande voiture assez classe avec des plaques minéralogiques du New Hampshire. Pris d'une soudaine impulsion, je me suis dirigé vers eux et me suis présenté comme un de leurs concitoyens du Granite State. Je leur ai demandé s'ils auraient la bonté d'emmener deux vieux types fatigués à Gatlinburg. Avant qu'ils aient pu refuser, ce qu'ils s'apprêtaient clairement à faire, nous les avons remerciés avec effusion et sommes montés à l'arrière. Ainsi, nous avons élégamment voyagé jusqu'à Gatlinburg, quoique dans une ambiance plutôt maussade.

Cette ville est un choc pour l'organisme, quelle que soit la façon dont vous l'abordez, mais encore plus quand vous y débarquez après une période de solitude en forêt dans l'humidité et la saleté. Elle se dresse juste à l'entrée principale du Great Smoky Mountains National Park et s'est spécialisée dans le commerce de toutes les choses introuvables dans le parc lui-même : essentiellement des victuailles alléchantes, des motels, des magasins de souvenirs et des trottoirs pour baguenauder. Presque tout cela se trouve le long d'une unique rue principale d'une laideur stupéfiante. Pendant des années, Gatlinburg a prospéré grâce à la confiante certitude que lorsque des Américains chargent leur voiture et parcourent d'énormes distances pour se rendre dans un site d'une beauté naturelle rarissime, ils souhaitent surtout, en grande majorité, jouer au minigolf et manger des trucs dégoulinants à leur arrivée. Le Great Smoky Mountains National Park est le plus populaire d'Amérique, mais Gatlinburg – c'est à peine croyable – l'est encore davantage.

L'endroit est donc effroyable. Mais bon. Après huit jours de marche, nous étions prêts à frémir d'effroi, impatients de frémir d'effroi. Nous avons pris des chambres dans un motel où l'on nous a reçus avec froideur ; des voitures nous ont klaxonnés deux fois en traversant la rue principale (sur le sentier on perd un peu le coup pour traverser les rues). Nous avons fini dans un établissement baptisé Jersey Joe's Restaurant, où nous avons commandé des cheeseburgers et des sodas à une serveuse sans charme qui faisait des bulles de chewing-gum et est restée de marbre devant nos sourires désarmants. Nous étions à la moitié de ce banquet simple et décevant lorsqu'elle a laissé tomber la note au passage sur notre table. Elle s'élevait à 20,74 dollars.

« Vous plaisantez », ai-je bafouillé.

La serveuse – appelons-là Betty Slutz – s'est arrêtée et m'a observé un instant avant de revenir vers moi d'un pas fier, sans cesser de me dévisager avec un dédain majestueux.

« Y'a un problème ?

– 20 dollars, c'est un peu beaucoup pour deux burgers, vous ne croyez pas ? » ai-je couiné d'une voix étrange, à la Bertie Wooster[1], que je n'avais jamais entendue auparavant.

Elle a continué de me fixer un moment puis a ramassé la note et, pour notre gouverne, l'a lue à voix haute en assortissant son énumération d'une pichenette sur chaque élément énoncé.

« Deux burgers. Deux sodas. TVA. TVA locale. Taxe sur les boissons. Pourboire compris. Total : 20 dollars et 74 cents. »

Elle a laissé retomber la note sur la table et nous a gratifiés d'un ricanement méprisant.

« Bienvenue à Gatlinburg, messieurs ! »

Nous sommes partis visiter la ville. J'étais particulièrement enthousiaste à l'idée d'y jeter un œil, car j'en avais écrit une description dans *Motel Blues*[2] : « Une foule de touristes obèses, portant des vêtements de couleurs agressives, déambulaient dans la rue, l'appareil photo leur battant la panse. Ils s'empiffraient de glaces, de barbe à papa, de hot dogs, parfois des trois en même temps… » Les choses n'avaient pas beaucoup changé. Les mêmes troupeaux de gens rondouillards, en

1. Personnage comique de gentleman anglais dans les nouvelles de P.G. Wodehouse (1881-1975). *(N.d.T.)*

2. « Petite Bibliothèque Payot/Voyageurs », 2003. *(N.d.T.)*

Reeboks, erraient dans les relents de nourriture, les mains pleines de denrées grotesques et de gobelets de soda grands comme des seaux. C'était toujours le même lieu atroce, vulgaire. Pourtant, j'avais peine à le reconnaître en comparaison avec mes souvenirs vieux de neuf ans. Presque tous les bâtiments dont je me rappelais avaient été rasés et remplacés : petites galeries marchandes et supérettes offraient tout un nouvel univers de shopping et de gloutonnerie.

Je sais que le monde est en mouvement perpétuel, mais la rapidité des changements aux États-Unis est tout bonnement stupéfiante. En 1951, l'année de ma naissance, Gatlinburg ne comportait qu'un seul commerce : une épicerie appelée Ogle's. Puis, quand le boom économique d'après guerre s'est accéléré, les gens ont commencé à venir dans les Smoky Mountains en voiture et les motels, restaurants et magasins de souvenirs ont poussé pour les accueillir. En 1987, Gatlinburg affichait 60 motels et 200 magasins de souvenirs. Dix ans plus tard, on y trouvait 100 motels et 400 boutiques. Et la chose remarquable, c'est qu'il n'y a rien de remarquable là-dedans.

Songez un peu : plus de la moitié de tous les bureaux et centres commerciaux des États-Unis ont été érigés après 1980. Plus de la moitié. 80 pour cent des bâtiments à usage d'habitation, après 1945. Un peu plus haut sur la route qui quitte Gatlinburg se trouve la commune de Pigeon Forge qui, vingt ans auparavant, n'était qu'un hameau endormi – ou plutôt aspirait à être un hameau endormi – et dont la seule notoriété consistait à avoir vu naître la chanteuse de country Dolly Parton. Puis la respectable Mme Parton a fait bâtir un parc de loisirs appelé Dollywood. Pigeon Forge compte aujourd'hui 200 magasins sur 10 kilomètres. Comme la ville est devenue plus grande et plus laide que Gatlinburg, et qu'elle bénéficie de meilleures possibilités de parking, elle reçoit bien sûr plus de visiteurs.

Comparez maintenant cet état de fait au statut du sentier des Appalaches. Au moment de notre trek, il a cinquante-neuf ans, ce qui, selon les standards américains, est un âge incroyablement vénérable. Les sentiers de l'Oregon et de Santa Fe n'ont pas vécu si longtemps. La Route 66 non plus. La vieille Lincoln Highway transcontinentale qui a fait la fortune de centaines de petites villes, qui est devenue si familière, si incontournable qu'elle a été surnommée « America's Main Street » (l'avenue principale de l'Amérique), n'a pas autant perduré. Si une marchandise ou une entreprise ne se renouvelle pas constamment, elle est rapidement périmée, écartée, abandonnée sans remord au profit de quelque chose de plus grand, de plus récent et, hélas, de toujours, toujours plus laid. Et au milieu de tout cela, il y a ce bon vieux sentier des Appalaches, qui poursuit paisiblement son petit bonhomme de chemin depuis des décennies, modeste, splendide, fidèle à ses principes fondateurs, dans la douce ignorance des changements considérables traversés par le monde qui l'entoure. C'est un miracle, en vérité.

Katz ayant besoin de lacets, nous nous sommes donc rendus dans un magasin de sport ; tandis qu'il se dirigeait vers la section chaussures, je me suis octroyé une petite flânerie dans les rayons. Punaisée au mur, une carte de l'ensemble du sentier des Appalaches montrait son long parcours à travers quatorze États, dans un rectangle bien net de 15 centimètres de large sur 120 de haut. J'ai observé l'AT avec un intérêt poli, presque en propriétaire – c'était la première fois, depuis notre départ du New Hampshire, que je le considérais dans sa globalité –, puis me suis penché un peu plus, ai écarquillé les yeux et entrouvert la bouche. Sur les 120 centimètres de carte qui se déployaient devant moi, à peu près de mes genoux jusqu'au sommet de ma tête, nous n'avions parcouru que les 5 centimètres du bas.

Je suis allé trouver Katz et l'ai entraîné à ma suite en le tirant par la manche de sa chemise.

« Quoi ? a-t-il fait. Quoi ? »

Je lui ai montré la carte.

« Ouais, quoi ? »

Katz n'aimait pas les mystères.

« Examine la carte et regarde ensuite où nous sommes. »

Il a regardé, regardé encore. Je l'ai observé tandis que l'expression de son visage changeait lentement.

« C'est pas vrai ! » a-t-il enfin soufflé.

Il s'est tourné vers moi, pétrifié de stupéfaction.

« On n'a fait que dalle ! »

Nous sommes allés prendre un café et sommes restés assis un moment dans une sorte de silence ahuri. Tout ce que nous avions vécu et accompli – les efforts, les douleurs, le labeur, l'humidité, les montées, les horribles nouilles pâteuses, le blizzard, les soirées mortelles avec Mary Ellen, les kilomètres éreintants accumulés sans fin – se réduisait à 5 centimètres. Même mes cheveux avaient poussé plus que ça.

Une évidence s'imposait. Nous ne marcherions jamais jusqu'au Maine.

D'une certaine façon, c'était une libération. Si nous ne pouvions réaliser le parcours dans sa totalité, eh bien cela signifiait aussi que nous n'avions plus à le faire : cette nouvelle manière de voir les choses, en y réfléchissant, paraissait de plus en plus attrayante. Nous étions affranchis de nos obligations. Tout l'aspect ingrat de l'entreprise – cette ambition absurde, fastidieuse, franchement vaine de marcher sur chaque centimètre de caillasses entre le Maine et la Géorgie – disparaissait. On pouvait commencer à se faire plaisir.

Donc, le lendemain matin après le petit déjeuner, nous avons étalé nos cartes sur le lit de ma chambre de motel et étudié les différentes possibilités. Nous avons finalement décidé de ne pas retourner sur le sentier au niveau de Newfound Gap, où nous l'avions quitté, mais de le rejoindre un peu plus loin à un endroit appelé Spivey Gap, près d'Ernestville. Cela nous permettrait de dépasser les Smokies, ses refuges bondés et ses règlements castrateurs, et de nous ramener vers un monde où nous pourrions vivre à notre guise. J'ai attrapé les Pages jaunes et cherché les compagnies de taxis. Il y en avait trois à Gatlinburg. J'ai appelé la première et demandé :

« C'est combien pour deux personnes jusqu'à Ernestville ?

– Sais pas », ai-je reçu pour toute réponse.

Légèrement désarçonné, j'ai poursuivi :

« Bon, ça ferait combien à votre avis ?

– Sais pas.

– Mais c'est à deux pas d'ici. »

Il y a eu un long silence puis la voix a fait :

« Ouaip.

– Vous n'avez jamais conduit qui que ce soit là-bas ?

– Nan.

– OK. Sur ma carte on dirait que c'est à environ 30 kilomètres. Ça vous paraît juste ? »

Nouveau silence.

« P'têt ben.

– Et combien ça serait pour nous emmener à 30 kilomètres ?

– Sais pas. »

J'ai regardé le combiné.

« Excusez-moi, mais il faut que je vous dise quelque chose. Vous êtes plus con qu'une amibe. »

Et j'ai raccroché.

« Je me mêle peut-être de ce qui ne me regarde pas, mais je ne suis pas sûr que ce soit le meilleur moyen de nous assurer un service rapide et enthousiaste », a judicieusement suggéré Katz.

J'ai appelé la compagnie suivante pour demander de nouveau le prix de la course jusqu'à Ernestville.

« Sais pas », a dit une voix.

Oh ! non ! Pitié !

« Qu'est-ce que vous voulez faire là-bas ? a poursuivi mon interlocuteur.

– Pardon ?

– Pourquoi vous voulez aller à Ernestville ? Y'a rien, là-bas.

– Ben, en fait on veut aller à Spivey Gap. On randonne sur le sentier des Appalaches, voyez-vous.

– Spivey Gap, c'est 15 kilomètres plus loin.

– Oui, mais j'essaie juste d'avoir une idée...

– Vous auriez dû dire Spivey Gap parce que ça fait 15 kilomètres de plus.

– OK. Alors ça ferait combien pour Spivey Gap ?

– Sais pas.

– Excusez-moi, mais vous passez des tests de QI pour être chauffeur de taxi à Gatlinburg ?

– Quoi ? »

J'ai de nouveau raccroché et regardé Katz.

« C'est quoi le problème dans cette ville ? J'évacue des formes de vie plus intelligentes chaque fois que je me mouche. »

J'ai appelé la troisième et dernière compagnie, et encore une fois évoqué la question pécuniaire.

« Combien vous avez ? » a aboyé une voix vigoureuse.

Enfin un type avec qui j'allais pouvoir faire affaire. J'ai souri et répondu :

« Je ne sais pas. 1 dollar… et 50 cents ? »

Il a eu un reniflement méprisant.

« Eh bien, ça va vous coûter plus que ça ! »

Un court silence s'est installé et j'ai entendu le crissement d'une chaise que l'on reculait.

« Le prix sera celui indiqué au compteur, mais je dirais que vous devriez en avoir pour 20 dollars, quelque chose comme ça. Et pourquoi donc vous voulez aller à Ernestville ? »

Je lui ai parlé de Spivey Gap et du sentier.

« Le sentier des Appalaches ? Vous devez être un sacré malade. À quelle heure vous voulez partir ?

– Je ne sais pas. Pourquoi pas maintenant ?

– Où vous êtes ? »

Je lui ai donné le nom du motel.

« J'y serai dans dix minutes. Quinze minutes au pire. Si je ne suis pas là dans vingt minutes, alors commencez à avancer sans moi : je vous retrouve à Ernestville. »

Il a raccroché. Nous n'avions pas seulement trouvé un chauffeur mais aussi un humoriste de talent.

Tandis que nous attendions sur un banc devant l'accueil du motel, j'ai acheté un exemplaire du quotidien *Nashville Tennessean* dans un distributeur en métal, juste pour voir ce qui se passait dans le monde. Les gros titres annonçaient que le Tennessee, dans un de ces moments d'illumination grâce auxquels les États du Sud se distinguent régulièrement, était sur le point de faire passer une loi interdisant aux écoles d'enseigner la théorie de l'évolution. À la place, on leur demanderait de professer que la Terre avait été créée par Dieu en sept jours, à une époque vaguement située avant le début du XXe siècle. L'article rappelait que la controverse n'était pas nouvelle au Tennessee, puisque la petite ville de Dayton, qui de fait ne se trouvait pas très loin de l'endroit où Katz et moi-même étions assis, avait été le théâtre du célèbre procès Scopes en 1925, lorsque l'État avait poursuivi un instituteur du nom de John Thomas Scopes pour avoir imprudemment répandu des inepties darwiniennes. Comme chacun sait, Clarence Darrow, qui représentait la défense, avait rondement humilié l'accusation, incarnée par William Jennings Bryan, mais ce que l'on sait beaucoup moins, c'est que Darrow avait perdu le procès. Scopes avait été condamné et la loi antiévolutionniste n'avait été abrogée au Tennessee qu'en 1967. Et voici que l'on s'apprêtait à la remettre au goût du jour, prouvant de façon concluante que le danger pour les habitants de cet État n'était pas tant de descendre des singes que d'être dépassés par eux.

Soudain j'ai ressenti le besoin urgent de ne plus être si au sud. Je me suis tourné vers Katz.

« Pourquoi n'irions-nous pas en Virginie ?

– Quoi ? »

Deux jours auparavant, dans un refuge, quelqu'un nous avait vanté les merveilles des Blue Ridge Mountains, en Virginie, si délicieusement propices à la randonnée. Il nous avait assuré qu'après la première ascension la marche se faisait presque toujours sur du plat, avec des panoramas somptueux sur la large vallée de la Shenandoah River. Là-bas, des gens abattaient couramment 40 kilomètres par jour. Vu depuis un refuge froid, humide et suintant des Smokies, cela paraissait paradisiaque ; l'idée m'était restée. J'ai fait part de ces réflexions à Katz.

Il s'est penché en avant et m'a regardé avec intensité.

« Es-tu en train de me dire que nous laissons tomber toute la portion entre ici et la Virginie ? On ne se la tape pas à pied ? On zappe ? »

Il semblait vouloir être sûr d'avoir bien compris. J'ai hoché la tête.

« Alors d'accord, putain ! » a-t-il conclu.

Ainsi, quand le chauffeur de taxi s'est garé quelques minutes plus tard et est sorti de sa voiture pour nous faire signe, je lui ai expliqué, un peu penaud et hésitant – car je n'avais vraiment pas réfléchi à la manière de faire –, que nous ne voulions plus maintenant aller à Ernestville mais en Virginie.

« EN VIRGINIE ? » a-t-il répondu comme si je lui avais demandé s'il y avait un endroit dans les parages où je puisse me procurer une dose de syphilis.

C'était un petit bonhomme au corps d'acier ; il avait au moins soixante-dix ans mais semblait très vif, bien plus malin que Katz et moi réunis. Il a compris de quoi il retournait avant que j'aie pu finir la moitié de mes explications.

« Bon, alors, il faut que vous alliez à Knoxville pour louer une voiture et rouler jusqu'à Roanoke. C'est ce que vous avez de mieux à faire. »

J'ai acquiescé d'un signe de tête.

« Et comment on fait pour aller à Knoxville ?

– Et mon taxi, il sert à quoi à votre avis ? »

Il m'a aboyé dessus comme si j'étais aux trois quarts stupide. Je pense qu'il devait être un peu dur d'oreille, ou alors juste qu'il aimait crier sur les gens.

« Ça va sûrement vous coûter dans les 50 dollars », a-t-il ajouté d'un air inquisiteur.

Katz et moi avons échangé un regard.

« Ouais, OK. »

Nous avons embarqué dans le taxi et, aussi simplement que cela, sommes partis dans la direction de Roanoke et des douces collines vertes de cette *old Virginny*[1].

1. Allusion à *Carry Me Back to Old Virginny*, chanson écrite en 1878 par l'Afro-Américain James A. Bland. Dans une version légèrement modifiée, elle fut de 1940 à 1997 la chanson officielle de l'État de Virginie. *(N.d.T.)*

IX

En 1948, Earl V. Shaffer, un jeune homme fraîchement émoulu de l'armée, devint la première personne à avoir parcouru le sentier des Appalaches d'un bout à l'autre, en un seul été. Sans tente, avec souvent rien que des cartes routières pour s'orienter, il marcha pendant cent vingt-trois jours, d'avril à août, à une moyenne quotidienne de 27 kilomètres. Pure coïncidence, durant sa randonnée l'*Appalachian Trailway News* publia un long article de Myron Avery et de Jean Stephenson, rédacteur en chef, pour expliquer pourquoi il était probablement impossible de réaliser un tel exploit.

Le sentier que Shaffer découvrit n'a rien à voir avec le couloir net et bien entretenu qui existe aujourd'hui. Bien qu'il ait emprunté l'AT seulement onze ans après son achèvement, le chemin était déjà laissé à l'abandon. Shaffer s'aperçut que d'importants tronçons étaient envahis par la végétation ou effacés par les coupes forestières systématiques. Les refuges étaient rares et ne comportaient pas de cheminée. Notre héros perdit de longs moments à batailler dans les buissons sur des montagnes inextricables ou à se fourvoyer dans la mauvaise direction aux embranchements. De temps à autre, il débouchait sur une route pour s'apercevoir qu'il se trouvait à des kilomètres de l'endroit où il aurait dû arriver. Souvent, il se rendait compte que les gens du coin ne connaissaient pas l'existence du sentier ou que, si jamais ils en avaient entendu parler, ils étaient stupéfaits d'apprendre qu'il allait de la Géorgie au Maine. On se montrait fréquemment soupçonneux à l'égard du jeune homme.

En revanche, même les plus poussiéreux des petits hameaux s'enorgueillissaient presque toujours d'une épicerie ou d'un café, ce qui n'est plus le cas aujourd'hui, et lorsque Shaffer quittait le sentier, il pouvait généralement arrêter un bus de campagne pour regagner la ville la plus proche. Il ne rencontra aucun randonneur en quatre mois, mais le chemin abritait une autre vie, une vie réelle. Shaffer croisait souvent de petites fermes, des chalets, ou tombait sur des bergers avec leurs troupeaux au beau milieu de balds ensoleillés. Tout cela a disparu depuis longtemps. Aujourd'hui, l'AT est sauvage à dessein – et même par décret, en fait, puisque beaucoup de propriétés furent rachetées de force pour être tranquillement rendues à la forêt. À l'époque de Shaffer, il y avait aussi deux fois plus d'oiseaux chanteurs dans l'est des États-Unis qu'à l'heure actuelle. Hormis les châtaigniers, les arbres étaient sains : les cornouillers, les ormes, les sapins du Canada, les sapins baumiers et les épinettes rouges florissaient encore. Et surtout, 3 000 kilomètres de sentier s'offraient à son seul bénéfice.

Quand il acheva son trajet au début d'août 1948, quatre mois après son départ, et qu'il annonça sa réussite au siège de l'Appalachian Trail Conference, personne ne le crut. Il dut montrer ses photographies et son journal aux responsables puis, comme il le rapporta plus tard dans son récit de voyage *Walking With Spring*, subir un « examen contradictoire courtois mais très approfondi » afin de réussir à convaincre de la véracité de son histoire.

Quand la nouvelle de l'exploit de Shaffer commença à filtrer, elle suscita beaucoup de curiosité : la presse vint l'interviewer, le *National Geographic* publia un long article et l'AT connut une modeste renaissance. Mais la randonnée a toujours été une activité marginale en Amérique et en quelques années le sentier replongea dans l'oubli, sauf pour quelques durs à cuire excentriques. Au début des années 1960, l'idée fut avancée de prolonger la Blue Ridge Parkway, une route panoramique du sud des Smoky Mountains, sur une portion de l'AT. Le plan capota (pour des raisons financières, pas parce qu'il avait suscité un tollé), mais le chemin fut néanmoins grignoté à d'autres endroits ou parfois réduit à une piste boueuse pleine d'ornières au beau milieu de zones industrielles. Vers le milieu des années 1960, tout observateur attentif aurait conclu que le sentier des Appalaches n'allait perdurer que sous forme de fragments épars du Vermont jusqu'au Maine, étoffés de quelques tronçons continus dans les Great Smoky Mountains et le Shenandoah National Park : de simples vestiges, visibles mais délaissés dans les zones protégées, et ailleurs enterrés sous les centres commerciaux. La majeure partie du sentier traversait des terrains privés dont les nouveaux propriétaires abrogeaient souvent le droit de passage informel qui préexistait sur leurs domaines pour forcer l'AT à une relocalisation hâtive et aventureuse sur des routes principales ou secondaires à la circulation importante ; on était loin des paisibles espaces vierges imaginés par Benton

MacKaye. Une fois de plus, le sentier des Appalaches semblait condamné.

Puis, par un hasard opportun, les États-Unis se dotèrent d'un ministre de l'Intérieur qui aimait la marche, Stewart Udall. Sous son impulsion, le National Trails System Act fut voté en 1968. Ce texte ambitieux et d'une portée considérable ne fut pratiquement jamais mis en œuvre. Il prévoyait 40 000 kilomètres supplémentaires de sentiers de randonnée à travers l'Amérique, dont la plupart ne furent jamais aménagés. Cependant, il permit tout de même la création du Pacific Crest Trail (ou sentier des crêtes du Pacifique), et assura l'avenir de l'AT en le déclarant parc national de facto. Il fit allouer des fonds pour l'achat de terrains privés afin de créer un bouclier naturel le long de son tracé. Désormais, presque tout le sentier traverse un environnement sauvage protégé. Seuls 38 kilomètres – moins de 1 pour cent de sa longueur totale – empruntent des routes secondaires, essentiellement pour passer des ponts ou traverser des agglomérations.

Durant le demi-siècle qui a suivi le trek de Shaffer, près de 4 000 marcheurs ont réitéré la performance. Il existe deux sortes de randonneurs parmi ceux qui parcourent le sentier de bout en bout : les *thru-hikers*, qui l'engloutissent en une seule saison, et les *section-hikers*, qui le font par tronçon. La durée record d'un bouclage de l'AT par tronçon est de quarante-six ans. L'Appalachian Trail Conference n'homologue pas de records de vitesse parce que tel n'est pas l'esprit de l'entreprise, mais cela n'empêche pas les gens d'essayer. Dans les années 1980, un certain Ward Leonard, qui transportait tout son équipement et ne bénéficiait pas de soutien logistique, a arpenté le sentier en soixante jours et seize heures

– une prouesse incroyable si l'on considère qu'il faudrait environ cinq jours pour réaliser une distance équivalente en voiture. En mai 1991, l'*ultra-runner* David Horton et le coureur d'endurance Scott Grierson se sont lancés sur l'AT à quarante-huit heures d'intervalle. Le premier était assisté par un réseau d'équipiers qui l'attendaient aux intersections avec les routes et autres points stratégiques : il n'avait donc que sa bouteille d'eau à transporter. Chaque soir, on l'emmenait en voiture dans un motel ou dans une villa de location. Il avançait à une moyenne journalière de 60 kilomètres en dix ou onze heures de course. Grierson, pendant ce temps-là, se contentait de marcher, mais à un rythme de dix-huit heures par jour. Horton a finalement dépassé Grierson dans le New Hampshire le trente-neuvième jour et atteint l'arrivée en cinquante-deux jours et neuf heures. Grierson l'a rejoint quarante-huit heures plus tard.

Toutes sortes de gens ont réalisé des *thru-hikes*. L'un d'eux avait plus de quatre-vingts ans, un autre était armé de béquilles. Un aveugle du nom de Bill Irwin a parcouru le sentier avec un chien guide, ne cessant de tomber au cours de l'équipée. Mamie Gatewood est probablement la plus célèbre des thru-hikers, en tout cas celle qui a fait couler le plus d'encre : la soixantaine bien tassée, elle a sillonné deux fois l'AT avec succès malgré ses excentricités, son mauvais équipement, sa vague bêtise (en fait, son immense bêtise, mais je ne veux pas avoir l'air méchant) et le danger qu'elle représentait pour elle-même (elle n'arrêtait pas de se perdre). Mon préféré, néanmoins, reste Woodrow Murphy de Pepperell, dans le Massachusetts, qui a bouclé un thru-hike à l'été 1995. Rien que parce qu'il s'appelait Woodrow – « Rangée d'arbres », pour ainsi dire –, je l'aurais aimé de toute façon, mais je l'ai particulièrement admiré lorsque j'ai lu qu'il pesait 158 kilos et s'attaquait à l'AT pour perdre du poids. Durant sa première semaine sur le sentier, il n'a réussi qu'à parcourir 8 kilomètres par jour, mais il a tenu bon et en août, quand il a rejoint son État natal, il assurait ses 19 kilomètres quotidiens. Il a perdu 24 kilos – une bagatelle, tout bien considéré – et a voulu recommencer l'année suivante.

Une portion significative de thru-hikers atteignent le mont Katahdin puis font demi-tour et reprennent le sentier en sens inverse jusqu'en Géorgie. Ils ne peuvent tout simplement pas s'arrêter de marcher ; c'est carrément stupéfiant. En fait, plus vous lisez de choses sur les thru-hikers, plus vous tombez des nues. Prenez Bill Irwin, l'aveugle. Après avoir achevé sa randonnée, il a déclaré : « Je n'ai jamais aimé la marche. C'était quelque chose que je me suis senti obligé de faire. Je n'ai pas eu le choix. » Ou David Horton, l'ultra-runner qui a établi le record de vitesse en 1991 : de son propre aveu, il s'est complètement effondré « au niveau mental et émotionnel » et a passé la majeure partie de la traversée du Maine à sangloter abondamment. Bon, mais alors pourquoi vous imposez-vous ça, bande de sombres abrutis ? Même ce bon vieux Earl Shaffer a fini en ermite dans un trou perdu de Pennsylvanie. Je n'essaie pas de suggérer que randonner sur l'AT vous fait perdre la boule, mais disons que cela s'adresse à un certain type de personnes.

Et qu'est-ce que ça m'a fait, à moi, de renoncer au défi alors qu'une grand-mère en tongs, un bibendum nommé Woodrow et 3 990 autres ont atteint le mont Katahdin ? Plutôt du bien, à vrai dire. J'allais continuer d'explorer le sentier des Appalaches, mais pas *tout* le sentier, voilà. Avec Katz, nous avions déjà fait 1 million de pas, croyez-le ou non.

Il ne nous est pas apparu absolument primordial de faire les 4,5 millions d'autres pour avoir une idée de la chose.

Nous avons donc roulé jusqu'à Knoxville avec notre grand comique de chauffeur, puis nous nous sommes procurés une voiture de location à l'aéroport. Peu après midi, nous avons pris la route qui partait vers le nord à travers un monde que nous avions presque oublié, avec sa circulation dense, ses feux rouges suspendus, ses vastes échangeurs et ses énormes panneaux, au milieu d'hectares et d'hectares de centres commerciaux, de stations-service, de grandes surfaces discount, de garages, de concessionnaires et ainsi de suite. Même après une journée à Gatlinburg, la transition était renversante. Je me souvenais avoir lu une fois que des Indiens de la forêt brésilienne qui vivaient toujours à l'âge de pierre, sans aucune notion du monde au-delà de leur jungle, avaient été emmenés à São Paulo ou Rio et que, lorsqu'ils avaient vu les buildings, les voitures et les avions qui passaient dans le ciel, ils s'étaient généreusement pissés dessus dans une parfaite synchronisation. J'avais une certaine idée de ce qu'ils avaient ressenti.

Il faut dire que le contraste est choquant. Quand vous êtes sur l'AT, la forêt dans son infinité devient tout votre univers. C'est votre seule perception du monde, jour après jour. À la fin, vous ne pouvez plus en imaginer d'autre. Vous êtes conscient, bien sûr, qu'il y a quelque part, tout au bout de l'horizon, de vastes cités, des usines titanesques, des autoroutes bondées, mais ici, dans cette partie du pays où les arbres enveloppent le panorama aussi loin que porte votre regard, la forêt règne. Même les petites villes comme Franklin et Hiawassee, et même Gatlinburg, ne sont que des îlots semés dans le grand cosmos des bois. Mais quittez le sentier, quittez-le vraiment et roulez quelque part, comme nous étions en train de le faire, et vous vous rendrez vite compte combien vous vous êtes magnifiquement bercé d'illusions.

Les forêts et les montagnes n'étaient plus maintenant qu'un arrière-plan – familier, habituel, proche, mais sans davantage de présence ni d'importance que les nuages qui filaient au-delà de leurs lignes de crête. La réalité de la consommation nous sautait à la figure, nous dépassait : stations-service, supermarchés Walmart et Kmart, Dunkin' Donuts, boutiques de locations de vidéos. Un défilé continuel de monstruosités marchandes.

Même Katz était énervé.

« Mince, qu'est-ce que c'est moche », a-t-il soufflé avec incrédulité, comme s'il n'avait jamais rien vu de pareil.

J'ai tourné la tête de son côté pour apercevoir dans le prolongement de son épaule un immense centre commercial avec un parking de la taille d'une prairie. C'était horrible : nous aurions pu nous pisser dessus.

X

Il existe un tableau de Asher Brown Durand intitulé *Kindred Spirits (Âmes sœurs)*. L'œuvre est souvent reproduite dans les livres dès que le sujet tourne autour des paysages américains du XIXe siècle. Peinte en 1849, elle montre deux hommes debout sur une corniche dans les Catskills, avec pour décor l'un de ces sublimes paysages de vallée perdue qui donnent l'impression de nécessiter toute une expédition pour l'atteindre – bien que les personnages soient habillés de façon incongrue, en redingote et foulard pigeonnant, comme s'ils sortaient d'un bureau. À leurs pieds, dans un ravin ombragé, un torrent se précipite à travers un chaos de gros rochers. Au loin, une longue perspective s'ouvre sur des montagnes bleues merveilleusement inhospitalières. À gauche et à droite, comme ployés pour rentrer dans le tableau, se dressent des bouquets d'arbres désordonnés qui finissent par disparaître dans une obscurité dévorante.

Je ne peux vous dire à quel point j'aimerais marcher dans un tel cadre. Mais le site semble si manifestement vierge, si plein d'une impénétrable promesse que cette tentation est clairement dangereuse. On a de fortes chances d'y mourir, c'est certain, déchiqueté par un couguar, assommé par un tomahawk ou simplement perdu, titubant jusqu'à une fin inéluctable. Cela se voit au premier coup d'œil. Mais peu importe. Car déjà, on examine le premier plan pour y chercher un moyen de gagner le torrent par les gros rochers et l'on se demande si le défilé qui s'étend dans son prolongement permet de rejoindre la vallée voisine. Adieu, mes amis ! C'est l'appel du destin. Ne m'attendez pas pour dîner.

Rien de comparable à cette vue ne subsiste de nos jours, bien sûr. Et peut-être même qu'elle n'a jamais existé. Qui sait à quelles libertés s'autorisaient ces romantiques avec leurs pinceaux ? Car, après tout, qui irait crapahuter avec un chevalet, un tabouret pliant et une boîte de peinture jusqu'à une corniche difficile d'accès, par un chaud après-midi de juillet, dans un environnement sauvage et dangereux, pour ne pas peindre quelque chose de grandiose ?

Mais même si les Appalaches de l'ère préindustrielle n'étaient pas aussi spectaculaires et indomptées que dans les tableaux de Durand et consorts, ça devait être quelque chose de les approcher. Il est difficile aujourd'hui d'imaginer combien l'intérieur des terres était si peu connu, et à quel point il semblait regorger de promesses. Quand Thomas Jefferson envoya Lewis et Clark en exploration vers l'ouest, il s'attendait avec confiance à ce qu'ils trouvent des mammouths laineux et des mastodontes. Si les dinosaures avaient été découverts, il leur aurait probablement demandé de ramener un tricératops à la maison.

Les premiers Blancs à s'aventurer profondément dans la forêt depuis l'est (les Indiens, bien sûr, avaient franchi le pas peut-être vingt mille ans avant eux) ne cherchaient pas des créatures préhistoriques, un passage vers l'ouest ou de nouvelles terres à coloniser. Ils cherchaient des plantes. Le potentiel botanique de l'Amérique excitait les Européens au-delà de toute mesure, car gloire et argent pouvaient se récolter dans les bois. Les forêts de l'Est débordaient d'une flore inconnue du Vieux Monde ; scientifiques et amateurs éclairés se montraient très impatients de s'emparer d'un morceau du gâteau. Imaginez qu'une mission spatiale découvre une jungle poussant sous les nuages gazeux de Vénus : songez à ce que Bill Gates, par exemple, paierait pour une *Venusa exotica* vrillée à lobes pourpres cette *Venusa exotica* c'est le rhododendron du XVIIIe siècle. Sans oublier le camélia, l'hortensia, le merisier, le rudbeckia, l'azalée, l'aster, la fougère à l'autruche, le catalpa, le laurier benzoin, la dionée attrape-mouche, la vigne vierge de Virginie, l'euphorbe. Ces spécimens, ainsi que des centaines d'autres, étaient collectés dans les forêts américaines puis embarqués sur des navires qui traversaient l'océan jusqu'en Angleterre, en France ou en Russie, où ils étaient réceptionnés avec empressement par des mains avides et tremblantes.

Tout débuta avec John Bartram, un quaker de Pennsylvanie né en 1699, qui s'intéressa à la botanique après avoir lu un livre sur le sujet – en fait, tout débuta avec les premières exportations de tabac, mais si l'on se place dans l'optique d'une démarche scientifique, John Bartram fut bien le précurseur. Il commença à envoyer des graines et des boutures à un ami quaker de Londres. Encouragé à poursuivre, il se lança dans des expéditions incroyablement ambitieuses vers des régions reculées, parcourant parfois plus de 1 500 kilomètres à travers des montagnes sauvages. Bien qu'il fût totalement autodidacte, n'eût jamais appris le latin et ne possédât qu'une compréhension limitée de la classification linnéenne, c'était un remarquable herborisateur, avec un don étonnant pour dénicher et identifier des espèces inconnues. Sur les 800 plantes découvertes en Amérique durant la période coloniale, le quart est dû à Bartram. Son fils William en trouva bien plus encore.

Dès avant la fin du XVIIIe siècle, les forêts de l'Est se mirent à grouiller littéralement de botanistes : Peter Kalm, Lars Yungstroem, Constantine Samuel Rafinesque-Schmaltz, John Fraser, André Michaux, Thomas Nuttall, John Lyon… et tant d'autres qu'il est difficile de les dénombrer. Il y avait tellement de gens en lice pour prospecter dans les bois qu'il est souvent impossible de dire avec précision qui découvrit quoi. Selon la source que l'on consulte, Fraser se voit parfois attribuer 44 plantes, parfois 215, parfois un chiffre entre les deux. L'une de ses découvertes incontestées est le sapin Fraser, un balsamier des régions méridionales, caractéristique des hautes chaînes de la Caroline du Nord et du Tennessee ; mais l'arbre porte son nom uniquement parce que ledit Fraser battit de quelques longueurs Michaux, son rival acharné, pour atteindre le sommet du Clingmans Dome.

Ces hommes arpentèrent des territoires d'une étendue stupéfiante, sur des périodes considérables. L'une des premières expéditions de Bartram dura plus de cinq ans ; il s'enfonça si profondément dans la forêt qu'on le donna longtemps pour mort. Quand il émergea de nouveau, il s'aperçut que l'Amérique était en guerre contre la Grande-Bretagne depuis un an et qu'il avait perdu ses mécènes. L'équipée de Michaux le mena de la Floride à la baie d'Hudson. L'héroïque Nuttal s'aventura jusqu'aux rives du lac Supérieur et accomplit la majeure partie du trajet à pied par manque de moyens.

Ils ramassaient des quantités prodigieuses, pour ne pas dire immodérées, de spécimens. Lyon déracina 3 600 jeunes plants de *Magnolia macrophylla* sur un seul coteau ainsi que des milliers d'autres végétaux, dont un joli arbuste rouge qui le plongea dans un délire fiévreux et le couvrit « de cloques sur presque tout le corps » – il apparut plus tard que Lyon avait découvert le sumac vénéneux. En 1765, John Bartram repéra un camélia particulièrement beau, *Franklinia altamaha* ; déjà sporadique, celui-ci fut cueilli jusqu'à extinction en l'espace de vingt-cinq ans et n'existe plus de nos jours que sous forme cultivée. Pendant ce temps-là, Rafinesque-Schmaltz passait sept ans à errer dans les Appalaches, ne découvrant pas grand-chose mais rapportant tout de même 50 000 graines et boutures.

Comment ces hommes réussissaient-ils ? C'est un mystère. Chaque plante devait être enregistrée et identifiée ; ses graines étaient collectées, des boutures prélevées. Dans ce dernier cas, il fallait les mettre en pot dans du papier ou de la toile rigide, les surveiller pour préserver leur humidité et, d'une façon ou d'une autre, les ramener vers la civilisation à travers une nature indomptée sans sentiers tracés. Les dangers et les privations étaient constants, épuisants. Les ours, les serpents et les félins pullulaient. Le fils de Michaux fut sévèrement mutilé au cours d'une expédition, lorsqu'un ours le chargea depuis le couvert des arbres. (Les ours noirs semblaient considérablement plus féroces autrefois : presque tous les journaux de voyage rapportent des attaques sans qu'il y ait eu provocation préalable. Il est tout à fait probable que les ours de l'Est soient devenus plus réservés parce qu'ils ont appris à associer les humains avec les fusils.) Les Indiens se montraient eux aussi hostiles et s'étonnaient tout autant que les plantigrades de tomber sur des gentlemen européens qui ramassaient soigneusement des plantes pourtant si abondantes dans la nature. Il fallait compter en outre avec les maladies des bois comme la fièvre jaune et le paludisme. « Je ne peux trouver quelqu'un qui supporterait la fatigue de m'accompagner dans mes pérégrinations », se plaignait avec lassitude John Bartram dans une lettre à son mécène anglais. Comme c'est surprenant !

Mais, de toute évidence, le jeu en valait la chandelle. Une seule graine particulièrement précieuse pouvait atteindre les 5 guinées. L'une des expéditions de John Lyon lui permit de dégager 900 livres après déduction des frais – une fortune considérable. Il repartit l'année suivante et fit à peu près le même bénéfice. Fraser s'engagea dans une longue campagne grâce au parrainage de Catherine de Russie, mais, lorsqu'il revint à la civilisation, il découvrit qu'il y avait sur le trône un nouveau tsar sans aucune affection particulière pour le monde végétal. Le souverain pensa que Fraser était fou et refusa d'honorer son contrat. L'herborisateur emporta donc toute sa collecte à Chelsea, où il disposait d'une petite pépinière, et gagna très correctement sa vie en vendant des azalées, des rhododendrons et des magnolias à la gentry anglaise.

Certains explorateurs se lancèrent dans l'aventure botanique pour la simple joie de découvrir quelque chose. Ainsi le très admirable Thomas Nuttall, artisan imprimeur de Liverpool, brillant mais sans instruction, qui débarqua en Amérique en 1808 et développa une passion insolite pour les plantes. Il entreprit deux longues expéditions qu'il finança de sa propre poche et fit d'importantes trouvailles ; elles auraient pu le rendre riche, mais il les offrit généreusement au jardin botanique de Liverpool. Parti de zéro, il devint en seulement neuf ans la principale autorité sur la flore américaine. En 1817, il « produisit » son œuvre majeure (au sens littéral, car il ne se contenta pas d'écrire le texte mais l'imprima lui-même), *Genera of North American Plants*, qui fut considérée durant la plus grande partie du siècle comme l'encyclopédie de référence de la botanique américaine. Quatre ans plus tard, il fut nommé conservateur du jardin botanique de l'université Harvard, un poste qu'il occupa avec mérite pendant douze ans, tout en trouvant le temps, on ne sait trop comment, de devenir un spécialiste reconnu des oiseaux et de publier en 1832 un ouvrage sur l'ornithologie promis à la célébrité. C'était, de l'opinion générale, un homme affable qui gagnait l'estime de tous ceux qui le rencontraient. Certaines histoires romanesques sont moins belles que celle-ci.

Au temps de Nuttall, la forêt subissait déjà d'importantes transformations. Les panthères, les élans et les loups de l'Est étaient condamnés à l'extinction, les castors et les ours n'en étaient plus très loin. Les grands pins blancs des forêts du Nord – géants centenaires qui pouvaient atteindre les 70 mètres, la hauteur d'un bâtiment de vingt étages – avaient déjà été coupés pour être transformés en mâts ou simplement céder la place à l'agriculture ; presque tous les survivants finiraient de la même façon avant la fin du siècle. Partout régnait une sorte d'insouciance née du sentiment que les forêts américaines étaient réellement inépuisables. Des pacaniers vieux de deux cents ans étaient couramment abattus pour permettre de récolter plus facilement les noix qui se trouvaient sur leurs plus hautes branches. Chaque année qui passait voyait le visage de la forêt se transformer de manière perceptible. Mais, jusqu'à une époque récente – douloureusement récente –, une espèce s'était maintenue en abondance et avait préservé l'impression de magnifique éden de la forêt originelle : le châtaignier d'Amérique, massif et gracieux.

On n'a jamais vu pareil arbre. À 30 mètres au-dessus du sol, sa large ramure s'étend pour former une canopée d'une incomparable luxuriance : un demi-hectare par arbre. Bien qu'il soit moitié moins haut que le plus grand des pins blancs, le châtaignier a un poids, un volume et une envergure qui le classent dans une catégorie à part. Au niveau de la base, un arbre ayant atteint sa pleine taille mesure 3 mètres de diamètre, plus de 6 mètres de circonférence. Une photographie prise au début du XXe siècle montre un pique-nique au milieu d'un bosquet de châtaigniers, dans la Jefferson National Forest, non loin de l'endroit où Katz et moi-même étions en train de randonner. C'est un joyeux dimanche en plein air, les personnages sont vêtus de vêtements lourds, les dames portent des ombrelles fermées, les hommes des chapeaux melon et des moustaches à la gauloise ; tous prennent élégamment la pose sur une couverture étalée dans une clairière, avec en arrière-plan un faisceau oblique de rayons de lumière et des arbres d'une splendeur incroyable. Les personnages semblent si minuscules, si ridiculement sous-dimensionnés par rapport aux châtaigniers qui les entourent, que l'on se demande un moment si l'image n'a pas été trafiquée pour créer un effet comique, comme dans ces vieilles cartes postales qui montrent des pastèques aussi grosses que des granges ou un épi de maïs géant dans une charrette, avec la légende : « Une scène pastorale typique de l'Iowa. » Mais il n'y a aucun trucage : c'est simplement l'environnement naturel tel qu'il s'étalait alors sur des dizaines de milliers de kilomètres carrés de collines et de vallées, des Caroline à la Nouvelle-Angleterre. Aujourd'hui tout a disparu.

En 1904, un gardien du zoo du Bronx à New York remarqua que les superbes châtaigniers du parc étaient recouverts de petits chancres orange d'un genre inconnu. En quelques jours, les arbres commencèrent à dépérir. Le temps que les scientifiques identifient le responsable, un champignon asiatique appelé *Endothia parasitica*, probablement introduit avec une cargaison maritime de troncs ou de planches venue d'Orient, les châtaigniers étaient morts et ledit responsable s'était échappé dans les grands espaces des Appalaches, où un arbre sur quatre était aussi un châtaignier.

Malgré sa taille imposante, un arbre est un être remarquablement fragile. Sa vie repose sur trois couches de tissus internes superposés, épais comme des feuilles de papier : le phloème, le xylème et le cambium. Situés juste sous l'écorce, ils forment ensemble une enveloppe humide autour du cœur plus sec. Quelle que soit la hauteur atteinte par l'arbre, ces couches ne représentent que quelques kilos de cellules vivantes chichement réparties des racines aux feuilles : avec zèle, elles réalisent tout le processus scientifique et mécanique sophistiqué indispensable à la survie du végétal. L'efficacité avec laquelle elles accomplissent leur mission est une des merveilles de la nature ; en silence, l'air de rien, chaque arbre de la forêt draine de ses racines à ses feuilles d'énormes volumes d'eau, plusieurs centaines de litres dans le cas d'un gros individu par une chaude journée. Cette eau s'évapore ensuite dans l'atmosphère. Imaginez la débauche de machinerie qui serait nécessaire à une brigade de pompiers pour propulser verticalement autant de liquide. Et phloème, xylème et cambium ont encore bien d'autres talents à leur actif.

Ils fabriquent la lignine et la cellulose, régulent le stockage et la production de tanin, de sève, de gomme, d'huile et de résine, distribuent les minéraux et les nutriments, transforment l'amidon en sucre pour favoriser la croissance des futurs bourgeons (songez au sucre d'érable) et je ne sais quoi encore. Mais comme tout cela se déroule dans des couches de tissus très minces, l'arbre est de fait terriblement vulnérable aux organismes parasites. Pour les combattre, il élabore des mécanismes de défense complexes. Si l'hévéa suinte du latex quand on l'entaille, c'est une façon de dire aux intrus potentiels : « Pas bon. Rien à manger. Dégage. » Les arbres peuvent aussi décourager des créatures destructrices comme les chenilles en gorgeant leurs feuilles de tanin, ce qui les rend moins savoureuses et pousse les importunes à aller voir ailleurs. Si l'infestation devient particulièrement sévère, ils font même circuler l'information. Certaines espèces de chênes libèrent un agent chimique pour prévenir les collègues des alentours qu'une attaque est en cours. En réponse, ces voisins augmentent leur production de tanin du mieux possible pour affronter l'assaut à venir.

Grâce à de tels procédés, la nature suit tranquillement son petit bonhomme de chemin. Les problèmes surgissent quand un spécimen rencontre un attaquant contre lequel l'évolution ne l'a pas préparé – et jamais un arbre ne s'est retrouvé plus démuni face à l'envahisseur que le châtaignier américain devant *Endothia parasitica*. Ce champignon pénètre son écorce sans effort, dévore les cellules du cambium et se prépare déjà à l'anéantissement de l'arbre suivant avant même que sa première victime ait la moindre idée, chimiquement parlant, de ce qui l'a frappée. *Endothia parasitica* se propage grâce à ses spores, développées par centaines de millions dans chaque plaie de l'écorce. Un pivert peut transférer un milliard d'entre elles d'un arbre à l'autre en un seul vol. Au plus fort de l'épidémie du châtaignier américain, chaque brise qui soufflait sur la forêt emportait des trillions de spores en un joli nuage mortel vers les collines avoisinantes. Le taux de mortalité est de 100 pour cent. En seulement trente-cinq ans le châtaignier américain n'a plus été qu'un souvenir. Les Appalaches ont perdu à elles seules 4 milliards d'arbres, un quart de leur couverture forestière, en une génération.

C'est une grande tragédie, bien sûr. Mais quelle chance, quand on y pense, que ces maladies soient spécifiques à une espèce. Imaginez qu'au lieu d'un chancre du châtaignier, d'une graphiose de l'orme ou d'une anthracnose du cornouiller, nous ayons simplement un parasite de l'arbre tout court, une chose irrépressible qui ne ferait aucune distinction et qui balaierait des forêts entières ? Eh bien, en vérité, elle existe. Elle s'appelle pluie acide…

Arrêtons là. Je pense que vous et moi avons ingurgité assez de considérations scientifiques en un seul chapitre. Mais, s'il vous plaît, gardez-les à l'esprit quand je vous dis qu'il n'y a pas eu un jour dans les Appalaches où je n'aie rendu grâce pour ce qui m'était donné à voir sur mon passage.

La forêt que Katz et moi traversions maintenant n'avait donc rien de commun avec celle d'autrefois, même si l'on remonte simplement à la génération de mon père, mais au moins c'était une forêt. Et quoi qu'il en soit, c'était merveilleux de se retrouver une fois de plus enveloppés de notre environnement familier. À bien des égards, les bois étaient identiques à ceux que nous avions quittés en Caroline du

Nord : mêmes arbres violemment courbés, mêmes sentiers bruns étroits, même silence infini que seuls brisaient nos grognements étouffés et notre respiration laborieuse, tandis que nous peinions sur des montagnes qui s'avéraient aussi raides, sinon aussi hautes, que les précédentes. Mais curieusement, bien que nous nous soyons soudain trouvés 300 kilomètres au nord, le printemps semblait ici plus en avance. Les arbres, majoritairement des chênes, bourgeonnaient de manière plus franche ; des touffes sporadiques de fleurs sauvages – sanguinaires, trilles, dicentres à capuchon – perçaient sous le tapis de feuilles du dernier automne. Le soleil filtrait à travers les branches au-dessus de nos têtes et éclaboussait le sentier de pinceaux de lumière ; il y avait dans l'air une certaine légèreté printanière caractéristique, grisante. Nous avons d'abord retiré nos vestes puis nos pulls. Le monde semblait soudain un endroit fort accueillant.

À droite comme à gauche s'étiraient des paysages dorés, somptueux. Sur 650 kilomètres à travers la Virginie, les Blue Ridge Mountains ne forment qu'une longue épine dorsale, à peine large de 2 ou 3 kilomètres ; bien qu'elle soit entaillée ici et là de brèches profondes en forme de V, elle est globalement continue, perchée à 900 mètres d'altitude, avec à l'ouest la large et verte vallée de Virginie et à l'est le piémont paresseux, champêtre. Ainsi, chaque fois que nous nous traînions en haut d'un sommet et nous postions sur une saillie rocheuse, au lieu de n'apercevoir qu'une infinité de collines touffues jusqu'à l'horizon nous avions des vues dégagées sur un véritable monde habité : des fermes ensoleillées, des grappes de hameaux, des bouquets de forêt, des routes en lacet – et tout cela rendu délicieusement pittoresque par la distance. Même une voie rapide inter-États, avec ses échangeurs en forme de feuille de trèfle, arborait un air doux et bienveillant, comme les illustrations des livres de mon enfance qui montraient une Amérique en mouvement, dynamique mais pas trop, en tout cas pas suffisamment pour cesser d'être séduisante.

Nous avons marché pendant une semaine sans quasiment rencontrer personne. Un après-midi, j'ai croisé un section-hiker qui randonnait par tronçons depuis vingt-cinq ans avec un vélo et une voiture. Chaque matin, il déposait son vélo à un point d'arrivée situé à environ 15 kilomètres sur le sentier puis retournait en voiture à son point de départ ; il marchait alors jusqu'au vélo et revenait en pédalant pour récupérer son véhicule. Il répétait ce petit manège pendant deux semaines tous les mois d'avril et avait calculé qu'il lui faudrait encore vingt ans pour venir à bout de l'AT. Un autre jour, j'ai suivi un homme âgé, maigre et sec, qui avait bien l'air d'avoir largement dépassé les soixante-dix ans. Il portait un petit sac à dos de toile cognac démodé et se déplaçait avec une extraordinaire rapidité. Deux ou trois fois par heure, je l'apercevais qui me précédait de 50 ou 60 mètres avant de disparaître dans les arbres. Bien qu'il se déplacât beaucoup plus vite que moi et semblât ne jamais faire de pause, il était toujours là. Chaque fois que la vue se dégageait un peu, je repérais son dos juste avant qu'il ne s'évanouisse. C'était comme suivre un fantôme. J'essayais en vain de le rattraper. Il ne me regardait jamais, mais j'étais sûr qu'il était conscient de ma présence derrière lui. On développe une sorte de sixième sens dans les bois pour détecter les autres ; quand ils ne sont plus très loin, on s'arrête toujours pour les laisser nous rattraper, histoire de dire bonjour, d'échanger quelques plaisanteries et de demander si éventuellement quelqu'un n'aurait pas entendu les dernières prévisions météo. Mais l'homme devant moi avançait sans répit, ne changeait jamais de rythme, ne regardait jamais en arrière. En fin d'après-midi, il a disparu de nouveau et je ne l'ai plus revu.

Le soir, j'en ai parlé à Katz.

« Eh ben, a-t-il marmonné dans sa barbe, ça y est, il a des hallucinations, il me voit partout ! »

Cependant, le lendemain, c'est lui qui a entraperçu l'homme toute la journée – mais en arrière, qui le suivait, toujours proche sans jamais arriver à sa hauteur. C'était très étrange. Après cela, aucun de nous ne l'a plus jamais repéré. Ni lui ni personne d'autre, d'ailleurs.

En conséquence, nous profitions chaque nuit des refuges pour nous tout seuls : le grand luxe. On prend vraiment conscience de la tournure pitoyable qu'a prise sa vie quand on est transporté à l'idée d'avoir une plate-forme de bois couverte à son usage personnel pour la nuit. Mais inutile de nier : nous étions transportés. Sur cette portion du sentier, les refuges étaient neufs pour la plupart et absolument immaculés. Plusieurs étaient même équipés de balais – une petite touche domestique, cosy… De plus, ces balais semblaient avoir servi – et nous nous en sommes servis nous-mêmes, sans oublier de siffloter pendant l'opération. Cela prouve que, si l'on donne à un randonneur de l'AT un équipement de confort, il sait en faire bon usage. Chaque abri avait des toilettes à proximité, une source d'eau potable et une table de pique-nique ; nous pouvions ainsi préparer et manger nos repas dans une posture plus ou moins normale, au lieu d'être accroupis sur des bûches humides. Tous ces détails constituent un faste inestimable sur l'AT.

Le quatrième jour, alors que j'entrevoyais le sombre moment où j'allais finir mon unique livre et donc me condamner à rester étendu chaque soir dans la semi-pénombre avec aucune autre perspective que celle d'écouter Katz ronfler, j'ai été gratifié du plaisir immense de découvrir, ébloui, émerveillé, que le précédent occupant du refuge avait laissé un bouquin de Graham Greene. S'il y a une chose que vous apprend le sentier des Appalaches, c'est bien la valeur des bonheurs modestes – et cela manque cruellement dans notre vie de tous les jours.

J'étais donc heureux. Nous avalions nos 24 ou 25 kilomètres par jour ; rien à voir avec les 40 kilomètres que nous nous étions promis, mais cela restait une distance parfaitement honorable selon nos critères. Je me sentais en forme, plein d'allant, et pour la première fois depuis des années mon ventre ne ressemblait pas à un sac à viande. J'étais toujours raide et fatigué en fin de journée – des journées qui n'en finissaient jamais –, mais j'avais atteint un point où les courbatures et les ampoules faisaient tellement partie intégrante de mon existence que j'avais cessé d'y prêter attention. Chaque fois que vous quittez le monde douillet et aseptisé de la ville pour gagner les montagnes, vous traversez une série de transformations préprogrammées, et chaque fois c'est comme si vous ne l'aviez jamais expérimenté auparavant. À la fin du premier jour, vous vous sentez légèrement sale, mais ce sentiment vous paraît un peu mesquin ; le deuxième jour, vous vous trouvez carrément dégoûtant ; le troisième, vous n'en avez déjà plus rien à faire, et le quatrième vous avez oublié ce qu'était la sensation de propreté. Le réflexe de faim se conforme lui aussi à un schéma différent : le premier soir, vous vous jetez sur vos nouilles ; le deuxième, vous vous jetez sur vos nouilles, mais vous aimeriez bien que ce soit autre chose ; le troisième, vous n'avez pas envie de manger des nouilles, mais vous savez qu'il vous faut avaler de la nourriture ; le quatrième, vous n'avez aucun appétit, mais vous mangez parce que c'est ce qui se passe généralement à cette heure de la journée. C'est difficile à expliquer, mais c'est étrangement agréable.

Et puis une chose se produit qui vous fait prendre conscience combien vous désirez – désirez à tout prix – retourner dans le monde réel. Ainsi, lors de notre sixième long jour de marche dans des bois d'une densité peu commune, nous avons émergé le soir venu dans une petite clairière avec une vue extraordinaire vers le nord et l'ouest. Le soleil se couchait tout juste derrière la chaîne bleu-gris des Allegheny Mountains, et le territoire qui nous séparait d'elles – une plaine de vastes propriétés agricoles bien ordonnées, toutes pourvues d'un bosquet d'arbres et d'un corps de ferme – commençait à perdre ses couleurs. Mais le détail qui nous a cloués sur place a été la vision d'une ville – une vraie ville, la première que nous ayons vue depuis des semaines – qui se dressait peut-être à 10 ou 11 kilomètres au nord. D'où nous nous tenions, nous pouvions sans l'ombre d'un doute reconnaître les immenses enseignes colorées, brillamment éclairées, des restaurants de bord de route et des grands motels. Je ne crois pas avoir jamais rien vu d'aussi beau, d'aussi tentateur. Je jurerais presque que je pouvais humer les steaks en train de griller. Nous avons contemplé cette ville pendant des lustres, comme une chose dont nous avions entendu parler dans des livres mais que nous ne nous étions jamais attendu à voir.

« Waynesboro », ai-je fini par dire à Katz.

Il a hoché la tête avec gravité :

« C'est loin ? »

J'ai sorti ma carte :

« À environ 13 kilomètres par le sentier. »

Il a de nouveau gravement hoché la tête.

« Bien. »

C'était, comme je m'en suis rendu compte, la plus longue conversation que nous ayons eue depuis deux ou trois jours ; mais il était inutile d'en dire davantage. Nous venions de passer une semaine sur le sentier, nous irions en ville demain. Cela allait de soi. Nous allions faire ces 13 kilomètres, prendre une chambre, une douche, téléphoner chez nous, laver notre linge, dîner, acheter des provisions, regarder la télé, dormir dans un lit, petit-déjeuner et retourner sur l'AT. L'évidence était incontestable. Tout ce que nous faisions était d'une évidence incontestable. C'était merveilleux, en vérité.

Nous avons donc planté nos tentes, préparé des nouilles avec ce qui restait d'eau, puis nous nous sommes assis côte à côte sur une bûche et avons mangé en silence, face à Waynesboro. La pleine lune brillait d'une lumière blanche, profonde, riche, qui rappelait à la perfection le fourrage crémeux d'un biscuit Oreo (au bout d'une certaine période sur le sentier tout vous fait penser à de la nourriture). Après un long silence, je me suis tourné vers Katz et lui ai demandé sur un ton plus engageant qu'accusateur :

« Tu sais cuisiner autre chose que des nouilles ? »

J'imagine que je pensais au réapprovisionnement du lendemain. Il s'est concentré un bon moment avant de répondre :

« Le pain perdu. »

Ensuite, il est resté muet pendant un bon moment puis a incliné la tête très légèrement vers moi en disant :

« Et toi ?

– Non, ai-je répondu après un temps. Rien. »

Katz a réfléchi à ce que cela impliquait. L'espace d'un instant, il a eu l'air de vouloir dire quelque chose, mais il n'a fait que secouer la tête stoïquement avant de retourner à son dîner.

XI

En vingt minutes passées sur le sentier des Appalaches, Katz et moi marchions davantage qu'un Américain moyen en une semaine. 93 pour cent des déplacements en Amérique, quels qu'en soient l'ampleur et le but, sont réalisés en voiture. C'est ridicule. Quand ma femme et moi sommes retournés vivre aux États-Unis, l'un de nos critères était d'habiter en milieu urbain pour pouvoir nous rendre facilement à pied dans les magasins, à la poste ou à la bibliothèque. Nous avons trouvé notre bonheur à Hanover, dans le New Hampshire. C'est une petite ville universitaire agréable, avec de larges voies résidentielles verdoyantes, ombragées, et une rue marchande classique.

Presque tous les résidents se trouvent à une distance du centre aisément praticable à pied ; et pourtant, personne ne marche jamais nulle part. J'ai un voisin qui prend son véhicule pour parcourir les 700 mètres qui le séparent de son travail. Je connais une femme en parfaite santé qui va chercher son fils en voiture chez des amis à 90 mètres de chez elle. Ici, quand l'école est finie, presque tous les enfants sont ramenés à la maison en automobile ou en bus (sauf quatre gamins géniaux avec un accent anglais). La plupart des jeunes de seize ans ou plus possèdent leur propre voiture. Ça aussi, c'est ridicule. En moyenne, la distance à pied parcourue de nos jours par un Américain – toutes distances cumulées, de la voiture au bureau, du bureau à la voiture, dans le supermarché ou la galerie marchande – atteint 2,2 kilomètres par semaine, à peine 320 mètres par jour.

Mais à Hanover, au moins, on peut marcher. De nos jours, dans beaucoup de coins d'Amérique, il est impossible d'être piéton, même si vous le désirez. J'en ai eu un cruel rappel à Waynesboro. Après avoir trouvé une chambre et dégusté un petit déjeuner tardif et gargantuesque, je suis parti en quête de lotion anti-insectes et j'ai laissé Katz à la laverie. (Pour une raison inconnue, il adore les lavomatics, où il peut lire des magazines déchirés et assister au miracle des vêtements raides de crasse qui émergent doux et parfumés des grosses machines.)

Waynesboro possède un quartier commerçant classique et pas trop déplaisant, mais, comme si souvent, la plupart des magasins de détail ont déménagé vers les centres commerciaux de la périphérie, ne laissant qu'une poignée de banques, de bureaux d'assurances, de dépôts-ventes et de boutiques caritatives poussiéreuses dans ce qui avait probablement été un centre-ville animé. Beaucoup d'échoppes apparaissaient sombres et vides, et il n'y avait nulle part où je puisse trouver de lotion anti-insectes. Devant la poste, un homme m'a suggéré d'essayer le supermarché Kmart.

« Où est votre voiture ? » a-t-il demandé en guise de préambule, avant de m'expliquer comment m'y rendre.

« Je n'ai pas de voiture. »

Il s'est figé.

« Vraiment ? Mais j'ai bien peur que ce soit à plus d'un kilomètre et demi.

– Ça ira. »

Il a eu un petit mouvement de tête dubitatif, comme s'il se déchargeait de toute responsabilité dans ce qui allait suivre.

« Bon, alors il vous faut remonter Broad Street, prendre à droite au Burger King et continuer droit devant vous. Mais vous savez, maintenant que j'y pense, c'est bien plus qu'un kilomètre et demi ; peut-être deux, deux et demi… Vous allez aussi revenir à pied ?

– Oui. »

Nouveau signe de dénégation.

« C'est loin.

– J'emporterai des provisions au cas où… »

S'il a compris que c'était une blague, il n'en a rien laissé paraître.

« Bon, ben bonne chance !

– Merci.

– Il y a une compagnie de taxis juste au coin, a-t-il proposé après coup.

– Je préfère marcher, en fait. »

Il a hoché la tête avec hésitation.

« Alors bonne chance ! » a-t-il répété.

J'ai donc marché. L'après-midi était chaud et c'était une sensation merveilleuse – incroyablement merveilleuse – d'être délivré de mon barda et de me sentir léger. Avec un sac, vous marchez courbé, recroquevillé vers l'avant, les yeux rivés au sol. Vous traînez les pieds, il n'y a pas d'autre moyen. Sans, c'est la liberté. Vous marchez debout, vous sautillez, vous flânez, vous déambulez.

Ou tout du moins sur quatre pâtés de maisons. Ensuite vous arrivez au Burger King à un carrefour infernal et découvrez que la nouvelle route à six voies qui mène au Kmart est longue, droite, avec une circulation dense et aucun aménagement pour les piétons – ni trottoirs, ni passages protégés, ni terre-pleins centraux, ni feux rouges avec bouton-poussoir aux intersections dangereuses. J'ai parcouru des stations-service, des cours de motel, des parkings de restaurant, escaladé des barrières de béton, franchi des pelouses et traversé des haies mal entretenues qui délimitaient des propriétés. Lorsqu'un ruisselet ou une buse d'écoulement se présentait – et Dieu sait combien les promoteurs adorent les buses d'écoulement –, je me trouvais contraint de marcher sur la route, écrasé contre la glissière de sécurité poussiéreuse, tandis que les conducteurs les moins attentifs faisaient des écarts pour m'éviter. À un endroit, cela m'a paru si manifestement dangereux que j'ai hésité. Le ruisselet que franchissait la route n'était qu'un mince filet d'eau envahi de roseaux et assez étroit pour que je saute de l'autre côté ; j'ai donc choisi de passer par là. J'ai glissé le long de la berge et me suis retrouvé dans un marécage de boue grise et collante invisible depuis le haut ; je me suis cassé la figure deux fois, me suis hissé sur l'autre rive et ai refait une chute avant d'émerger maculé de gadoue, décoré d'un collier de bardanes rococo. Enfin arrivé sur l'aire du supermarché, je me suis aperçu que j'étais du mauvais côté de la route et que je devais en conséquence me lancer dans la traversée de pas moins de six voies de circulation. Lorsque j'ai pénétré dans le monde climatisé du Kmart, avec sa joyeuse musique d'ambiance, je tremblais de partout et étais aussi sale que si j'étais arrivé du sentier.

Le Kmart, ai-je constaté, ne vendait pas de lotion anti-insectes. J'ai donc fait demi-tour pour reprendre le chemin de la ville, mais cette fois dans un accès de folie sur lequel je ne souhaite pas m'étendre, coupant à travers champs et zones d'activités. J'ai déchiré mon jean sur du fil barbelé et me suis tartiné encore un peu plus de boue. Quand j'ai fini par arriver au motel, j'ai trouvé Katz au beau milieu de la pelouse, assis au soleil sur une chaise de métal, douché, dans des habits propres, avec cet air intensément heureux que seul peut avoir un randonneur qui a retrouvé la civilisation. En théorie, il graissait ses chaussures de marche, mais en réalité il se contentait d'être posé là pour contempler le monde et profiter du soleil en rêvassant. Il m'a accueilli avec effusion. Une fois en ville, Katz changeait toujours radicalement.

« C'est pas vrai, mais regarde-toi ! s'est-il écrié, ravi de me découvrir si sale. Qu'est-ce que tu as fait ? Tu es dégueulasse ! »

Il m'a observé de haut en bas avec admiration puis a ajouté d'un ton plus grave :

« Tu n'es pas encore allé te taper des truies, n'est-ce pas, Bryson ?

– Ha ! ha ! ha !

– Ces animaux ne sont pas propres, tu sais, même s'ils ont sûrement l'air très séduisants après un mois sur le sentier. Et n'oublie pas que nous ne sommes plus dans le Tennessee. Ça n'est sûrement pas légal ici, en tout cas pas sans une autorisation vétérinaire. »

Rayonnant, enchanté de sa plaisanterie, il m'a désigné la chaise à côté de lui :

« Viens t'asseoir pour tout me raconter. Alors comment s'appelait-elle ? Sultane ? »

Il s'est penché pour se rapprocher de moi et a ajouté sur le ton de la confidence :

« Est-ce qu'elle a beaucoup couiné ? »

Je me suis assis.

« Tu es jaloux, c'est tout.

– En fait, pas du tout. Moi aussi, je me suis fait une amie aujourd'hui. Au lavomatic. Elle s'appelle Beulah.

– Beulah ? C'est une blague.

– J'aimerais bien, mais c'est la vérité.

– Personne ne s'appelle Beulah.

– Eh bien, elle, oui. Et elle est vraiment sympa. Pas hyper maligne mais vraiment sympa, avec de mignonnes petites fossettes, juste là. »

Il pressa sur ses joues pour me montrer l'endroit.

« Et elle a un corps fantastique.

– Ah ! oui ? »

Il a hoché la tête avant de préciser judicieusement :

« Mais, bien sûr, il est enfoui sous une centaine de kilos de graisse molle. Heureusement, pour moi la taille chez une femme n'est pas un critère tant que je ne suis pas obligé de démonter un mur pour la sortir de chez moi. »

Il a donné un coup de chiffon pensif à ses chaussures.

« Alors, comment tu l'as rencontrée ? ai-je demandé.

– En fait, a-t-il commencé en se penchant vers l'avant avec concentration, comme si son histoire valait vraiment la peine d'être racontée, elle m'a proposé de venir voir sa culotte.

– Évidemment…

– Elle était restée coincée dans le tambour de la machine.

– Et est-ce qu'elle la portait sur elle à ce moment-là ? Tu m'as dit qu'elle n'était pas très maligne.

– Non, elle l'avait mise à laver et l'élastique s'était pris dans l'axe. Elle m'a demandé de venir l'aider à la dégager. Une culotte immense… » a-t-il ajouté d'un air songeur avant de plonger dans une brève rêverie à ce souvenir.

Il s'est repris.

« Je l'ai sortie de la machine, mais elle était déchiquetée comme c'est pas permis. Alors j'ai dit un truc un peu marrant du genre : "Dites donc, mademoiselle, j'espère vraiment que vous en avez une autre parce que celle-ci est déchiquetée comme c'est pas permis."

– Oh ! Stephen, quelle repartie !

– C'est suffisant pour Waynesboro, crois-moi. D'ailleurs, Beulah m'a répondu, tiens-toi bien : "Et alors tu n'aurais pas envie de vérifier, chéri ?" »

Il a fait tressauter ses sourcils.

« Je la retrouve ce soir à 19 heures devant la caserne de pompiers.

– Ah ! bon ? C'est là qu'elle stocke ses slips de rechange ? »

Il m'a jeté un regard exaspéré.

« Non, c'est juste un point de rendez-vous. Nous allons dîner chez Pappa John's Pizza. Et après, avec de la chance, on va faire ce que tu as fait toute la journée, sauf que je n'aurai pas à escalader de clôtures ni à l'attirer avec de la luzerne. Enfin, j'espère… Eh ! regarde ça ! »

Il a attrapé le sachet de papier qui se trouvait à ses pieds et en a sorti une culotte rose que l'on pouvait qualifier sans exagérer de « dessous à grande contenance ».

« Je me suis dit que j'allais lui offrir ça. Un peu comme une sorte de clin d'œil, tu comprends ?

– Au restaurant ? Tu es sûr que c'est une bonne idée ?

– Discrètement, tu vois. »

J'ai tenu le slip devant moi en écartant les bras. Il était vraiment d'un gigantisme stupéfiant. J'ai déclaré :

« Et si ça ne lui plaît pas, tu pourras toujours t'en servir comme tapis de sol. Il faut que je te demande : est-ce que ça fait partie de la blague que la culotte soit si grande, ou bien…

– C'est une forte femme, tu sais », a répondu Katz avant de soigneusement replacer le slip dans son sachet.

J'ai dîné seul au Coffee Mill Restaurant. Ça me faisait un peu bizarre de me retrouver sans Katz après tant de jours en sa sempiternelle compagnie, mais c'était aussi assez agréable, pour exactement la même raison. J'étais occupé à manger un steak, un livre appuyé contre le sucrier, et tout à fait content de mon sort, quand en levant le regard j'ai découvert Katz qui traversait le restaurant d'un pas raide dans ma direction. Il avait l'air inquiet, fuyant.

« Dieu merci, je t'ai retrouvé ! » a-t-il soupiré avant de prendre place en face de moi dans le box.

Il transpirait abondamment.

« Il y a un type qui me cherche.

– De qui tu parles ?

– Du mari de Beulah.

– Beulah a un mari ?

– Je sais. C'est un miracle. Il ne peut pas y avoir plus de deux gars sur cette planète qui aient envie de coucher avec elle et nous sommes tous les deux dans la même ville. »

Ça allait un peu trop vite pour moi.

« Je ne comprends pas. Qu'est-ce qui s'est passé ?

– Je me tenais devant la caserne de pompiers, tu sais, comme convenu, quand un pick-up rouge s'est arrêté en faisant hurler ses pneus. Ce type en est sorti l'air superénervé et m'a dit qu'il était le mec de Beulah et qu'il voulait me parler.

– Alors qu'est-ce que t'as fait ?

– J'ai couru. Qu'est-ce que tu crois ?

– Et il ne t'a pas rattrapé ?

– Il pèse à peu près 270 kilos. Et il n'est pas du genre sprinter. Plus le genre à t'exploser les couilles. Il a fait des tours en voiture pendant une demi-heure pour me mettre la main dessus. J'ai filé à travers des arrière-cours, je me suis pris dans des fils à linge et tout le merdier. J'ai fini par avoir aux fesses un autre gars qui pensait que j'étais un rôdeur. Putain, qu'est-ce que je vais faire, Bryson ?

– OK. D'abord, tu arrêtes de brancher des grosses dans les lavomatics.

– Ouais, ouais, ouais, ouais.

– Ensuite, je sors d'ici pour voir si la voie est libre et je t'adresse un signe par la fenêtre.

– Ouais ? Et après ?

– Tu marches le plus vite possible jusqu'au motel avec les mains devant les couilles en priant pour que le type ne te repère pas. »

Il est resté silencieux un moment.

« C'est tout ? C'est ça ton meilleur plan ? C'est vraiment ton meilleur plan ?

– Tu as une autre idée ?

– Non, mais je n'ai pas passé quatre ans à la fac.

– Stephen, je n'ai pas étudié la façon la plus pertinente de te sauver la peau à Waynesboro. J'ai un diplôme de science politique. Si ton problème avait été en lien avec la représentation proportionnelle en Suisse, j'aurais peut-être pu t'aider. »

Il a soupiré et s'est lourdement enfoncé dans la banquette, les bras croisés, plongé dans de sombres pensées.

« Ne me laisse jamais reparler à une femme, quel que soit son tour de taille, au moins jusqu'à ce qu'on quitte les États confédérés. Ils ont tous des flingues, ici. Tu me le jures ?

– Tu as ma parole ! »

Il est demeuré assis dans un silence crispé tandis que je finissais mon dîner ; sa tête pivotait constamment vers les fenêtres pour vérifier si un visage gras et furieux ne se pressait pas contre la vitre. Après que j'eus fini de manger et payé l'addition, nous avons gagné la sortie.

« Il ne me reste peut-être que dix secondes à vivre, a-t-il murmuré d'un ton lugubre en me saisissant le bras. Écoute, si je me fais descendre, je te demande une faveur. Appelle mon frère pour lui dire qu'il y a 10 000 dollars dans une boîte à café enterrée sous la pelouse devant sa maison.

– Tu as enterré 10 000 dollars sous la pelouse devant la maison de ton frère ?

– Non, bien sûr que non, mais c'est un petit con et ça lui servirait de leçon. Allons-y. »

La rue paraissait sans danger, totalement déserte. Tout Waynesboro était à la maison devant la télé. Je lui ai fait un signe du menton. Il a passé la tête dehors, a regardé précautionneusement à gauche et à droite puis a foncé à une vitesse hallucinante ; quant à moi, il m'a fallu deux ou trois minutes pour marcher nonchalamment jusqu'au motel. Je n'ai vu personne.

J'ai frappé à la porte de Katz. Aussitôt, une voix autoritaire, ridiculement grave, a lancé :

« Qui c'est ? »

J'ai soupiré.

« Popeye. J'ai deux mots à te dire, mec.
– Bryson, déconne pas. Je te vois par le judas.
– Alors pourquoi tu demandes qui c'est ?
– Je m'entraîne. »

J'ai attendu une minute.

« Bon, tu m'ouvres ?
– Je ne peux pas. J'ai mis une commode devant la porte.
– Tu rigoles ?
– Va dans ta chambre, je t'appelle. »

J'occupais la pièce juste à côté ; mon téléphone sonnait déjà quand je suis arrivé. Katz voulait connaître tous les détails de mon retour au motel et avait élaboré des plans de défense sophistiqués avec des histoires de lancers de pieds de lampe en céramique et d'échappée par la fenêtre du fond. Mon rôle consistait à créer une diversion, idéalement en mettant le feu au pick-up du gars avant de déguerpir dans la direction opposée. Au cours de la nuit, Katz m'a appelé deux fois, dont une juste après minuit, pour me dire qu'il avait vu un véhicule rouge passer au ralenti dans la rue.

Le lendemain matin, il a refusé d'aller prendre un petit déjeuner. Je suis donc parti seul m'occuper du ravitaillement au supermarché et nous ai ramené à tous deux un sac de fast-food Hardee's. Katz ne voulait pas quitter sa chambre tant que le taxi ne serait pas devant l'accueil, moteur allumé. 6 kilomètres nous séparaient de l'AT. Pendant tout le trajet, il n'a cessé de regarder par la lunette arrière.

La voiture nous a lâchés à Rockfish Gap, l'entrée sud du Shenandoah National Park. J'étais impatient de pénétrer dans ce parc connu pour sa beauté exceptionnelle – c'est d'ailleurs pour cela que c'est un parc national, bien sûr –, mais je me sentais en proie à une légère appréhension à l'idée de faire

160 kilomètres à pied – et de passer les sept ou huit prochaines nuits – sous le joug du National Park Service et de ses règles impitoyables. À Rockfish Gap, il y a un poste de péage où les automobilistes doivent s'acquitter d'un droit d'entrée et les thru-hikers obtenir un permis de randonner. Ce permis ne coûte rien – l'une des plus nobles traditions du sentier des Appalaches veut que chaque centimètre en soit gratuit – mais implique que l'on réponde à un très long questionnaire avec adresse personnelle, itinéraire prévu et lieux de campement programmés pour chaque nuit, ce qui est un peu ridicule puisque n'ayant pas vu le terrain il m'était impossible de prévoir des kilométrages exacts. En annexe se trouvait le copieux règlement habituel, avec ses menaces d'amendes sévères et d'exclusion immédiate en cas de… presque tout. J'ai rempli le formulaire de mon mieux et l'ai passé par la fenêtre du guichet à une dame ranger.

« Alors vous randonnez sur le sentier ? » m'a-t-elle demandé très judicieusement ou, du moins, avec un certain à-propos.

Elle a pris le formulaire sans même le regarder, lui a assené quelques violents coups de tampon et a déchiré le coupon qui allait nous servir de permis de marcher sur cette terre qui, en théorie, nous appartenait de toute façon.

« Ben, on essaie, ai-je répondu.

– Il faudrait que j'aille faire un tour là-haut moi aussi, un de ces jours. On m'a dit que c'était vraiment beau. »

Cela m'a complètement décontenancé.

« Vous n'êtes jamais allée sur le sentier ? »

Mais vous êtes une ranger, voulais-je ajouter.

« Eh non ! a-t-elle soupiré avec mélancolie. J'ai vécu ici toute ma vie, mais l'occasion ne s'est pas encore présentée. Un jour, je le ferai. »

Katz, obsédé par le mari de Beulah, me tirait littéralement par le bras pour rejoindre le couvert de la forêt, mais l'employée avait piqué ma curiosité.

« Depuis combien de temps êtes-vous ranger ? ai-je lancé par-dessus mon épaule.

– Douze ans en août, a-t-elle répondu fièrement.

– Il faut que vous tentiez le coup un jour. C'est vraiment beau, là-haut.

– Et ça pourrait faire fondre un peu tes fesses », a marmonné Katz avant de pénétrer sous les arbres.

Je l'ai regardé avec surprise : cela ne lui ressemblait pas de se montrer si peu charitable. J'ai mis la chose sur le compte du manque de sommeil, d'une profonde frustration sexuelle et d'un excès de burgers Hardee's à la saucisse.

Le Shenandoah National Park est un parc à problèmes. Il souffre d'un déficit chronique de fonds (un esprit cynique parlerait de détournement chronique), presque encore davantage que celui des Great Smoky Mountains. Plusieurs kilomètres de sentiers secondaires ont été fermés et beaucoup d'autres se détériorent progressivement. Si les bénévoles du Potomac Appalachian Trail Club n'entretenaient pas 80 pour cent des chemins balisés, dont l'intégralité de l'AT dans sa traversée du parc, la situation serait encore pire. Le Mathews Arm Campground, une des principales aires de loisirs du territoire a été fermé par manque de moyens en 1993 et n'a jamais rouvert depuis. Plusieurs autres aires similaires sont inaccessibles la majeure partie de l'année. Pendant un temps, dans les années 1980, même les refuges de randonnée – ou les chalets, comme ils les appellent ici – étaient fermés. Je ne sais pas comment ils ont pu faire ça – je veux dire : comment on peut fermer une cabane en bois avec une ouverture de 4 mètres en façade – et encore moins pourquoi, car empêcher des randonneurs de se reposer quelques heures sur une banquette de bois n'allait sûrement pas sauver les finances du parc. Mais rendre la vie difficile aux marcheurs est une sorte de tradition dans les parcs de l'Est.

Deux mois avant notre passage, les parcs nationaux ainsi que toutes les administrations non vitales pour le gouvernement fédéral avaient été fermés quinze jours à cause d'un désaccord budgétaire entre le président des États-Unis et le Congrès. Shenandoah, malgré son besoin d'argent récurrent, avait alors trouvé le moyen de poster un garde à chaque point d'accès de l'AT afin de refouler les éventuels thru-hikers. En conséquence, deux douzaines de personnes inoffensives avaient dû faire d'interminables et inutiles détours par la route pour pouvoir poursuivre leur longue marche. Cet effort de vigilance avait coûté dans les 20 000 dollars à l'administration du parc !

Mis à part ses propres déficiences, Shenandoah doit aussi faire face à beaucoup de difficultés générées par des facteurs qui échappent largement à son contrôle. La fréquentation en est un. Bien que le parc fasse plus de 160 kilomètres de long, il n'atteint jamais plus de 2 ou 3 kilomètres de large ; ses 2 millions de visiteurs annuels sont donc concentrés dans un couloir particulièrement étroit le long d'une chaîne montagneuse. Les campings, les centres d'accueil touristique, les parkings, les aires de pique-nique, le sentier des Appalaches et la Skyline Drive (une route panoramique qui court sur la ligne de crête du parc) sont tous au coude à coude. Le chemin de randonnée qui fait l'ascension de la Old Rag Mountain, l'un des plus prisés du site (hors AT), connaît une telle affluence les week-ends d'été que les gens sont parfois obligés de faire la queue pour l'emprunter.

Et puis il y a la question épineuse de la pollution. Trente ans auparavant, il était toujours possible, surtout par temps clair, d'apercevoir le Washington Monument situé à 120 kilomètres. À l'heure actuelle, la visibilité est de moins de 3 kilomètres lors des chaudes journées d'été brumeuses et ne dépasse jamais les 50 kilomètres. Les pluies acides ont presque éradiqué les truites des torrents. Le bombyx disparate a débarqué en 1983 et ravagé des superficies considérables de chênes et de noyers blancs d'Amérique. Le scarabée *Dendroctonus frontalis Zimmermann* a réalisé les mêmes dégâts sur les conifères. La mineuse du robinier a défiguré des milliers de robiniers (mais en général elle leur a généreusement laissé la vie). En tout juste sept ans, le puceron lanigère de la pruche a infligé des lésions mortelles à plus de 90 pour cent des sapins du Canada. Une maladie fongique incurable, l'anthracnose, fauche les superbes cornouillers, non seulement ici mais dans tout le pays. D'ici peu, comme les châtaigniers et les ormes d'Amérique, ils seront complètement éteints. Difficile, en résumé, d'imaginer un environnement plus menacé.

Et pourtant voilà. Le Shenandoah National Park est splendide. C'est peut-être le plus magnifique des parcs nationaux que j'ai visités et, si l'on considère les exigences impossibles et contradictoires auxquelles il doit faire face, il est extrêmement bien géré. Il est devenu presque instantanément ma portion favorite du sentier des Appalaches.

Nous avons marché à travers la forêt dans un relief merveilleusement facile, un doux dénivelé de 150 mètres étalé sur

6 kilomètres. Dans les Great Smoky Mountains, vous grimpez de 150 mètres sur… 150 mètres. Le temps était clément et l'on sentait que le printemps était en marche. La vie débordait de partout : les insectes bourdonnaient, les écureuils trottinaient dans les ramures, les oiseaux gazouillaient et sautillaient, les toiles d'araignées brillaient d'un éclat argenté dans le soleil. Par deux fois, j'ai provoqué un envol de grouses. L'effet est toujours saisissant : une explosion instantanée, à vos pieds, dans les broussailles, comme des chaussettes roulées en boule tirées par un canon, suivie d'un frottement de plumages et d'un écho de cris furieux, râleurs. J'ai vu un hibou imperturbable qui m'observait depuis une grosse branche toute proche et d'innombrables cerfs qui relevaient la tête pour me dévisager sans crainte puis retournaient tranquillement à leur broutement après mon passage. Soixante ans plus tôt, il n'y avait plus de cerfs dans ce coin des Blue Ridge Mountains. Ils avaient été exterminés jusqu'au dernier. Après la création du parc, en 1936, 13 cerfs de Virginie y furent introduits ; en l'absence de chasseurs et de prédateurs en nombre suffisant, ils ont proliféré. Aujourd'hui, 5 000 cervidés peuplent le parc ; ils descendent des 13 individus originels ou bien d'autres géniteurs qui ont migré depuis les environs.

Étonnamment, si l'on considère la faible superficie du site et le peu de place disponible pour de vrais espaces sauvages, la faune y est très riche. Lynx, ours, renards gris, renards roux, castors, mouffettes, ratons laveurs, écureuils volants – sans oublier mes amies les salamandres – s'y ébattent en quantité remarquable, bien qu'on les croise rarement, la plupart étant nocturnes ou se méfiant de l'homme. Shenandoah a la réputation d'avoir la plus forte densité d'ours noirs au monde – un peu plus d'1 pour 2,5 kilomètres carrés. Des observateurs ont même rapporté avoir aperçu des pumas, bien que leur présence dans les forêts de l'Est n'ait pas été attestée depuis soixante-dix ans. Il y a une toute petite probabilité pour qu'il en existe encore quelques spécimens dans les forêts du Nord – nous y arriverons en temps et en heure, je crois que vous ne regretterez pas d'avoir attendu –, mais pas dans une zone aussi petite et enclavée que le Shenandoah National Park.

Nous n'avons rien vu de terriblement exotique, ni même de vaguement exotique, mais c'était sympathique de contempler des écureuils et des cerfs, de sentir que les bois étaient habités. Plus tard dans l'après-midi, à la sortie d'un virage, j'ai découvert un dindon sauvage et sa progéniture qui traversaient le sentier à quelque distance de moi. La mère était majestueuse et impassible, ses petits semblaient bien trop occupés à tomber et à se relever pour me prêter attention. C'était ainsi que devait être la forêt. Je n'aurais pu être plus ravi.

Nous avons progressé jusqu'à 17 heures puis campé près d'une source tranquille dans une petite clairière verdoyante au milieu des arbres, tout près du sentier. Comme c'était notre premier jour de reprise de la marche, nous débordions de provisions, dont des denrées périssables (pain et fromage), qui devaient être mangées avant de se perdre ou d'être réduites en miettes au fond de nos sacs. Nous nous sommes donc convenablement empiffrés puis sommes restés assis à fumer et à discuter de choses et d'autres jusqu'à ce que des sortes de moucherons nombreux et particulièrement obstinés – les *no-see-ums*, les « pas-vus », comme ils sont appelés partout sur le sentier à cause de leur taille minuscule – nous poussent à réintégrer nos tentes.

Le temps était idéal pour bien dormir, assez frais pour qu'un sac de couchage soit nécessaire mais suffisamment chaud pour permettre de rester en sous-vêtements. Je me réjouissais à l'avance d'une longue nuit de sommeil – en fait, j'étais en train de savourer une longue nuit de sommeil – quand, à une heure tardive indéterminée, un son a résonné à proximité de moi et m'a ouvert tout grands les yeux. En temps normal, je dors comme une masse, même en cas d'orage, même quand Katz ronfle ou me gratifie de pipis bruyants vers minuit. Quelque chose d'assez conséquent ou d'assez caractéristique pour me réveiller était donc très inhabituel. Un bruit de broussailles malmenées s'est fait entendre, suivi d'une sorte de reniflement profond, vaguement irascible.

Un ours !

Je me suis redressé, droit comme un piquet. Chaque neurone de mon cerveau s'est mis à s'agiter frénétiquement en tous sens, telle une fourmi dont on vient de détruire le nid. D'instinct, j'ai tendu la main vers mon couteau avant de réaliser que je l'avais laissé dans mon sac, juste devant ma tente. La défense nocturne avait cessé d'être au cœur de mes préoccupations après tant de nuits successives de tranquille repos forestier.

Il y a eu un autre grognement, assez proche.

« Stephen, tu dors ? ai-je murmuré.

– Ouais, a-t-il répliqué d'une voix embrumée mais normale.

– C'était quoi ?

– Comment veux-tu que je le sache ?

– Ç'avait l'air gros.

– Tous les bruits sont amplifiés dans la forêt. »

C'était vrai. Un jour, une mouffette était venue traîner dans notre campement et elle nous avait fait l'impression d'un stégosaure. Il y a eu un nouveau bruissement lourd puis le clapot d'un lapement dans la source. Quelle que fût la chose, elle se désaltérait. J'ai rampé sur les genoux jusqu'à la porte de ma tente puis baissé avec précaution la fermeture à glissière de la moustiquaire pour jeter un œil dehors : l'obscurité était totale. Aussi discrètement que possible, j'ai tiré mon sac à l'intérieur et, à la lumière d'une petite lampe torche, l'ai fouillé à la recherche de mon couteau. Quand je l'ai enfin déniché et ai ouvert la lame, j'ai été atterré de constater à quel point elle avait l'air d'un joujou. C'était un outil tout à fait respectable pour, par exemple, étaler du beurre sur des pancakes, mais manifestement inadapté pour l'autodéfense contre 200 kilos de fourrure vorace.

Doucement, très doucement, je me suis hissé hors de ma tente et ai allumé ma lampe : elle a produit un halo désespérément faible. Quelque chose a levé la tête vers moi à 5 ou 6 mètres de distance. Ni sa forme ni sa taille n'étaient décelables, je ne voyais que deux yeux brillants. La créature restait silencieuse et me dévisageait.

« Stephen, ai-je chuchoté, tu as pris un couteau ?

– Non.

– Tu n'as rien de tranchant ? »

Il a réfléchi un instant.

« Un coupe-ongles. »

Mon visage s'est affaissé de désespoir.

« Tu n'as rien de plus méchant que ça ? Parce que, vois-tu, il y a vraiment quelque chose dehors.

– C'est sûrement une mouffette.

– Une sacrément grosse mouffette ! Ses yeux sont à un mètre du sol.

– C'est une biche, alors. »

J'ai nerveusement jeté un bâton à l'animal, qui n'a pas bougé. Une biche aurait bondi. Cette chose a juste cligné des yeux une fois et a continué de m'observer.

J'en ai fait part à Katz.

« C'est parce que c'est un cerf. Les mâles sont moins craintifs. Essaie de lui hurler après. »

J'ai timidement commencé à crier :

« Hé ! toi, là-bas ! Allez, ouste ! »

L'intrus a de nouveau battu des paupières avec une indifférence singulière.

« Crie, toi », ai-je dit à Katz.

« Oh ! méchante brute, va-t-en, va-t-en ! a-t-il hurlé en m'imitant sans pitié. S'il te plaît, disparais immédiatement, horrible créature !

– Je t'emmerde ! » ai-je conclu avant de tirer ma tente pour la rapprocher de celle de mon compagnon.

Je ne savais pas exactement ce que c'était censé changer, mais cela m'apportait un léger réconfort de me sentir plus près de lui.

« Qu'est-ce que tu fabriques ?

– Je déplace ma tente.

– Oh ! excellent plan. Ça va vraiment l'embrouiller. »

J'ai scruté et scruté encore mais ne pouvais rien distinguer que ces deux yeux écarquillés qui me fixaient à faible distance, comme s'ils sortaient d'un dessin animé. Je n'arrivais pas à décider si je préférais être dehors et mort ou dedans à attendre de mourir. J'étais pieds nus, en slip, tremblant. Ce que je désirais vraiment – vraiment très fort –, c'était que l'animal disparaisse. J'ai ramassé une petite pierre et la lui ai lancée. Je crois qu'elle a dû le toucher parce qu'il a eu soudain un bruyant sursaut qui m'a collé une frousse bleue. Un gémissement s'est échappé de mes lèvres. Il a émis un son – pas tout à fait un grognement, mais pas loin. Je me suis dit que je ferais peut-être mieux de ne pas le provoquer.

« Qu'est-ce que tu fous, Bryson ? Laisse-le tranquille et il va partir.

– Comment peux-tu rester aussi calme ?

– Qu'est-ce que tu veux que je fasse ? T'es déjà assez hystérique pour deux !

– Excuse-moi, mais je pense que j'ai le droit d'être un poil inquiet. Je suis en pleine forêt, au milieu de nulle part, à fixer un ours dans l'obscurité en compagnie d'un type qui n'a qu'un coupe-ongles pour se défendre. Laisse-moi te poser une question : si un ours se jette sur toi, qu'est-ce que tu comptes lui infliger ? Une pédicure ?

– Je m'occuperai de ce problème en temps et en heure, a-t-il dit d'un ton implacable.

– Comment ça, en temps et en heure ? Mais on y est déjà, banane ! Il y a un ours là-bas, merde ! Il nous regarde. Il sent les nouilles et les Snickers et... oh ! putain !

– Quoi.

– Oh ! putain !

– Quoi ?

– Il y en a deux. Je vois une autre paire d'yeux. »

À cet instant, la pile de la lampe torche a commencé à donner des signes de faiblesse. La lumière a clignoté puis disparu. Je me suis jeté dans ma tente et, dans ma nervosité, me suis légèrement coupé la cuisse au passage. Je me suis lancé dans une recherche silencieuse, mais frénétique, de piles de rechange. Si j'avais été un ours, c'est exactement le moment que j'aurais choisi pour charger.

« Bien, j'ai besoin de dormir, a annoncé Katz.

– Qu'est-ce que tu racontes ? Tu ne peux pas dormir.
– Mais si. J'ai fait ça des tonnes de fois. »

Je l'ai entendu se retourner puis émettre une série de reniflements – assez similaires à ceux de la chose du dehors.

« Stephen, ne t'endors pas ! » ai-je ordonné.

Mais il l'a fait, et avec une rapidité étonnante.

La créature… les créatures s'étaient remises à boire avec de bruyants lapements. Incapable de dénicher des piles, j'ai jeté ma torche et ai placé ma lampe frontale sur ma tête. Après m'être assuré qu'elle marchait, je l'ai éteinte. Puis je suis resté agenouillé un temps infini face à la porte de ma tente, attentif et accroché à mon bâton de marche comme à un gourdin, prêt à repousser une attaque, avec en dernier recours mon couteau ouvert à portée de main. Les ours – les animaux, je ne savais toujours pas ce qu'ils étaient – ont bu encore pendant vingt minutes puis sont tranquillement repartis d'où ils étaient venus. J'étais rempli de joie mais conscient, grâce à mes lectures, qu'ils allaient probablement revenir. J'ai écouté, écouté encore, mais la forêt est retournée au silence pour ne plus le quitter.

J'ai fini par lâcher mon bâton de marche pour enfiler un pull, me figeant deux fois au cours de l'opération afin de déceler le moindre petit bruit, tant je redoutais de reconnaître l'arrivée d'une deuxième visite. Au bout d'un temps très long, je suis retourné dans mon sac de couchage pour avoir chaud. Je suis resté étendu dans le noir complet, persuadé que je ne pourrais plus jamais me reposer en forêt le cœur léger.

Et puis, lentement, irrésistiblement, je me suis endormi.

XII

Je m'attendais à ce que Katz soit imbuvable le lendemain matin, mais il s'est avéré d'une humeur étonnamment gracieuse. Il m'a appelé pour m'offrir un café et, quand j'ai émergé, misérable, en manque de sommeil, il m'a dit :

« Ça va ? Tu as une sale tronche.

– Je n'ai pas assez dormi. »

Il a hoché la tête.

« Alors tu crois que c'était vraiment un ours ?

– Qui sait ? »

J'ai soudain pensé au sac de provisions que les ours visent normalement en premier ; j'ai tourné la tête pour vérifier, mais il était toujours à 20 mètres de là, suspendu à une branche, 3 mètres au-dessus du sol. Un ours déterminé aurait probablement pu le faire tomber. En fait, ma grand-mère aurait probablement pu le faire tomber.

« Non, ce n'était peut-être pas un ours, ai-je dit, déçu.

– Écoute, tu sais ce que j'ai là, juste au cas où ? a répondu Katz en tapotant la poche de sa chemise d'un air entendu. Mon coupe-ongles. Parce qu'on ne sait jamais quand le danger peut surgir. J'ai compris la leçon, tu peux me croire, mon pote ! »

Et il a éclaté de rire.

Nous sommes retournés dans la forêt. Pratiquement sur toute la longueur du Shenandoah National Park, le sentier des Appalaches colle de près à la Skyline Drive et la traverse parfois ; pourtant, la plupart du temps, on la devine à peine. Souvent, alors que nous étions en train de progresser laborieusement à travers un sanctuaire d'arbres, une voiture passait à 10 ou 15 mètres, au beau milieu des troncs : c'était toujours une vision saisissante.

Au début des années 1930, le Potomac Appalachian Trail Club – le bébé de Myron Avery, qui, à une époque, fut quasiment indistinct de l'Appalachian Trail Conference – subit la vindicte d'autres associations de randonneurs, en particulier de l'aristocratique Appalachian Mountain Club de Boston, pour n'avoir pas lutté contre la construction de la Skyline Drive à travers le parc. Vexé par ces reproches, Avery envoya en décembre 1935 une lettre profondément insultante à MacKaye, ce qui mit fin au rôle officiel, mais déjà marginal, de ce dernier dans la gestion du sentier. Les deux hommes ne se reparlèrent plus jamais, même si MacKaye rendit un chaleureux hommage à Avery au moment de sa mort, en 1952, et fit généreusement remarquer que l'AT n'aurait pu exister sans lui.

Beaucoup de gens détestent toujours la Skyline Drive, mais Katz et moi étions ravis qu'elle existe. Nous quittions fréquemment le sentier pour marcher une heure ou deux sur la chaussée. Si tôt dans la saison – on était début avril –, les voitures se faisaient rares ; nous considérions donc la Skyline Drive comme une voie alternative, une sorte de large trottoir pavé. C'était nouveau d'avoir quelque chose de ferme sous les pieds et excessivement agréable de se retrouver dans un espace ouvert après des semaines dans des forêts impénétrables. Les automobilistes étaient de toute évidence bien plus choyés que nous. Des panneaux d'information sur la faune et la flore, des poubelles, des panoramas dégagés, des vues splendides s'offraient régulièrement à eux. Cela ne nous faisait pas de mal d'en profiter un peu. Quand le soleil devenait trop chaud et nos pieds trop douloureux (car l'asphalte est étonnamment dur pour la voûte plantaire), ou simplement quand nous avions envie de changement, nous regagnions l'étreinte fraîche et familière des bois. C'était très plaisant, presque décadent, d'avoir soudain deux options.

Sur l'une des aires de la Skyline Drive, une pancarte désignait au visiteur une pente voisine joliment semée de sapins du Canada, un conifère indigène sombre, presque noir, particulièrement caractéristique des Blue Ridge Mountains. Tous ces sapins, ainsi que tous ceux de la même espèce qui se trouvaient le long du sentier et au-delà, mouraient lentement à cause d'un puceron asiatique introduit accidentellement en 1924. Le National Park Service, faisait tristement remarquer la pancarte, ne pouvait traiter les arbres : ils étaient trop nombreux et répartis sur une surperficie trop importante pour permettre des opérations de pulvérisation. (Mais alors, pourquoi ne pas traiter *quelques* arbres ? Pourquoi ne pas traiter *un* arbre ?) Le point positif, d'après le panneau, était que le National Park Service espérait voir certains spécimens guérir tout seuls.

Soixante ans plus tôt, il n'y avait presque pas d'arbres dans les Blue Ridge Mountains. On ne trouvait que des terres agricoles. Souvent, dans la forêt, le sentier suivait des vestiges de vieux murs de clôture en pierre et nous sommes passés une fois à côté d'un petit cimetière isolé – un rappel qu'ici s'étendait jadis l'une des rares zones des Appalaches où des gens avaient véritablement vécu en altitude. Malheureusement pour eux, ils n'avaient pas le bon profil. Dans les années 1920, quelques sociologues et autres universitaires des villes s'aventurèrent dans les hauteurs et furent systématiquement atterrés par ce qu'ils découvrirent. La misère et la pénurie s'affichaient partout. Le sol était ridiculement pauvre. Beaucoup de gens cultivaient des pentes quasiment perpendiculaires. Les trois quarts ne savaient pas lire et les autres avaient peu fréquenté l'école. Les enfants illégitimes représentaient 90 pour cent des naissances. Les installations sanitaires étaient pratiquement inexistantes ; seuls 10 pour cent des foyers possédaient des toilettes, même basiques. Et par-dessus le marché, les Blue Ridge Mountains étaient incroyablement belles et parfaitement situées pour profiter à une nouvelle classe de touristes motorisés. La solution évidente fut de faire descendre les montagnards dans les vallées – où ils allaient pouvoir continuer d'être pauvres, mais un peu plus bas –, de construire une route panoramique pour que les autres puissent se balader le dimanche et de transformer tout le coin en un grand parc d'attractions d'altitude, avec terrains de camping payants, marchands de glaces, minigolfs, toboggans et tout ce qui pouvait rapporter rapidement de l'argent.

Malheureusement pour les entrepreneurs, la Grande Dépression brisa leur élan commercial. Sous l'impulsion de l'étourdissant élan socialiste (même si on ne doit jamais utiliser ce terme) qui marqua la présidence de Franklin Roosevelt, le territoire fut racheté par l'État fédéral. Les autochtones furent sommés de partir et le Civilian

Conservation Corps (corps de protection de l'environnement), créé pour donner du travail aux jeunes chômeurs, se mit à l'ouvrage afin de bâtir de jolis ponts de pierre, des aires de pique-nique, des centres d'accueil touristique et bien d'autres choses encore, jusqu'à ce que l'ensemble soit ouvert au public en juillet 1936. C'est en grande partie la qualité de ces constructions qui explique la renommée du Shenandoah National Park. En fait, il s'agit d'un des rares exemples de création humaine qui complètent harmonieusement voire mettent en valeur un paysage naturel aux États-Unis. Je suppose que c'est aussi l'une des raisons pour lesquelles j'aimais marcher le long de la Skyline Drive, avec ses larges accotements gazonneux et ses parapets de pierre, ses bosquets de bouleaux artistement plantés, ses courbes douces débouchant judicieusement sur des panoramas à couper le souffle. C'est ainsi que doit être une route. Il fut d'ailleurs un temps où l'on aurait dit que *toutes* les routes allaient être comme ça. Ce n'est pas un hasard si les premières artères d'Amérique s'appelaient *parkways* et non *highways*. C'est ainsi qu'elles avaient été imaginées : des voies de circulation entourées d'espaces verts.

L'empreinte du bâti n'est quasiment pas perceptible sur l'AT lui-même – et pour cause, c'est un sentier dédié à la nature sauvage – mais se découvre agréablement dans les refuges ou les chalets du parc, qui ont un peu de la rusticité des cabanes des Great Smoky Mountains mais sont plus aérés, plus propres, mieux conçus, et sont dépourvus de ces horribles et déprimants grillages de métal en façade.

Bien que Katz m'ait trouvé ridicule, j'ai insisté pour dormir dans du dur après notre nuit près de la source. J'avais l'impression que je pourrais défendre plus facilement un abri qu'une tente face à un ours en maraude. De toute façon, les refuges de Shenandoah étaient trop beaux pour ne pas être essayés : très bien situés, ils bénéficiaient tous d'une source d'eau potable, d'une table de pique-nique et de toilettes. Deux soirs de suite, nous avons eu un chalet rien que pour nous, mais le troisième soir, alors que nous nous félicitions de ces remarquables coups de chance successifs, nous avons entendu à travers les arbres un brouhaha de voix qui s'approchaient. Nous avons jeté un coup d'œil furtif à l'extérieur pour découvrir une escouade de scouts qui avançait dans la clairière. Ils nous ont salués, nous les avons salués puis observés envahir tout l'espace dégagé avec leurs tentes et leur abondant matériel. Trois adultes encadraient dix-sept jeunes mais, scouts ou accompagnateurs, ils étaient tous d'une incompétence désarmante. Des tentes se dressaient puis s'effondraient ou finissaient par chavirer. Un des adultes s'est éloigné pour filtrer de l'eau et est tombé dans le ruisseau. Même Katz a admis que c'était mieux que la télévision. Pour la première fois depuis que nous avions quitté le New Hampshire, nous nous sentions les maîtres du sentier.

Quelques minutes plus tard, un sympathique marcheur solitaire a fait son apparition. Il s'appelait John Connolly et enseignait dans un lycée de l'État de New York. Il randonnait depuis quatre jours, de toute évidence à seulement 2 ou 3 kilomètres derrière nous, et avait campé chaque nuit seul en plein air, ce qui m'a paru extraordinairement courageux. Il n'avait pas vu d'ours – en fait, il parcourait le sentier par tronçons depuis des années et n'avait aperçu qu'une seule fois, brièvement, la croupe d'un plantigrade en fuite. Jim et Chuck, deux hommes de Louisville qui avaient environ notre âge, sont arrivés peu après lui : des types vraiment chouettes, marrants et sans prétention. Nous n'avions pas vu plus de trois ou quatre marcheurs depuis notre départ de Waynesboro et soudain nous étions envahis.

« Quel jour sommes-nous ? » ai-je demandé.

Tous ont marqué une pause pour réfléchir.

« Vendredi, a dit quelqu'un. Ouais, vendredi. »

Ceci expliquait cela : le début du week-end.

Nous nous sommes assis autour de la table de pique-nique pour préparer et partager notre repas. C'était merveilleusement convivial. Les trois autres avaient beaucoup randonné et nous parlaient de sections lointaines du parcours, dans des lieux parfois aussi exotiques que le Maine – un autre univers, pour nous. Puis la conversation a tourné autour de l'éternel thème favori des marcheurs : la fréquentation croissante du sentier. Connolly a raconté qu'il avait parcouru presque la moitié de l'AT en 1987, au plus fort de l'été, et avait passé des jours et des jours sans voir personne. Jim et Chuck ont approuvé avec ferveur.

On entendait souvent ce refrain et c'était probablement vrai qu'il y avait plus de randonneurs qu'autrefois. En ce qui me concerne, je n'ai cessé durant notre long périple de m'étonner de la vacuité du sentier ; mais peut-être que je n'étais pas le meilleur juge, puisque mes précédentes randonnées m'avaient surtout mené à travers une Angleterre petite et surpeuplée. On ne sait pas vraiment combien de gens marchent sur le sentier des Appalaches, mais la plupart des estimations tournent autour de 3 ou 4 millions par an. Si l'on prend le chiffre de 4 millions et que l'on considère que les trois quarts viennent probablement pendant les six mois les plus chauds, cela signifie qu'une moyenne de 16 500 personnes par jour se trouvent sur le chemin en saison, c'est-à-dire moins de

5 personnes au kilomètre. En fait, peu de portions de l'AT connaîtront jamais une telle fréquentation. Une très grande proportion de ces 4 millions de randonneurs annuels se concentre dans certains endroits prisés, pour une journée ou un week-end : les Great Smoky Mountains, le Shenandoah National Park, la Presidential Range dans le New Hampshire, le Baxter State Park dans le Maine ou le Mount Greylock dans le Massachusetts. Ces 4 millions comprennent aussi une large proportion de ce qu'on pourrait appeler les randonneurs en Reeboks : des gens qui garent leur voiture, font quelques centaines de mètres à pied, puis reprennent le volant. Croyez-moi : peu importe ce qu'on vous raconte, il n'y a pas grand monde sur le sentier des Appalaches. Quand des personnes râlent pour dire qu'il est bondé, elles veulent surtout parler des refuges. Or certaines régions font pression pour réduire encore leur nombre et décourager ainsi ce qu'elles perçoivent, à mon immense stupéfaction, comme un usage abusif du sentier.

J'aimerais parler d'une autre raison qui rend le Shenandoah National Park très cher à mon cœur et qui me laisse à penser que je ne suis probablement pas fait pour devenir un véritable randonneur américain : il s'agit des cheeseburgers. On peut s'en procurer à intervalles assez réguliers dans le parc, ainsi que du Coca avec des glaçons, des frites, des glaces et bien d'autres choses encore. Le parc est constellé de terrains de camping ou de haltes avec boutiques et snacks, et l'AT, dans sa générosité, passe presque par tous. Cela va totalement à l'encontre de ses valeurs de proposer des arrêts restaurant ici et là, mais je n'ai jamais rencontré de randonneurs qui s'en plaignent.

Katz, Connolly et moi avons profité de l'aubaine pour la première fois le lendemain, après avoir salué Jim, Chuck et les scouts, qui se dirigeaient vers le sud. À l'heure du déjeuner, nous sommes arrivés dans une zone commerciale animée du nom de Big Meadows. Elle offrait un terrain de camping, une auberge, un restaurant et une épicerie qui faisait office de magasin de souvenirs. Des tas et des tas de gens s'ébattaient dans un vaste espace ensoleillé. Nous avons laissé tomber nos sacs dans l'herbe et nous sommes précipités vers le restaurant plein à craquer pour nous jeter avec avidité sur tout ce qu'il y avait de plus gras, avant de retourner sur la pelouse pour fumer, roter et bénéficier d'un moment de tranquille digestion. Tandis que nous paressions, appuyés contre nos sacs, un touriste coiffé d'un fâcheux chapeau de paille s'est approché, un cornet de glace à la main, et nous a observés avec sympathie.

« Alors, les gars, vous faites de la rando ? » a-t-il demandé.

Nous avons acquiescé.

« Et vous portez ces sacs ?

– Jusqu'à ce qu'on trouve quelqu'un qui les porte à notre place, a joyeusement répondu Katz.

– Vous avez fait combien ce matin ?

– 12 kilomètres.

– 12 kilomètres ! La vache. Et vous allez loin, cet après-midi ?

– Oh ! peut-être encore 12 kilomètres.

– Sans blague ! 24 kilomètres à pied ? Avec ces trucs sur le dos ? Eh ben, mon vieux, je suis scié… Eh ! Bernice, viens ici une minute ! a-t-il lancé à sa femme. Faut que tu voies ça ! »

Il s'est retourné vers nous.

« Alors, z'avez quoi là-dedans ? Des vêtements, des trucs comme ça, j'imagine ?

– Et nos provisions, a ajouté Connolly.

– Ah ! ouais ? Vous transportez votre propre nourriture ?

– Faut bien.

– Eh ben, je suis scié… »

Bernice est arrivée et l'homme lui a expliqué que nous utilisions nos jambes pour visiter le parc.

« Tu te rends compte ? Et ils ont toute leur nourriture et tout le reste dans leurs sacs.

– Pas possible ? a commenté Bernice avec admiration. Alors ça veut dire que vous allez partout *à pied* ? »

Nous avons hoché la tête.

« Vous avez marché jusqu'ici ? Tout le chemin ?

– Nous faisons tout à pied, a répondu solennellement Katz, qui était en passe de vivre l'un des moments de fierté les plus intenses de sa vie.

– Vous ne vous êtes quand même pas tapé toute la montée !

– Eh si ! »

Je me suis éloigné pour appeler chez moi et passer aux toilettes. Quand je suis revenu, quelques minutes plus tard, une petite foule s'était rassemblée autour de Katz, qui faisait une démonstration tout à la fois théorique et pratique sur les différents mousquetons et sangles de son sac à dos. Après quoi, à la demande d'un des spectateurs, il a chargé ledit sac sur son échine et a pris la pose pour la photographie. Je ne l'avais jamais vu aussi heureux.

Le laissant à ses occupations, je suis parti avec Connolly visiter la petite épicerie du complexe et ai ainsi pris conscience du peu de considération accordée aux randonneurs quand il question de véritable business. Seuls 3 pour cent des millions de visiteurs annuels de Shenandoah font plus de quelques mètres dans ce qui est généreusement nommé « la nature ». 90 pour cent des touristes arrivent en voiture ou en camping-car. Cette épicerie avait été conçue pour cette dernière catégorie. Presque toutes les denrées du magasin nécessitaient un four à micro-ondes, un gril, une réfrigération méticuleuse, ou étaient présentées en grands conditionnements familiaux (je pense que le randonneur qui veut acheter vingt-quatre petits pains pour hamburgers ne se croise pas tous les jours). Il n'y avait pas un seul des aliments habituellement consommés par les marcheurs – raisins secs, cacahouètes, petits sachets ou conserves facilement transportables –, ce qui était assez décourageant dans un parc national. En l'absence d'autre choix, et résolus à ne plus remanger de nouilles s'il y avait moyen de l'éviter, nous avons acheté vingt-quatre saucisses et les pains assortis pour faire des hot dogs. Puis nous sommes allés arracher Katz à son fervent public.

Le soir, nous avons fait halte dans un merveilleux refuge, Rock Spring Hut, avec une vue dégagée sur la vallée. Il y avait même une balancelle à deux places en mémoire d'une certaine Theresa Affronti, qui d'après la plaque fixée au dossier adorait l'AT. De précédents occupants avaient laissé un assortiment de conserves soigneusement alignées le long d'un chevron de soutien. Ce genre de choses se produit fréquemment sur le sentier. Dans certains endroits, des amis de l'AT montent jusqu'aux refuges pour y laisser des cookies faits maison et des assiettes de poulet frit. C'est carrément formidable !

Tandis que nous préparions notre dîner, un jeune thru-hiker venu du Nord – le premier de la saison – s'est présenté après avoir fait 41 kilomètres ce jour-là. Il a cru qu'il était mort et venait d'arriver au paradis quand il a appris que des hot dogs étaient au menu. Il nous a raconté qu'il avait commencé dans le Maine avec une neige profonde et un blizzard incessant mais qu'il n'avait jamais renoncé à ses 40 kilomètres par jour. Il ne mesurait qu'un mètre soixante-dix et son sac était énorme. Pas étonnant qu'il ait faim. Il essayait de boucler l'AT en trois mois en s'obligeant à de très longues journées. Quand nous nous sommes réveillés le lendemain matin, alors que l'aube poignait à peine, il était déjà parti. À l'endroit où il avait dormi gisait un mot pour nous remercier pour le repas et nous souhaiter bonne chance. Nous n'avons jamais su son nom.

Un peu plus tard dans la matinée, je me suis rendu compte que j'avais considérablement distancé Katz et Connolly, qui discutaient et ne maintenaient pas un très bon rythme ; je me suis arrêté pour les attendre dans un large vallon éclaboussé de soleil et coincé entre de petites collines qui lui donnaient une atmosphère enchanteresse, un peu secrète. Tout ce que l'on pouvait souhaiter d'un tableau champêtre se trouvait là : le doux chant d'un ruisseau, un tapis de fougères luxuriantes, des arbres élégants et bien espacés. L'idée m'a traversé que l'endroit ferait un campement parfait.

Un mois après mon passage, deux jeunes femmes, Lollie Winnans et Julianne Williams, ont de toute évidence eu la même pensée. Elles ont planté leurs tentes quelque part dans cette chênaie clairsemée, tranquille, puis ont parcouru le court chemin à travers bois qui les séparaient de Skyland Lodge, un autre complexe commercial, pour manger au restaurant. Personne ne sait exactement ce qui s'est passé, mais vraisemblablement quelqu'un les a repérées pendant qu'elles dînaient puis les a suivies jusqu'à leur campement. On les a retrouvées trois jours plus tard dans leurs tentes, les mains ligotées et la gorge tranchée. Sans aucun mobile apparent. Leurs morts resteront probablement toujours un mystère. Bien sûr, j'étais bien loin d'imaginer tout cela à cet instant et j'ai simplement fait remarquer à Katz et Connolly, lorsqu'ils m'ont rejoint, combien l'endroit était ravissant. Ils ont regardé autour d'eux en acquiesçant et nous avons repris notre marche.

Nous avons déjeuné tous trois au Skyland Lodge puis Connolly nous a quittés pour rejoindre sa voiture en stop. Katz et moi avons randonné trois jours encore, ponctués de réapprovisionnements dans les restaurants et de nuits en refuge. Le matin de notre avant-dernier jour dans le parc, le sixième depuis notre départ de Rockfish Gap, nous nous sommes réveillés par un temps maussade et froid. Le vent a forci puis il a commencé à pleuvoir, une pluie battante, régulière, pénétrante, glaciale. Cette journée est vite devenue cauchemardesque dans presque tous ses aspects. Au début de l'après-midi, je me suis aperçu que j'avais perdu ma housse étanche de sac à dos – qui, si je puis me permettre, était de toute façon une merde inefficace et mal conçue pour laquelle j'avais dépensé 25 dollars – et que quasiment toutes mes affaires oscillaient maintenant entre l'humide et le trempé. J'avais heureusement emballé mon duvet dans une double épaisseur de sacs-poubelle (à 35 cents) ; lui, au moins, était resté sec. Je me suis abrité sous des branchages pour attendre Katz.

Lorsqu'il est arrivé, il m'a immédiatement demandé :

« Mais où est ton bâton ? »

J'avais perdu mon bâton de marche bien-aimé ! Je me suis soudain souvenu l'avoir appuyé contre un arbre pour renouer mes lacets et j'ai senti le désespoir m'envahir. Ce bâton m'avait accompagné pendant six semaines et demie de montagne, il faisait presque partie de moi. C'était un lien avec mes enfants, qui me manquaient plus que tout. J'en aurais presque pleuré. J'ai dit à Katz où je pensais l'avoir laissé, un endroit appelé Elkwallow Gap, 6 kilomètres en arrière.

« Je vais te le chercher », a-t-il répondu sans hésitation.

Cela m'a donné encore plus envie de pleurer – il était vraiment prêt à le faire –, mais je n'ai pas voulu le laisser partir. C'était trop loin et, en outre, Elkwallow Gap connaissait une forte fréquentation. À l'heure qu'il était, quelqu'un l'avait sûrement ramassé en souvenir.

Nous avons donc poursuivi jusqu'à Gravel Springs Hut. Il n'était que 14 h 30 quand nous sommes arrivés là-bas. Nous avions prévu de faire halte 9 kilomètres plus loin, mais nous étions tellement trempés sous cette pluie incessante que nous avons décidé d'en rester là. Je n'avais plus un vêtement sec ; alors je me suis mis en caleçon avant de me faufiler dans mon sac de couchage en plein après-midi. Vers 17 heures, histoire de parachever cette journée maudite, un groupe bruyant de six personnes a fait son apparition : trois hommes et trois femmes portant de ridicules vêtements de trek à la Ralph Lauren (sahariennes et chapeaux de toile à larges bords, chaussures de marche en suédine). Leur accoutrement paraissait infiniment plus adapté à un safari en Jeep qu'à la randonnée en forêt. Une des femmes, qui traversait les flaques de boue comme si elles étaient radioactives, a jeté un coup d'œil dans l'abri à son arrivée et, nous apercevant, a lâché avec un dégoût à peine déguisé :

« Oooh ! Parce qu'il faut partager ? »

Nos nouveaux colocataires étaient si odieux, si stupides, si confondants de joyeux égocentrisme, si ignorants de l'étiquette du sentier qu'ils auraient été absolument fascinants dans des circonstances moins éprouvantes. Katz et moi nous sommes retrouvés bousculés, refoulés sans ménagement vers les recoins les plus sombres de la plate-forme, aspergés de gouttelettes d'eau à chaque vêtement secoué et régulièrement assommés par des pièces d'équipement jetées au hasard. Nous avons vu les autres pousser les affaires que nous avions mises à sécher sur un petit fil à linge pour faire une large place aux leurs. Deux hommes se sont accroupis près de moi pour profiter de la lumière de ma lampe et, tandis que je restais stoïquement assis, incapable de me concentrer sur mon livre, ils ont échangé la conversation suivante :

« C'est la première fois que je fais ça.

– Quoi ? Dormir dans un refuge ?

– Non, regarder dans des jumelles avec mes lunettes sur le nez.

– Oh ! je croyais que tu voulais dire dormir dans un refuge. Ah ! ah ! ah !

– Non, je parlais de regarder dans des jumelles avec mes lunettes sur le nez. Ah ! ah ! ah ! »

Au bout d'une demi-heure, Katz s'est approché, s'est agenouillé à mes côtés et a murmuré :

« Un de ces types vient juste de m'appeler "chef". Je me casse.

– Qu'est-ce que tu vas faire ?

– Planter ma tente dans la clairière. Tu viens ?

– Je suis en caleçon », ai-je répondu misérablement.

Katz a hoché la tête avec compréhension et s'est levé :

« Mesdames et messieurs, puis-je avoir votre attention ? Excuse-moi, chef, tu veux bien m'écouter une minute ? Nous allons sortir planter notre tente sous la pluie afin que vous puissiez profiter de *toute* la place disponible, mais mon ami ici même est en sous-vêtements et a peur d'offenser les dames – et peut-être même d'émoustiller les messieurs. (Une brève lueur concupiscente s'est allumée dans ses yeux.) Pourriez-vous donc tourner la tête un instant pendant qu'il renfile ses vêtements humides ? En attendant, je vous dis au revoir, et merci de nous avoir permis de partager quelques centimètres de votre espace pendant un court moment. Ce fut un plaisir. »

Il a bondi dehors, sous la pluie. Je me suis habillé à la hâte dans un silence de plomb, entouré de visages détournés avec gêne, puis ai sauté en bas à mon tour avec un petit salut neutre et dégonflé. Nous avons installé nos tentes 30 mètres plus loin – l'opération n'était ni facile ni agréable, croyez-moi, avec cette eau qui tombait – et nous nous sommes glissés à l'intérieur. Les conversations ont repris dans le refuge, suivies d'éclats de rire triomphants. Ils ont fait un certain bruit jusqu'à la tombée de la nuit et, une fois suffisamment ivres, encore davantage jusqu'au petit matin. Je me suis demandé si, à un moment, ils n'allaient pas ressentir un élan de charité ou de remords et nous envoyer un gage de paix – un brownie, peut-être, ou un hot dog –, mais ils n'en ont rien fait.

Le lendemain matin, la pluie avait cessé, bien que le monde semblât toujours aussi grisâtre et que l'eau continuât de goutter des arbres. Nous avons renoncé au café : nous voulions juste dégager de là au plus vite. Katz est allé récupérer une chemise sur le fil à linge et m'a rapporté que nos six amis dormaient profondément. Deux bouteilles de bourbon vides traînaient à côté d'eux, a-t-il précisé avec dédain.

Nous avons soulevé nos sacs et nous sommes engagés sur le sentier. Nous avions peut-être parcouru 400 mètres quand Katz m'a arrêté.

« Tu sais, cette femme qui a dit "Oooh ! Parce qu'il faut partager ?" et qui a poussé nos fringues au bout du fil à linge », a-t-il commencé.

J'ai hoché la tête. Bien sûr que je me souvenais d'elle.

« Bon, eh bien, je veux que tu saches que je n'en suis pas très fier, mais… quand je suis allé chercher ma chemise, j'ai remarqué que ses chaussures étaient tout au bord de la plate-forme. Et j'ai fait un truc un peu méchant.

– Quoi ? »

J'ai essayé de deviner, mais sans succès. Il a ouvert une main dans laquelle il cachait deux lacets de suédine. Puis, avec un grand sourire, un sourire rayonnant, victorieux, il les a fourrés dans sa poche et s'est remis en route.

XIII

Ainsi s'est achevée la première partie de notre grande aventure. Nous avons parcouru 29 kilomètres jusqu'à Front Royal, où ma femme devait venir nous chercher en voiture deux jours plus tard – à condition qu'elle réussisse à trouver sa route depuis le New Hampshire dans cette région qui lui était inconnue.

Je devais interrompre mon périple pendant un mois pour faire d'autres choses, notamment persuader les Américains d'acheter l'un de mes livres bien qu'il ne promette ni une perte de poids sans effort, ni la découverte du moi profond, ni la réussite dans une ère d'incertitudes. Katz retournait à Des Moines, où on lui offrait un travail dans le bâtiment pour l'été, mais il promettait de revenir en août pour m'accompagner sur la célèbre et sauvage Hundred Mile Wilderness, la plus longue section en totale autonomie de l'AT, qui traverse le Maine sur 160 kilomètres.

À un moment, tout au début du voyage, il avait sincèrement parlé de parcourir le sentier dans son intégralité et de poursuivre seul jusqu'à ce que je puisse le rejoindre en juin ; mais quand j'y faisais maintenant allusion, il partait d'un rire creux et m'invitait à cesser de prendre mes rêves pour des réalités.

« Pour te dire la vérité, je suis étonné que nous soyons arrivés si loin », disait-il.

Et il avait raison. Nous avions fait 800 kilomètres depuis notre départ d'Amicalola. Il y avait de quoi être fiers. Nous étions de vrais randonneurs, maintenant. Nous avions chié dans les bois et dormi avec les ours. Nous étions devenus – et serions pour toujours – des hommes des montagnes.

Il était 19 heures lorsque, morts de fatigue, nous avons atteint Front Royal. Nous avons échoué dans le premier motel qui se présentait. Le lit était défoncé et l'image de la télévision sautait comme si elle était aiguillonnée sans relâche par un composant électronique impitoyable. Ma porte ne fermait pas ; elle faisait semblant de fermer mais, si on la poussait de l'extérieur avec un doigt, la serrure sautait aussitôt. Cela m'a laissé perplexe un moment, jusqu'à ce que je me rende compte qu'il était impossible que quelqu'un puisse convoiter aucun de mes effets personnels ; alors j'ai juste tiré le battant et ai retrouvé Katz pour aller dîner. Nous avons fini dans un grill en bas de la rue puis avons rejoint avec satisfaction nos lits et nos télévisions.

Le lendemain matin, je me suis rendu de bonne heure au Kmart pour acheter deux jeux complets de vêtements neufs : chaussettes, caleçons, jeans, baskets, mouchoirs et les chemises les plus voyantes que j'aie pu trouver (l'une ornée d'ancres et de bateaux, l'autre sur le thème des monuments célèbres d'Europe). Je suis retourné au motel, ai fait cadeau à Katz de la moitié de mes emplettes – il était aux anges – puis ai regagné ma chambre pour enfiler mes nouveaux atours. Dix minutes plus tard, nous nous sommes retrouvés sur le parking du motel, tirés à quatre épingles, et avons échangé quelques compliments flatteurs. Il nous restait une journée à tuer ; nous avons donc flâné sans but dans le modeste centre-ville, farfouillé dans des boutiques d'occasions et découvert un magasin de camping où je me suis racheté un bâton de marche absolument identique à celui que j'avais perdu. Après le repas de midi, nous avons décidé de faire une longue balade. Nous étions conditionnés pour ça, après tout.

Nous sommes tombés sur une voie de chemin de fer qui suivait les méandres majestueux de la Shenandoah River. Il n'y a rien de plus plaisant, de plus agréablement estival que de se promener le long d'une voie de chemin de fer en arborant une chemise neuve. Nous avons progressé sans hâte ni destination particulière, tels deux randonneurs en permission, bavardant à bâtons rompus d'un sujet et d'un autre, sautant parfois sur le bas-côté pour laisser passer un transport de bois. Nous étions fascinés par le reflet argenté des rails qui s'étiraient à l'infini sous le soleil, et tout au bonheur d'avancer sur des jambes qui ne semblaient pas ressentir la fatigue. Nous avons marché presque jusqu'au coucher du soleil. C'était une heureuse façon de conclure notre voyage.

Le jour suivant, après le petit déjeuner, j'ai passé trois heures au bout du parking du motel à guetter fébrilement une certaine voiture et les visages rayonnants qui m'avaient tant manqué. Je crois que vous pouvez imaginer sans peine la scène des retrouvailles : les embrassades exubérantes, le flot d'explications sur les difficultés pour trouver le motel, les commentaires appréciateurs sur la nouvelle ligne de papa, les commentaires moins appréciateurs sur sa nouvelle chemise, la prise de conscience soudaine qu'il fallait inclure Katz dans la fête (il souriait d'un air gêné, un peu à l'écart), les ébouriffements de cheveux, toute cette joie transcendante d'être enfin réunis.

Nous avons emmené mon compagnon à l'aéroport de Washington, où il avait un vol réservé pour Des Moines en fin d'après-midi. Dans le terminal, j'ai compris que nous étions déjà dans deux univers différents : lui, absorbé dans des considérations du style « Mais où se trouve l'enregistrement ? » ; moi, l'esprit occupé par ma famille qui m'attendait, par mon véhicule mal garé et le fait que c'était bientôt l'heure de pointe à Washington. Nous nous sommes donc bizarrement séparés, presque distraitement, avec des souhaits de bon voyage et la promesse de nous retrouver en août. Après son départ, je ne me suis pas senti très bien, mais je suis retourné vers les miens et n'ai plus repensé à lui pendant des semaines.

J'ai attendu la fin mai pour retourner sur le sentier. De bon matin, je suis allé marcher dans les bois près de chez moi, avec un petit sac à dos contenant une bouteille d'eau, deux sandwichs au beurre de cacahouète, une carte (pour la forme) et c'est tout. La forêt affichait une vitalité verdoyante, bruissait de chants d'oiseaux et de bourdonnements d'insectes. J'ai parcouru quelques kilomètres à travers des collines de faible altitude jusqu'à la ville d'Etna, où je me suis assis à côté d'un vieux cimetière pour manger mes sandwichs. J'étais de retour à la maison avant le déjeuner. Quelque chose clochait.

Le lendemain, j'ai roulé jusqu'au mont Moosilauke, situé à 80 kilomètres de chez moi, en bordure de la chaîne des White Mountains. Moosilauke est une merveilleuse montagne, l'une des plus belles de Nouvelle-Angleterre, avec une majesté léonine ; plantée au milieu de nulle part, elle reste peu connue. Elle appartient au Dartmouth College d'Hanover : le célèbre club de randonnée veille sur elle avec discrétion depuis le début du XXe siècle. C'est sur le mont Moosilauke que Dartmouth introduisit le ski alpin de compétition en Amérique ; le premier championnat national s'y tint en 1933. Mais le site se trouvait trop loin de tout et, bientôt, les rencontres sportives de Nouvelle-Angleterre eurent lieu sur d'autres reliefs plus proches des grands axes routiers. Moosilauke tomba presque dans l'oubli et il est difficile aujourd'hui de deviner qu'il fut autrefois si célèbre.

Seul automobiliste du secteur ce jour-là, je me suis garé sur un petit parking de terre battue puis enfoncé dans la forêt. J'avais de nouveau emporté de l'eau, des sandwichs au beurre de cacahouète et une carte, mais aussi du répulsif anti-insectes. Le mont Moosilauke dépasse les 1 464 mètres. Avec mon bagage léger, je l'ai gravi d'une traite – une sensation nouvelle, gratifiante. Du sommet, la vue panoramique était somptueuse, mais sans Katz et sans le poids d'un sac à dos bien rempli il manquait quelque chose. À 16 heures, j'étais de retour. Ça n'allait toujours pas. On ne peut pas randonner sur le sentier des Appalaches puis rentrer chez soi et tondre sa pelouse.

J'ai donc décidé de retourner sur le sentier, mais cette fois loin de mon jardin. Le problème, c'est qu'il était presque partout impossible d'accéder à l'AT et d'en repartir sans aide. Je pouvais prendre l'avion jusqu'à Washington, Newark, Scranton ou Wilkes-Barre, mais dans tous les cas je me retrouverais toujours à des kilomètres du sentier lui-même. Je ne pouvais pas plus demander à ma femme de me conduire en Virginie ou en Pennsylvanie que vous ne pourriez demander à la vôtre de vous déposer à Düsseldorf. J'ai donc choisi de m'accompagner tout seul en voiture. J'imaginais me garer dans un endroit qui me paraîtrait approprié puis marcher un jour ou deux dans les montagnes, faire demi-tour et revenir à mon véhicule. Je soupçonnais que l'expérience s'avérerait plutôt insatisfaisante, voire même imbécile, et j'avais raison sur ces deux points, mais je n'avais pas de meilleure alternative.

Vers la première semaine de juin, je me suis ainsi de nouveau retrouvé aux abords de la Shenandoah River, à Harpers Ferry, en Virginie-Occidentale.

Harpers Ferry est un endroit tout à fait intéressant pour diverses raisons. D'abord, la ville est plutôt charmante. Il s'agit en effet d'un *national historic park*, ce qui signifie qu'elle appartient à la nation en tant que monument classé ; en conséquence, pas de fast-foods ni même d'habitants, du moins dans le centre. À la place s'alignent des bâtiments restaurés ou recontruits à l'ancienne, avec force plaques et panneaux d'information. La vie semble donc en être presque absente, et même totalement, mais l'ensemble dégage une impression de joliesse policée. On imagine aisément combien l'endroit serait agréable à habiter si les gens étaient suffisamment fiables pour ne pas succomber à la tentation de créer des Dunkin' Donuts ou des Taco Bell (et personnellement je pense qu'ils ne tiendraient pas plus de dix-huit mois). Harpers Ferry est donc une ville factice, gracieusement enchâssée entre deux collines abruptes, au confluent de la Shenandoah River et du fleuve Potomac.

Si elle est classée *national historical park*, c'est qu'il s'agit bien sûr d'un lieu historique. C'est là que l'abolitionniste John Brown décida de libérer les esclaves d'Amérique et de fonder une nation dans le nord-ouest de la Virginie – un projet plutôt ambitieux si l'on considère que son armée ne comptait qu'une vingtaine de soldats. Dans la nuit du

16 octobre 1859, ils s'introduisirent furtivement dans la ville et s'emparèrent du dépôt d'armes fédéral sans rencontrer de résistance (il n'était gardé que par un seul homme) ; ils réussirent cependant à tuer un malheureux passant, lequel, manque de bol, était un esclave noir affranchi. Quand la nouvelle éclata qu'un arsenal de 100 000 fusils et une quantité importante de munitions se trouvaient aux mains d'une petite bande d'illuminés, le président James Buchanan délégua le lieutenant-colonel Robert E. Lee – qui était toujours à l'époque un fidèle soldat de l'armée de l'Union – pour régler le problème. Il fallut moins de trois minutes de combat à Lee et ses hommes pour venir à bout de la malheureuse rébellion. Brown fut capturé vivant, rapidement jugé et condamné à la pendaison.

Au lendemain de la petite aventure de Brown, le chaos s'installa. Des abolitionnistes du Nord firent de notre homme un martyr tandis que les loyalistes du Sud montaient au créneau, songeant qu'il s'agissait peut-être du début d'un mouvement. En moins de temps qu'il n'en faut pour le dire, la nation sombrait dans la guerre civile. Harpers Ferry resta au cœur de l'actualité tout au long de ce conflit sauvage. Gettysburg et d'autres sites de batailles n'en étaient guère distants. Harpers Ferry changea huit fois de main au cours de la guerre de Sécession, bien que le record en ce domaine appartienne à Winchester, située à quelques kilomètres au sud, qui réussit à être prise et reprise soixante-quinze fois.

De nos jours, Harpers Ferry se consacre à l'accueil des touristes et au ménage après chaque inondation. Avec deux cours d'eau capricieux à ses pieds et des falaises qui forment un étranglement naturel en amont et en aval, la ville est submergée en permanence. Six mois avant ma visite, elle avait fait face à une sérieuse montée des eaux ; le personnel du site était toujours occupé à éponger, à repeindre et à redescendre des meubles depuis les étages où ils avaient été stockés. (Trois mois après mon départ, ils allaient devoir tout remonter.) Deux gardiens sont sortis d'une des maisons ; ils m'ont gratifié d'un hochement de tête et d'un sourire. J'ai remarqué qu'ils portaient chacun des armes de poing. On se demande vraiment où va le monde quand on voit des employés de sites historiques se balader avec des revolvers de service. J'ai fouiné un peu dans la ville, mais presque tous les bâtiments que j'ai approchés étaient inaccessibles et arboraient une pancarte annonçant FERMÉ POUR TRAVAUX SUITE AUX INONDATIONS.

Alors je me suis rendu à l'endroit où se rencontrent les rivières Shenandoah et Potamac. Là se trouvait un panneau d'information sur le sentier des Appalaches. Bien qu'à peine dix jours se soient écoulés depuis le meurtre des deux femmes au Shenandoah National Park, un appel à témoins avait déjà été apposé. Il comportait des photographies couleur des deux victimes. Les clichés semblaient clairement avoir été pris par les femmes elles-mêmes, sur l'AT, avec leur équipement de randonnée ; elles avaient l'air heureuses et en bonne santé, radieuses même. C'était dur de les regarder lorsque l'on connaissait leur destin. Il m'est soudain apparu que, si elles avaient vécu, elles seraient à l'heure actuelle très probablement en train d'arriver à Harpers Ferry et que, au lieu d'être là à les observer sur une affichette, j'aurais pu bavarder avec elles – ou alors que ç'aurait pu être elles qui examinent à cet instant Katz et moi sur ce panneau.

Dans l'une des rares maisons ouvertes, je suis tombé sur un sympathique gardien du nom de David Fox qui avait le bon goût de ne pas être armé et a semblé surpris autant qu'enchanté d'avoir un visiteur : à ma vue, il a tout de suite bondi de son tabouret, manifestement impatient de répondre à mes questions. Nous nous sommes mis à parler de conservation et il m'a expliqué combien il était difficile pour l'administration du site de faire du bon travail avec si peu de fonds. Quand le *national historical park* a été créé, il y avait juste assez d'argent pour acheter la moitié du champ de bataille voisin de Schoolhouse Ridge, l'un des plus importants et des moins connus de la guerre de Sécession ; et voici qu'un promoteur projetait de construire des maisons et des boutiques sur l'autre moitié, que Fox considérait clairement comme une terre sacrée. L'entrepreneur avait même commencé à faire passer des canalisations sur la portion classée avec la confiante présomption – mais qui s'était avérée erronée – que l'administration du site n'aurait ni la volonté ni les moyens de l'arrêter. Fox m'a conseillé de monter y jeter un coup d'œil. Je lui ai promis de le faire.

Mais j'avais tout d'abord un pèlerinage à accomplir. Harpers Ferry est le siège de l'Appalachian Trail Conference, le fameux organisme chargé de la conservation du noble sentier auquel je consacrais mon été. L'ATC occupait une modeste maison blanche au sommet d'une colline abrupte dominant la vieille ville. Je l'ai gravie avec effort. Les locaux comportaient un côté bureaux et un côté boutique : la partie administrative semblait pleine d'une effervescence louable ; le magasin, désert, exposait des guides de l'AT et des souvenirs. Dans le fond se trouvait une maquette du sentier qui, si j'avais eu l'occasion de l'observer avant de partir, m'aurait probablement dissuadé de me lancer dans l'entreprise. Elle mesurait plus de 4 mètres de long et rendait compte de façon saisissante de la difficulté du parcours. Tee-shirts, cartes postales, bandanas, livres et journaux occupaient le reste de l'espace. J'ai choisi quelques articles et me suis rendu à la caisse, où une certaine Laurie Potteiger s'est révélée être une mine de renseignements.

Elle m'a raconté que l'année précédente 1 500 aspirants thru-hikers s'étaient lancés sur le sentier depuis le Sud. 1 200 avaient atteint Neels Gap (soit 20 pour cent de pertes parmi des gens qui avaient prévu de randonner durant cinq ou six mois !), un tiers s'étaient arrêtés à Harpers Ferry (c'est-à-dire grosso modo à mi-chemin), et près de 300 avaient poussé jusqu'au mont Katahdin – proportion plus considérable que d'habitude. Une soixantaine de personnes avaient vaincu l'AT du nord au sud. La moisson de thru-hikers de cette année avait fait son apparition à Harpers Ferry le mois dernier. Il était trop tôt pour dire quels seraient les scores définitifs, mais ils indiqueraient probablement une progression. Les chiffres augmentaient presque tous les ans.

J'ai interrogé Laurie sur les dangers du sentier et elle m'a révélé que sur ses huit années passées à l'Appalachian Trail Conference elle n'avait vu que deux cas attestés de morsures de serpent, dont aucune n'avait été fatale, et un décès de personne foudroyée.

J'ai évoqué les meurtres récents.

Elle a fait la grimace.

« C'est horrible. Tout le monde est bouleversé par cette affaire parce que la confiance, c'est vraiment la base quand on randonne sur l'AT, non ? Je l'ai fait en totalité en 1987, alors je sais combien on est amené à compter sur la générosité de complets inconnus. C'est vraiment ça, l'esprit du sentier, n'est-ce pas ? »

Puis elle s'est soudain rappelé son rôle et m'a alors gratifié d'un petit extrait du discours officiel : un laïus clair, bref, appris par cœur, exposant que jamais personne ne devait oublier que, si le sentier n'était pas isolé des méfaits de la société dans son ensemble, il restait statistiquement très sûr, comparé avec la plupart des endroits en Amérique.

« Il a connu 9 meurtres depuis 1937, à peu près autant que dans beaucoup de petites villes. »

C'était vrai, mais légèrement hypocrite. Il n'y a eu aucun meurtre sur l'AT durant les trente-six premières années, et 9 dans les vingt-deux dernières. Quand bien même, le point de vue de Laurie était inattaquable. Aux États-Unis, vous avez plus de chance de vous faire assassiner dans votre lit que sur l'AT. Comme un ami américain me l'a décrit plus tard : « Si tu traces une ligne de 4 000 kilomètres à travers le pays, quel que soit l'angle choisi tu passes par 9 scènes de crime. »

Laurie a ajouté :

« Si vous êtes intéressé, il existe un livre sur l'un des meurtres. »

Elle s'est penchée sous le comptoir, a farfouillé un moment dans un carton pour en extirper un exemplaire de poche intitulé *Huit Balles* et racontant l'histoire de deux femmes abattues en Pennsylvanie en 1988.

« On ne le met pas en rayon parce que, comme vous imaginez, ça ne ferait pas très bon effet, surtout avec ce qui vient de se passer », a-t-elle dit d'un ton d'excuse.

Je l'ai acheté et, tandis qu'elle me rendait ma monnaie, je lui ai fait part de cette pensée que, si les deux dernières victimes n'étaient pas mortes, elles atteindraient en ce moment même Harpers Ferry.

« Ouais, ça m'a traversé l'esprit », a-t-elle répondu.

Il pleuvinait quand je suis reparti. Je ne me suis guère attardé sur le site de Schoolhouse Ridge, où en septembre 1862 les confédérés avaient remporté une grande victoire. J'avais faim et fait une longue route. Je ne possédais plus l'énergie nécessaire pour imaginer le bruit, la fumée et le carnage. Mais surtout, j'avais eu mon lot de morts pour la journée.

XIV

Le lendemain matin, j'ai poussé jusqu'en Pennsylvanie, à 50 kilomètres au nord. Le sentier des Appalaches court à travers l'État sur un arc de cercle de 370 kilomètres en direction du nord-est, un peu comme la croûte d'une part de tarte. Je n'ai jamais rencontré de randonneurs qui aient la moindre chose positive à dire sur cette portion d'AT. Comme l'a raconté quelqu'un à un journaliste du *National Geographic*, c'est sur ce tronçon que « les chaussures finissent par rendre l'âme ». Durant la dernière glaciation, la Pennsylvanie a connu ce que les géologues appellent un climat périglaciaire typique des zones en bordure de calotte glaciaire, avec alternance de gel et de dégel fracturant la roche. Il en résulte des kilomètres et des kilomètres de blocs de pierre déchiquetés selon des angles bizarres et éparpillés en amas branlants dont le nom scientifique est « felsenmeer » (littéralement, « mer de rochers »). Ils nécessitent une attention constante si l'on veut éviter de se tordre une cheville ou de faire la culbute – une expérience peu gratifiante avec 25 kilos de poussée sur le dos.

Beaucoup de gens quittent la Pennsylvanie en boitant ou avec des hématomes.

La région abrite également des serpents à sonnette qui ont la réputation d'être les plus dangereux du sentier et des sources d'eau potable parmi les moins fiables, particulièrement au plus fort de l'été. En Pennsylvanie, l'AT ne traverse aucun parc national, aucune forêt de renom, ne gravit aucune hauteur remarquable, n'offre aucune vue particulièrement mémorable et ne possède aucun patrimoine historique ; c'est simplement la partie centrale d'une très longue et très éprouvante marche entre le sud du pays et la Nouvelle-Angleterre. Pas étonnant que la plupart des randonneurs la détestent. Et puis aussi, elle bénéficie des pires cartes de randonnée jamais conçues au monde. Les trois feuilles – « carte » est un mot trop fort – pondues par un organisme baptisé Keystone Trails Association sont petites, monochromes, d'une qualité d'impression épouvantable, mal légendées et extraordinairement vagues – bref, d'une inutilité totale, voire comique, sinon désespérante et dangereuse. Personne ne devrait jamais se retrouver en pleine nature avec d'aussi mauvaises cartes.

J'en aurais presque pleuré lorsque cette réalité s'est brutalement imposée à moi au beau milieu d'un parking du Caledonia State Park, où j'examinais une section de topographie qui n'était qu'une traînée floue de volutes, comme une empreinte digitale mal prise. Une seule des courbes de niveau portait une cote ; imprimée en caractères microscopiques, elle indiquait 1 800… 1 200 – impossible à dire, mais cela importait peu car il n'y avait aucune indication d'échelle nulle part. En outre, pas une seule particularité – pas une seule – dans tout le parc n'était identifiée. D'où je me trouvais, je pouvais tout aussi bien être à 15 mètres qu'à 3 kilomètres du sentier des Appalaches, dans n'importe quelle direction !

Bêtement, je n'avais pas examiné ces maudites cartes avant de quitter la maison. J'avais fait mon sac à la hâte et juste vérifié que je prenais les bonnes. Je les contemplais maintenant avec incrédulité, comme on regarderait les photos compromettantes d'un être cher. Je savais que je ne randonnerais pas vraiment en Pennsylvanie – je n'avais ni le temps ni le courage nécessaire –, mais j'espérais trouver une boucle sympa qui me donnerait une idée des défis que présentait cette partie sans m'obliger à revenir sans cesse sur mes pas. Il était maintenant clair que non seulement aucun parcours circulaire n'était réalisable mais qu'en plus il me faudrait un sacré coup de chance pour tomber sur le sentier.

Avec un soupir, j'ai rangé mes cartes et me suis enfoncé à pied dans le Caledonia State Park, à la recherche du marquage blanc familier de l'AT. Le site était agréable : une vallée boisée, plutôt déserte en cette belle matinée. J'ai marché pendant une heure à travers les arbres, sur un entrelacs de chemins sinueux et de ponts de bois, sans jamais trouver le sentier des Appalaches. Je suis donc retourné à ma voiture et ai poussé un peu plus loin sur une route solitaire au-dessus de laquelle voletaient des feuilles mortes échappées de la Michaux State Forest. J'ai roulé jusqu'au Pine Grove Furnace State Park, un vaste espace vert aménagé autour d'une ruine pittoresque : un four industriel du XIXe siècle. Le parc comportait des stands de snacks à emporter, des tables de pique-nique et un lac avec une zone pour la baignade, mais tout était fermé et il n'y avait personne à l'horizon. À l'extrémité de l'aire de pique-nique se dressait une grande benne à ordures avec un couvercle de métal tout cabossé et à moitié arraché – sans doute par un ours décidé à faire les poubelles. J'ai observé les dégâts avec le plus profond respect ; je n'avais jamais pris conscience que les ours noirs pouvaient être aussi forts.

C'est là que j'ai pu retrouver les traits de balisage du sentier. Ils m'ont fait contourner le lac puis gravir Piney Mountain – qui n'était pas mentionnée sur la carte et n'est d'ailleurs pas vraiment une montagne puisqu'elle culmine à seulement 460 mètres. Pourtant, par une chaude journée d'été, elle représentait tout de même une certaine difficulté. À la sortie du parc, un panneau de l'AT vous annonce très officiellement – et tout aussi théoriquement – que vous êtes à mi-parcours, avec 1 738,4 kilomètres de randonnée derrière vous et devant vous. Mais comme personne ne connaît la longueur exacte du sentier, ce point symbolique pourrait tout aussi bien se trouver ailleurs dans un rayon de plusieurs kilomètres. Quoi qu'il en soit, deux tiers des randonneurs abandonnent à cet endroit ; à vrai dire, cela doit être un moment plutôt déprimant de prendre conscience, après dix ou onze semaines passées à crapahuter dans la montagne en pleine nature, que malgré tous vos efforts vous n'êtes toujours qu'à mi-chemin.

C'est aussi dans ce périmètre qu'a eu lieu l'un des meurtres les plus célèbres du sentier – ce même meurtre qui a donné naissance au livre *Huit Balles* acheté la veille au siège de l'Appalachian Trail Conference. L'histoire est simple. En mai 1988, les marcheuses Rebecca Wight et Claudia Brenner faisaient l'amour dans une clairière feuillue non loin du sentier lorsqu'elles attirèrent l'attention d'un jeune homme un peu dérangé : armé d'une carabine, il leur tira dessus à huit reprises. Wight fut tuée. Brenner, sérieusement blessée, réussit à rejoindre la route et fut recueillie par des adolescents en pick-up. Le meurtrier fut rapidement arrêté et condamné.

L'année suivante, un jeune couple fut assassiné par un vagabond dans un refuge situé à quelques kilomètres au nord, ce qui ternit quelque peu la réputation de la Pennsylvanie pendant un certain temps ; mais ensuite, jusqu'au décès des deux femmes dans le Shenandoah National Park, il s'écoula sept ans sans aucun meurtre sur l'AT. C'est ce fait divers qui a porté le nombre officiel d'assassinats à 9 – ce qui n'est pas rien sur un sentier, quelle que ce soit la façon dont on présente les choses –, mais en fait il y en a probablement eu plus. Entre 1946 et 1950, 3 personnes disparurent alors qu'elles randonnaient sur un secteur limité du Vermont, mais elles ne sont pas comprises dans les statistiques. Est-ce parce que cela s'est passé il y a très longtemps ou parce qu'il n'a jamais été prouvé qu'elles avaient été assassinées ? Je ne saurais le dire. Une connaissance m'a aussi raconté qu'un couple âgé avait été massacré à la hache par un désaxé dans le Maine au cours des années 1970, mais là encore il n'en existe aucune trace dans les registres parce que les victimes se trouvaient de toute évidence sur un sentier secondaire.

Pendant la nuit, j'avais lu *Huit Balles*, mais j'ai délibérément laissé le livre dans ma voiture car il me semblait un peu morbide de me mettre à chercher le site d'une telle tragédie. Je ne me sentais pas hanté le moins du monde par cette histoire mais percevais un vague malaise à me retrouver seul dans une forêt silencieuse, si loin de chez moi. Katz me manquait : ses jurons, ses halètements, sa témérité flegmatique. Je détestais l'idée que, si je m'asseyais sur un rocher pour l'attendre, il n'arriverait jamais. Les bois faisaient maintenant étalage de toute leur luxuriance gorgée de chlorophylle, ce qui les rendait encore plus oppressants et mystérieux. Bien souvent, je ne voyais pas à plus d'1,5 mètre à travers le feuillage dense qui bordait le sentier de chaque côté. Si je tombais vraiment sur un ours, je me trouverais totalement impuissant. Il n'y aurait pas de Katz pour débarquer au bout d'une minute et lui flanquer un coup sur le museau en disant : « C'est pas vrai, Bryson ! Il faut toujours que je sois derrière toi ! » Absolument personne ne surgirait pour partager l'excitation d'une telle rencontre. Il ne paraissait pas y avoir âme qui vive à 100 kilomètres à la ronde. La forêt n'appartenait qu'à moi… et à tout ce qui pouvait bien s'y camoufler.

Après avoir passé la nuit près d'Harrisburg, j'ai poussé vers le nord-est de l'État sur de petites routes, en essayant de coller le plus possible à l'AT ; je me suis arrêté une ou deux fois lorsqu'il était possible de tester une portion du sentier, mais sans rien trouver qui ressemble à quelque chose de gratifiant. Je me suis donc principalement contenté de conduire. La Pennsylvanie n'est pas un endroit facile à caractériser, en partie parce qu'elle est vaste et densément peuplée mais aussi parce qu'elle est constituée d'un singulier mélange anarchique d'hideuses villes-usines à moitié désaffectées, de charmantes petites agglomérations universitaires, de terres agricoles vallonnées et de coteaux ravagés par l'industrie. Sur 10 kilomètres, elle peut passer de la laideur au sublime, du sublime à la laideur, de la laideur à encore plus laid, avant de revenir au sublime. Je connais un homme qui s'est acheté une vieille ferme dans un vallon enchanteur, isolé, pour en faire une résidence secondaire. Il s'est réveillé un dimanche matin au bruit d'une explosion et a vu des morceaux de plâtre tomber du plafond. Il a découvert qu'on ouvrait une carrière au bout de sa propriété. La maison a été revendue avec une perte colossale ; l'homme en a racheté une autre, encore plus isolée, et là il a été réveillé au son d'une armée de bulldozers qui préparaient le terrain pour la construction d'une usine de polypropylène. Il a déménagé en Virginie. Ça vous donne une idée de ce qu'est la Pennsylvanie.

J'ai traversé une longue vallée étroite. De chaque côté de la route, toutes les fermes cultivaient des sapins de Noël : des rangées interminables d'arbres génétiquement identiques qui formaient une infinité de lignes droites, quel que soit l'angle par lequel on les observait. Au début de chaque allée menant à un corps de ferme se dressait une boîte aux lettres avec un nom inscrit soigneusement ; tous ces noms sans exception avaient une sonorité comique et paraissaient inventés – Prits, Puts, Mootz, Snootz, Schlepple, Klutz, Kuntz, Kunkle. Les noms des localités que je croisais étaient conçus dans le même esprit, mais avec un suffixe : Funksville, Crumsville, Kutztown. Et puis les toponymes des agglomérations ont commencé à prendre une tournure franchement industrielle – Port Carbon, Minersville, Lehigh Furnace (« Haut-Fourneau de Lehigh »), Slatedale (« Vallée de l'Ardoise ») – et j'ai compris que je pénétrais dans le monde étrange et presque oublié des mines d'anthracite de Pennsylvanie. À Minersville, j'ai tourné sur une petite route et traversé un panorama de terrils gigantesques et de machineries rouillées jusqu'à Centralia, la ville la plus bizarre, la plus triste que j'aie jamais vue.

L'est de la Pennsylvanie abrite l'un des plus riches gisements houillers de la planète. Quasiment dès leur arrivée, les Européens prirent conscience qu'il y avait là du charbon en quantités inimaginables. Le seul problème était qu'il s'agissait essentiellement d'anthracite, une variété d'une dureté si extraordinaire que pendant très longtemps personne ne trouva le moyen de l'allumer. Ce n'est qu'en 1828 qu'un Écossais entreprenant du nom de James Neilson eut l'idée simple mais efficace d'injecter de l'air chaud plutôt que froid dans les hauts-fourneaux au moyen de soufflets. Ce procédé « à vent chaud » transforma l'industrie du charbon dans le monde entier (le pays de Galles possédait également de grands gisements d'anthracite) mais surtout aux États-Unis. À la fin du XIXe siècle, l'Amérique en produisait 300 millions de tonnes par an, presque autant que tous les autres pays réunis, et la plus grande partie provenait de la ceinture d'anthracite de la Pennsylvanie.

Dans le même temps, la Pennsylvanie découvrait l'exploitation pétrolifère – et en profita pour développer ses applications industrielles. Le pétrole brut était depuis des années un sujet de curiosité dans l'ouest de l'État. Il affleurait et suintait le long des berges des rivières, où il était recueilli grâce à des linges absorbants afin d'être transformé en médicaments reconnus pour leur efficacité dans le traitement d'à peu près tout, des scrofules à la diarrhée. En 1859, un mystérieux colonel Edwin Drake – qui n'était absolument pas colonel mais chef de train à la retraite et sans aucune connaissance en géologie – échafauda, Dieu sait comment, la théorie que le pétrole pouvait s'extraire du sol par des puits. À Titusville, il fora un trou d'une profondeur de 20 mètres et créa ainsi le premier puits de pétrole. Rapidement, on prit conscience que le brut en grande quantité n'était pas seulement indiqué pour les dérangements intestinaux et les éruptions de gale mais qu'il pouvait aussi être raffiné et devenir un produit lucratif tel que la paraffine ou le kérosène. L'ouest de la Pennsylvanie connut alors un essor sans précédent. En trois mois, la population d'une ville répondant au doux nom de Pithole City (« Trou City ») passa de 0 habitant à 15 000. Grâce à la richesse de son sous-sol, l'État attira les grosses industries à forts besoins en combustibles : aciéries et usines chimiques se multiplièrent, et beaucoup de gens devinrent immensément riches.

Mais pas les mineurs. La mine, bien sûr, a toujours été un sale boulot où que vous soyez, mais jamais autant qu'aux États-Unis dans la seconde moitié du XIXe siècle. Grâce à l'immigration, les mineurs étaient interchangeables. Si les Gallois commençaient à râler, on faisait venir des Irlandais. Quand les Irlandais ne donnaient plus satisfaction, on ramenait des Italiens, des Polonais ou des Hongrois. Les travailleurs étaient payés à la tonne, c'est-à-dire que non seulement on les incitait à piocher avec une précipitation imprudente mais aussi que tout effort consacré à rendre leur environnement plus sûr ou plus confortable ne donnait lieu à aucune compensation. Les puits transformaient le sol en gruyère, déstabilisaient parfois des vallées entières. Les explosions et les embrasements spontanés étaient monnaie courante : la poussière de charbon est incroyablement volatile et, à l'époque, songez-y, la seule source de lumière était une flamme découverte. Entre 1870 et le début de la Première Guerre mondiale, 50 000 personnes moururent dans les mines américaines. La grosse ironie, avec l'anthracite, c'est que, aussi difficile soit-il à allumer, il est encore plus difficile à éteindre. Les récits d'incendies de mine impossibles à maîtriser sont légion dans l'est de la Pennsylvanie. À Lehigh, un feu déclaré en 1850 brûla jusqu'à la crise de 1929 !

Mais revenons à Centralia. Pendant un siècle, l'agglomération fut une solide petite communauté minière. Quelles qu'aient pu être les difficultés des premiers mineurs, Centralia devint au cours de la seconde moitié du XXe siècle une bourgade raisonnablement prospère, douillette, travailleuse, avec une population approchant les 2 000 âmes. Elle possédait un quartier commerçant animé, un collège et quatre églises. Bref, c'était une petite ville américaine typique, agréable, dans un anonymat satisfait.

Malheureusement, elle reposait sur 24 millions de tonnes d'anthracite. En 1962, un feu provoqué dans une décharge d'ordures aux abords de la localité enflamma une veine de charbon. Les pompiers déversèrent des milliers de litres d'eau sur l'incendie, mais chaque fois qu'il semblait éteint il reprenait un peu plus tard, comme ces bougies d'anniversaire magiques qui se rallument spontanément après avoir été soufflées. Puis, très lentement, le feu se propagea le long des strates souterraines. Sur un vaste périmètre, une fumée étrange se mit à monter du sol telle la brume qui s'élève d'un lac à l'aube. Sur la Highway 61, l'asphalte devint chaud au toucher puis commença à craquer et à s'affaisser, rendant la route impraticable. La zone de combustion passait sous la chaussée avant de traverser un bois jusqu'à l'église catholique St Ignatius, située sur un tertre.

L'US Bureau of Mines envoya des experts qui proposèrent un large choix de solutions possibles : creuser une tranchée profonde au milieu de l'agglomération, changer la direction du feu à l'explosif, inonder tout le coin... Mais la moins chère des options aurait coûté au moins 20 millions de dollars, sans aucune garantie de succès, et de toute façon personne n'était habilité à allouer une telle somme pour résoudre ce problème. Alors le feu continua tranquillement sa progression.

En 1979, le propriétaire d'une station-service installée près du centre-ville découvrit que la température de ses réservoirs souterrains affichait 80 degrés. Des capteurs révélèrent qu'à 4 mètres sous lesdits réservoirs on dépassait les 500 degrés. Ailleurs, les gens s'apercevaient que les murs et le plancher de leur cave dégageaient de la chaleur. La fumée émanait maintenant du sol dans toute la ville. Les habitants avaient des nausées et s'évanouissaient à cause du niveau élevé de dioxyde de carbone chez eux. En 1981, un garçon de douze ans qui jouait dans le jardin de sa grand-mère vit soudain une volute de fumée apparaître devant ses yeux. Tandis qu'il l'observait avec attention, le terrain s'enfondra tout autour de lui. Il s'accrocha aux racines d'un arbre jusqu'à ce que quelqu'un entende ses appels et le ramène à la surface. Le trou faisait 25 mètres de profondeur. Dans les jours qui suivirent, des fossés similaires apparurent dans toute la localité.

Le gouvernement fédéral offrit 42 millions de dollars pour que les gens évacuent la ville. À chaque déménagement, la maison était rasée et les gravats étaient méticuleusement collectés jusqu'à la dernière miette. Aujourd'hui, Centralia n'est pas une ville fantôme mais plutôt un grand espace ouvert avec un réseau de rues vides toujours équipées de manière surréaliste de panneaux de circulation et de bouches d'incendie. Seules quelques maisons sont restées debout dans ce qui fut autrefois le quartier commerçant.

Je me suis garé devant un bâtiment arborant une pancarte défraîchie qui annonçait de façon plutôt grandiloquente : « Opération Feu de mine – Centralia – Office de réaménagement du comté de Columbia. » L'immeuble, presque sur le point de s'effondrer, était condamné. Au sommet d'une petite éminence, une église moderne plutôt imposante se dressait dans un halo laiteux d'exhalaisons clairsemées : St Ignatius, ai-je supposé. J'ai gravi la côte. L'édifice semblait sain et encore utilisable, ses fenêtres n'étaient pas condamnées et il n'y avait aucune pancarte en interdisant l'accès, mais il était fermé, et nulle part n'apparaissait de panneau annonçant les prochains offices. Une légère fumée flottait au-dessus du sol, mais à l'arrière d'énormes volutes tourbillonnaient sur une surperficie importante. Je me suis avancé dans cette direction et me suis retrouvé au bord d'un grand cratère qui émettait des nuages épais d'un blanc pur – le genre d'émanations qu'on obtient en brûlant des pneus ou de vieilles couvertures. Il était impossible de deviner la profondeur du trou à travers les nuées denses. La terre était chaude et saupoudrée de cendres fines.

Je suis retourné devant l'église. J'ai aperçu alors une ancienne route, barrée d'une lourde glissière de sécurité, et, au loin, une nouvelle voie qui serpentait à flanc de coteau pour éviter la ville. Je me suis risqué sur la vieille route. Des deux côtés, sur une distance considérable, la terre fumait de façon lugubre, comme au lendemain d'un incendie de forêt. Au milieu de la chaussée, une fissure aux bords irréguliers s'étirait sur 50 mètres pour se transformer rapidement en une véritable faille d'où s'échappait d'intenses volutes.

J'ai marché quelques minutes, examinant gravement cette cicatrice tel un inspecteur des travaux publics. Lorsque j'ai levé les yeux, j'ai constaté que tout le paysage fumait ! Ça n'était pas, je l'avoue, le meilleur endroit où se promener en Amérique du Nord. Il semblait bizarre que je puisse – moi ou n'importe quel autre individu profondément stupide –

conduire et me balader en un lieu aussi manifestement dangereux que Centralia ; et pourtant, il n'y avait rien pour empêcher quiconque de fourrer son nez partout. Ce qui était encore plus bizarre, c'était que l'évacuation de la ville n'avait pas été totale. Les rares personnes qui avaient voulu rester, au risque de voir leur maison engloutie, y avaient été autorisées.

Je suis monté dans ma voiture et me suis dirigé vers une maison solitaire qui se dressait au centre-ville. Elle était étrangement bien entretenue. Un vase de fleurs artificielles ainsi que d'autres modestes babioles décoratives trônaient sur l'appui d'une fenêtre ; un parterre de soucis s'étalait le long de la véranda fraîchement repeinte. Mais il n'y avait pas de voiture dans l'allée et personne n'a répondu quand j'ai sonné. Cinq ou six autres habitations abritaient incontestablement des gens et il y avait même des jouets dans le jardin de l'une d'elles – qui pouvait bien avoir l'idée d'élever des enfants dans un endroit pareil ? Mais il n'y a eu aucune réaction à mes coups de sonnette. Tout le monde devait être au travail ou étendu mort sur le sol de la cuisine. Cela dépassait l'entendement que des individus aient encore le droit d'habiter ici, mais les États-Unis sont un étrange pays quand il s'agit des libertés individuelles. J'ai cru voir un rideau bouger dans l'une des maisons que j'ai approchées, mais je ne pouvais l'affirmer avec certitude. Qui sait ce qui restait de santé mentale à ces autochtones après trois décennies passées à vivre au-dessus d'une fournaise et à respirer des quantités étourdissantes de gaz carbonique ? Qui sait aussi combien ils étaient las des étrangers qui baguenaudaient joyeusement dans leur ville en la considérant comme une attraction curieuse ? En mon for intérieur, j'étais soulagé qu'on ne m'ait pas ouvert la porte parce ce que j'étais bien incapable de dire quelle aurait pu être ma première question.

L'heure de déjeuner était largement dépassée. J'ai donc regagné ma voiture pour faire les 8 kilomètres qui me séparaient de la ville la plus proche, Mount Carmel. Le contraste avec Centralia surprenait un peu : Mount Carmel était une petite cité animée, agréablement ordinaire, avec sa rue principale embouteillée et ses passants fébriles. J'ai mangé à l'Academy, un magasin de sport qui faisait aussi snack-bar – probablement le seul endroit en Amérique où l'on pouvait contempler des suspensoirs tout en mangeant un sandwich au thon. Je projetais de pousser un peu plus loin pour retrouver l'AT, en regagnant ma voiture je suis passé devant une bibliothèque et, cédant à une impulsion, ai pénétré à l'intérieur pour demander s'ils avaient quelque chose sur Centralia.

J'ai découvert trois énormes classeurs bourrés de coupures de journaux et de magazines datant pour la plupart des années 1979-1981, c'est-à-dire de la période où la localité avait brièvement attiré l'attention des médias après que ce fameux petit garçon, un certain Todd Dombowski, eut été presque englouti par la terre dans le jardin de sa grand-mère. Il y avait aussi une mince histoire reliée de Centralia – plutôt poignante à la lumière de ce qu'on sait aujourd'hui –, éditée pour commémorer son centenaire juste avant que le feu ne se déclare. Le livre était rempli de photographies montrant une ville grouillante d'activité : elle n'était pas loin de ressembler à celle qui se trouvait juste au-delà des portes de la bibliothèque, à trente ans d'écart. Comme je replaçais les documents dans les classeurs, une coupure s'est échappée. C'était un article de *Newsweek*. Quelqu'un avait souligné un court paragraphe vers la fin du texte et ajouté trois points d'exclamation dans la marge. Il s'agissait d'une citation d'un des officiels commissionnés pour gérer le problème du feu de mine ; il déclarait que, si la vitesse de combustion restait stable, il y avait assez de charbon sous Centralia pour brûler pendant mille ans.

À quelques kilomètres de Centralia se trouvait un autre lieu de dévastation dont j'avais entendu parler et que je tenais à explorer : un flanc de montagne dans la Lehigh Valley, si généreusement pollué par une usine de zinc qu'il avait perdu toute sa végétation. C'était John Connolly qui l'avait mentionné ; il se rappelait que le site était près de Palmerton, cité de bonne taille, crasseuse et industrielle mais tout de même dotée de quelques atouts : un ou deux solides bâtiments administratifs de la fin du XIXe siècle qui lui donnaient un air d'importance, un parc central plein de dignité et un quartier commerçant qui paraissait clairement sinistré mais s'accrochait vaillamment à la vie. En arrière-plan se dressaient partout d'énormes usines aux allures de prisons et apparemment désaffectées.

Parvenu à l'autre bout de la ville, j'ai enfin aperçu ce que j'étais venu chercher : un relief presque entièrement dénudé sur plusieurs kilomètres. Il y avait un parking au bord de la route et, à une centaine de mètres environ, une usine. Je suis sorti de ma voiture et suis resté planté devant cette vision saisissante.

Un gros type en uniforme s'est extirpé d'une guérite et s'est dandiné dans ma direction, l'air aussi furieux que zélé.

« Qu'est-ce que vous fabriquez ? a-t-il aboyé.

– Pardon ? ai-je répliqué, stupéfait. Je regarde la colline.

– Vous pouvez pas faire ça.

– Je ne peux pas regarder la colline ?

– Pas d'ici. C'est une propriété privée.

– Désolé. Je ne savais pas.

– Eh ben, c'est privé ! C'est marqué là ! »

Il a désigné un poteau qui en fait ne comportait plus aucune pancarte. L'homme a eu l'air un moment décontenancé.

« Bon… c'est privé, a-t-il ajouté.

– Désolé. Je ne savais pas », ai-je répété, un peu agacé néanmoins par le sérieux avec lequel il faisait son boulot.

Je m'extasiais toujours devant la butte.

« C'est une vue étonnante, n'est-ce pas ?

– Quoi ?

– Cette montagne. Il n'y a pas une once de végétation dessus.

– Sais pas. Suis pas payé pour regarder les collines.

– Eh bien vous devriez de temps en temps. Vous seriez surpris. C'est l'usine de zinc, là-bas ? » ai-je demandé avec un mouvement de tête en direction du complexe industriel qui se dressait derrière son épaule gauche.

Il m'a observé avec suspicion.

« Pourquoi vous voulez savoir ça ? »

Je l'ai dévisagé à mon tour.

« Je suis en panne de zinc », ai-je répliqué.

Il m'a jeté un regard de côté comme pour dire : « On veut faire le malin, hein ? » et puis soudain il a proclamé :

« Je crois bien que je ferais mieux de prendre votre nom. »

Avec difficulté, il a extrait un carnet et un gros stylo-bille de sa poche arrière.

« Quoi, parce que je vous ai demandé si c'était l'usine de zinc ?

– Parce que vous pénétrez sur une propriété privée.

– Je ne savais pas que c'était une propriété privée. Il n'y a même pas de pancarte…

– Nom ?

– Ne soyez pas ridicule !

– Monsieur, vous êtes entré sans permission dans une propriété privée. Allez-vous me donner votre nom, maintenant ?

– Non. »

Nous avons poursuivi ce petit échange pendant quelques instants. À la fin, il a secoué la tête avec regret et dit :

« Vous l'aurez voulu, alors. »

Il a sorti un genre de téléphone et l'a mis en marche. Je comprenais trop tard que sous ses airs exaspérés il vivait là un moment dont il avait rêvé durant de longues permanences sans incident dans sa petite guérite de verre.

« JD ? a-t-il dit dans le récepteur. Luther à l'appareil. Tu as le sabot ? J'ai un contrevenant sur le Lot A.

– Qu'est-ce que vous faites ?

– Je fais embarquer votre véhicule.

– N'exagérez pas ! Je me suis juste garé une minute ! Regardez, je m'en vais, d'accord ? »

Je suis monté dans ma voiture, ai démarré le moteur, mais il s'est placé devant moi.

« Pardon ! » ai-je lancé par la fenêtre, mais il n'a pas bougé.

Il me tournait le dos, les bras croisés, et m'ignorait avec ostentation. J'ai klaxonné mais l'homme restait inébranlable.

« OK, je vais vous donner mon nom.

– C'est trop tard.

– J'y crois pas… » ai-je marmonné avant de me radoucir.

« S'il vous plaît… »

Puis, plus pleurnichard encore :

« Oh ! allez, s'il vous plaît… »

Mais il s'était assigné une mission et n'allait pas s'en laisser détourner. Je me suis penché une dernière fois à la fenêtre :

« Dites-moi, était-il spécifié "trou du cul" sur la description de votre poste ou bien avez-vous suivi une formation ? »

Puis j'ai lâché un très vilain mot et suis resté assis à bouillonner.

Trente secondes plus tard, une voiture s'est rangée et un homme avec des lunettes de soleil en est sorti. Il portait le même uniforme que l'autre mais avait dix ou quinze ans de plus et, avec son allure de sergent instructeur, semblait beaucoup plus pragmatique.

« Il y a un problème, ici ? a-t-il lâché en nous regardant tour à tour.

– Vous pouvez peut-être m'aider, ai-je commencé d'un ton doux. Je cherche le sentier des Appalaches. Et ce monsieur ici présent me dit que j'ai violé une propriété privée.

– Il regardait la *colline*, JD », a protesté le gros type un peu vivement.

Mais JD a levé la main pour le calmer puis s'est tourné vers moi.

« Vous êtes un randonneur ?

– Oui, monsieur. »

J'ai désigné mon sac sur le siège arrière.

« Je demandais juste mon chemin, et avant d'avoir eu le temps de dire "ouf"… »

J'ai lâché un petit rire affligé.

« … cet agent me déclare que je suis sur une propriété privée et qu'il va mettre mon véhicule à la fourrière.

– JD, l'homme regardait la colline et posait des questions », a fait le gardien.

Mais JD a une nouvelle fois levé une paume apaisante.

« Vous voulez marcher vers où ? »

Je lui ai expliqué. Il a hoché la tête.

« Alors il vous faut remonter sur environ 6 kilomètres jusqu'à Little Gap et tourner à droite en direction de Danielsville. En haut de la côte, vous verrez le sentier qui traverse la route. Vous ne pouvez pas le manquer.

– Merci beaucoup.

– Pas de problème. Et bonne balade. »

Je l'ai encore remercié avant de démarrer. Dans le rétroviseur, j'ai remarqué avec satisfaction qu'il faisait des remontrances à Luther, calmement mais fermement – j'espérais beaucoup qu'il le menaçait de lui retirer son téléphone.

La route montait abruptement vers un col solitaire où se trouvait un parking de terre battue. J'ai abandonné ma voiture, déniché l'AT et progressé le long d'une crête très exposée à travers un relief étonnamment ravagé ; sur des kilomètres, ce n'était que désolation et forêts d'arbres morts. Les troncs grêles se tenaient parfois faiblement debout, mais le plus souvent ils étaient couchés. Cela rappelait un champ de bataille de la Première Guerre mondiale. Le sol était couvert de quelque chose de noir et graveleux, une sorte de limaille. Le chemin s'avérait d'une facilité peu commune – la crête était presque parfaitement plate – et l'absence de végétation permettait au regard de porter à l'infini. Toutes les autres collines visibles, y compris celles qui me faisaient face de l'autre côté de l'étroite vallée, avaient l'air saines, si l'on excluait les cicatrices et les trouées régulières créées par les carrières et les mines à ciel ouvert.

Il était presque 16 heures quand j'ai regagné mon véhicule. L'après-midi était pour ainsi dire foutu. J'avais fait

560 kilomètres en voiture pour me rendre en Pennsylvanie, passé quatre jours dans l'État et parcouru 17 kilomètres à pied sur le sentier des Appalaches. Plus jamais, me suis-je promis, je n'essaierais de randonner sur l'AT en voiture.

Quoi qu'il en soit, j'avais la profonde et durable satisfaction d'avoir causé des ennuis à un gros type nommé Luther. J'avais connu pire comme voyage.

XV

Il y a une éternité, les Appalaches avaient une taille et une majesté propres à rivaliser avec l'Himalaya : couronnées de neige, elles s'élançaient au-delà des nuages à des hauteurs à couper le souffle, 6 000 mètres, voire plus. Le mont Washington, dans le New Hampshire, marque toujours le paysage de sa présence imposante, mais la masse rocheuse qu'il représente aujourd'hui au-dessus des forêts de Nouvelle-Angleterre ne constitue que la base trapue – c'est-à-dire au maximum un tiers – de ce qui se trouvait là dix millions d'années plus tôt.

Si les Appalaches offrent aujourd'hui un aspect tellement plus moderne, c'est qu'elles ont eu beaucoup de temps pour s'éroder. Elles sont extrêmement anciennes – plus anciennes que les océans et les continents, beaucoup plus anciennes que la plupart des chaînes de montagnes. Quand les premières plantes ont colonisé la terre et que les premières créatures ont rampé hors de la mer en clignant des yeux, les Appalaches étaient déjà là. Elles incarnent, en fait, un des plus vieux types de paysages terrestres.

Quelque chose comme plus d'un milliard d'années auparavant, les continents de la Terre n'en formaient qu'un seul, appelé Pangée, entouré d'un océan unique, la Panthalassa. Puis des perturbations inexpliquées dans le manteau terrestre causèrent sa rupture et de vastes morceaux asymétriques, les plaques continentales, commencèrent à dériver. Par la suite, à travers les âges, ces morceaux effectuèrent de temps en temps – au moins trois fois – une sorte de grand rassemblement, flottant conjointement vers un point central et se heurtant les uns les autres. C'est au cours de la troisième de ces collisions, entamée il y a environ 470 millions d'années, que les Appalaches connurent leur première poussée et formèrent une sorte de tapis plissé – une analogie communément utilisée pour décrire le phénomène. 470 millions d'années, c'est une durée difficile à concevoir, mais dites-vous que, si vous remontiez le temps à la vitesse d'une année par seconde, cela vous prendrait environ seize ans pour couvrir un tel intervalle. C'est beaucoup de temps.

Les continents ne se contentaient pas d'avancer et de reculer comme dans une sorte de quadrille très ralenti ; ils tournaient aussi en cercles paresseux, changeaient d'orientation, se payaient des croisières aux tropiques ou aux pôles et s'acoquinaient avec des masses plus petites avant de les entraîner avec eux. La Floride appartint un moment à l'Afrique. D'un point de vue géologique, l'Europe pourrait revendiquer l'île new-yorkaise de Staten Island. Le littoral de la partie canadienne de la Nouvelle-Angleterre puise ses origines au Maroc. Des coins du Groenland, d'Irlande, d'Écosse et de Scandinavie recèlent les mêmes roches que l'est des États-Unis – ce sont, en fait, des avant-postes détachés de la chaîne des Appalaches. Certaines hypothèses envisagent même que des reliefs aussi lointains que la cordillère de Shackleton, en Antarctique, fassent aussi partie de la famille.

Dès que les montagnes furent érigées, elles commencèrent à s'éroder inéluctablement. Malgré leur apparence immuable, ce sont des reliefs extraordinairement éphémères. On a calculé qu'un torrent d'altitude typique emportait environ 28 mètres cubes de montagne par an, principalement sous forme de sable et autres particules en suspension. Si l'on considère une montagne culminant à 1 500 mètres avec un volume de 14 milliards de mètres cubes – à peu près la taille du mont Washington –, un simple torrent peut l'aplanir en cinq cents millions d'années.

Bien entendu, la plupart des montagnes possèdent plusieurs cours d'eau et sont de plus exposées à une vaste gamme d'autres facteurs abrasifs : des sécrétions acides infinitésimales du lichen (insignifiantes mais incessantes) au raclement décapant des couches de glace. Cela favorise leur disparition en un temps beaucoup plus resserré, disons une ou deux centaines de millions d'années. En cet instant même, les Appalaches s'affaissent de 0,03 millimètre par an. Elles ont déjà bouclé deux fois, peut-être plus, le cycle qui enchaîne élévation à des hauteurs extraordinaires, érosion jusqu'au néant puis nouvelle élévation. Le processus dans ses détails n'est que théorique, vous vous en doutez, et très peu de points font l'unanimité. Il va sans dire que je ne suis pas géologue.

Rares sont les endroits où je suis resté bouche bée devant les merveilles de la géologie. Le Delaware Water Gap (goulet du Delaware) en fait partie. Là, surplombant le paisible et majestueux fleuve du même nom, se dresse Kittatinny Mountain, un mur de pierre de 400 mètres de haut composé de quartzite dur (paraît-il), mis à nu quand l'eau s'est creusé un passage dans la roche plus tendre pour poursuivre sa progression tranquille et régulière vers l'océan. Le résultat est un pan coupé de montagne, une vision plutôt rare, en tout cas unique sur le sentier des Appalaches, pour autant que je sache. Le quartzite exposé est strié de longues bandes sinueuses orientées selon un angle improbable (45 degrés) et suggère ainsi, même aux imaginations les plus obtuses, que quelque chose d'énorme, géographiquement parlant, s'est passé dans les parages. C'est particulièrement impressionnant.

Tout le site est d'ailleurs très beau. Il y a un siècle, les gens le comparaient à celui du Rhin et même (un peu ambitieusement, je dois dire) aux Alpes. Dans les années 1850, un hôtel chic de 250 chambres, Kittatinny House, poussa au bord du fleuve et connut un tel succès que d'autres ne tardèrent pas à suivre. Pour la génération de l'après-guerre de Sécession, le Delaware Water Gap devint le lieu de résidence incontournable en été. Ensuite, comme toujours dans ces cas-là, la mode passa aux White Mountains, aux chutes du Niagara, aux Catskills puis aux parcs Disney. Presque plus personne ne vient séjourner près du goulet. Les visiteurs sont toujours nombreux, mais ils se garent sur une aire de stationnement, jettent un rapide coup d'œil appréciateur, retournent à leur voiture et redémarrent.

Il faut aujourd'hui, hélas, faire un effort d'imagination, et même un sacré effort, pour avoir la moindre idée de la beauté tranquille qui attira autrefois les peintres. Le Water Gap n'est pas seulement le site qui se rapproche le plus de la notion de spectaculaire dans l'est de la Pennsylvanie, c'est aussi la seule brèche praticable pour traverser les Appalaches dans la région des Poconos. En conséquence, l'étroite bande de terre utilisable est encombrée de routes locales et nationales, d'une ligne de chemin de fer et d'une autoroute inter-États qui emprunte un long pont de béton désespérément laid et charrie des torrents de camions et de voitures entre la Pennsylvanie et le New Jersey. L'ensemble suggère, comme l'a finement noté l'écrivain voyageur John McPher, « un fatras de tubes reliés à un patient en soins intensifs ».

Pourtant, Kittatinny Mountain, dressée au-dessus du fleuve côté New Jersey, est une vision fascinante et l'on ne peut la regarder – en tout cas moi, ce jour-là, je ne pouvais pas – sans brûler d'envie de l'escalader et de voir ce qu'il y a là-haut. Je me suis garé au centre d'information et me suis engagé dans les bois verts et accueillants. C'était une matinée magnifique, fraîche, humide de rosée, baignée de ce soleil et de cet air stagnant qui promettent de grosses chaleurs. Il était suffisamment tôt pour que je profite d'une bonne journée de marche. J'étais heureux de constater que je m'y préparais avec impatience. Le sentier était bien entretenu et juste assez raide pour que l'exercice soit sportif sans devenir un genre de torture obsédante.

Et il y avait un dernier bonus enthousiasmant : j'avais d'excellentes cartes. J'étais maintenant entre les mains bienveillantes du New York-New Jersey Trail Conference, dont les documents détaillés sont richement imprimés en quatre couleurs et généreusement légendés, avec une échelle raisonnable (1/25 000). C'est comme si leurs auteurs souhaitaient du fond du cœur que vous sachiez où vous êtes et ayez plaisir à le savoir. Vous n'imaginez pas quelle satisfaction il y a à pouvoir s'exclamer « Ah ! Dunnfield Creek, je vois ! » et « Donc, ça doit être Shawnee Island, là-bas ». Si toutes les cartes du sentier des Appalaches approchaient au moins la qualité de celles-ci, j'aurais beaucoup plus apprécié l'expérience. Il m'est apparu que l'indifférence distraite que je manifestais souvent à l'égard de mon environnement était en grande partie due au simple fait que je ne savais pas où j'étais et n'avais aucun moyen de le savoir. Maintenant, pour une fois, je pouvais prendre des repères, prévoir la suite, sentir que j'étais d'une certaine façon en contact avec un paysage changeant mais pas indéchiffrable.

J'ai donc parcouru ainsi 8 agréables kilomètres sur les pentes de Kittatinny Mountain jusqu'à Sunfish Pond, un petit lac coquet. En chemin, je n'ai rencontré que deux personnes – toutes deux en randonnée pour la journée – et me suis de nouveau dit qu'il fallait vraiment être gonflé pour suggérer que le sentier des Appalaches était trop fréquenté. Quelque chose comme 30 millions de personnes vivent à moins d'une heure de voiture de Water Gap – New York se trouve seulement à 70 kilomètres à l'est, Philadelphie à peine plus loin au sud – et pourtant, en cette parfaite journée d'été, toute cette forêt majestueuse n'appartenait qu'à nous trois.

Juste après le lac se trouvait un sentier secondaire, le Garvey Springs Trail, qui descendait très abruptement jusqu'à une vieille chaussée pavée, le long du fleuve. Elle me ramènerait en une courbe paresseuse jusqu'au centre d'information. Il me restait 6 kilomètres à pied et la journée devenait de plus en plus chaude, mais la route était déserte et ombragée ; je n'ai vu que trois voitures en une heure. C'était donc une agréable balade, avec des vues apaisantes sur le fleuve à travers les herbes hautes.

Selon les standards américains, le Delaware n'est pas un cours d'eau particulièrement imposant, mais il a une particularité : l'absence de barrages. Cela peut sembler d'une valeur inestimable : le fleuve coule tel que la nature l'a voulu.

Cependant, ce caractère indompté a pour conséquence d'engendrer des débordements réguliers. En 1955 eut lieu la Grande Inondation, restée gravée dans les mémoires. Au mois d'août de cette année-là, alors que l'on subissait paradoxalement l'une des plus sévères sécheresses depuis des décennies, deux ouragans frappèrent la Caroline du Nord et perturbèrent les conditions météorologiques d'un bout à l'autre de la côte Est. Le premier déversa 25 centimètres de pluie en quarante-huit heures. Six jours plus tard, le second largua 25 centimètres en vingt-quatre heures. À Camp Davis, un complexe touristique, 46 personnes, principalement des femmes et des enfants, se refugièrent dans le bâtiment principal pour échapper à l'inondation. Tandis que l'eau montait, ils grimpèrent dans les étages pour finir au grenier, mais en vain. Dans la nuit, un mur liquide de 9 mètres de haut descendit la vallée en rugissant et balaya l'édifice. 9 personnes survécurent miraculeusement. Ailleurs, des ponts furent emportés et des agglomérations ravagées. Avant la fin du jour suivant, le Delaware était monté de 13 mètres. Quand les eaux se furent enfin retirées, on fit le bilan : 400 morts et toute la zone dévastée.

Au beau milieu de ce chaos spongieux surgirent les ingénieurs de l'armée américaine avec un projet de construction de barrage à Tocks Island, non loin de l'endroit où je me promenais maintenant. Ce barrage n'était pas seulement censé dompter la rivière mais devait aussi permettre la création d'un nouveau parc national avec une base de loisirs au bord d'un lac de 64 kilomètres de long. 8 000 habitants furent déplacés. Plusieurs agriculteurs ne virent qu'une partie de leurs terres rachetées et finirent soit avec des champs sans ferme, soit avec une ferme sans champs. Une femme dont la famille cultivait le même sol depuis le XVIIIe siècle fut traînée hors de sa maison malgré ses hurlements et ses coups de pied, pour le plus grand plaisir des photographes et reporters.

Le problème, avec le corps d'armée des ingénieurs, c'est qu'ils ne sont pas très bons bâtisseurs. Un barrage sur le fleuve Missouri, dans le Nebraska, s'engorgea, si bien qu'un immonde magma de vase se déversa sur la ville de Niobrara et finit par conduire à son abandon définitif. Dans l'Idaho, un autre se brisa. Heureusement, la zone était peu peuplée et l'alerte avait été lancée. Mais plusieurs petites communes furent emportées et 11 personnes trouvèrent la mort. Dans ces deux exemples, il s'agissait d'ouvrages relativement petits. Celui de Tocks devait s'enorgueillir au contraire d'un des plus grands réservoirs artificiels du monde en retenant derrière lui le fameux lac long de 64 kilomètres. Quatre villes importantes – Trenton, Camden, Wilmington, Philadelphie – et quantité d'agglomérations plus modestes se trouvaient en aval. Une catastrophe sur le Delaware aurait vraiment été une catastrophe.

En 1992, après des années de protestations grandissantes qui s'entendirent bien au-delà de la région, la construction dudit barrage fut abandonnée… mais on avait eu le temps de raser bien des fermes et des villages. Une très belle vallée agricole, tranquille, isolée, quasi inchangée depuis deux cents ans, était perdue à jamais. « L'un des effets bénéfiques de ce projet, note l'*Appalachian Trail Guide to New York And New Jersey*, fut que les terres achetées par le gouvernement fédéral pour développer la base de loisirs devinrent un couloir protégé le long de l'AT. » Pour être honnête, ce genre de commentaire m'agace prodigieusement. Je sais que le sentier des Appalaches est censé incarner une expérience de la nature sauvage et j'admets tout à fait qu'en maints endroits il serait dommage qu'il en soit autrement, mais l'Appalachian Trail Conference donne parfois l'impression d'avoir développé une phobie des contacts humains. Personnellement, j'aurais été content, dans cette vallée, de traverser des hameaux et de croiser des fermes plutôt que de marcher dans un « couloir protégé » silencieux.

C'est sans doute lié à sa tendance historique à domestiquer et exploiter les grands espaces, mais, si vous voulez mon avis, l'attitude de l'Amérique envers la nature est à tous points de vue très étrange. Je ne pouvais m'empêcher de comparer ma présente expédition avec celle que j'avais menée trois ou quatre ans plus tôt au Luxembourg, lorsque que j'étais parti randonner avec mon fils pour un article de commande. Pour un marcheur, le Luxembourg est un endroit bien plus enchanteur qu'on ne l'imagine. Il possède de nombreuses forêts mais aussi des châteaux, des fermes, des villages, des clochers et des vallées sinueuses – tout le package européen, si vous préférez. Les sentiers que nous avions suivis traînaient longuement dans les bois mais débouchaient obligeamment, à intervalles réguliers, sur de petites routes ensoleillées ; ils escaladaient des échaliers, traversaient des champs ou des hameaux. Chaque jour, il arrivait toujours un moment où nous pouvions entrer dans une boulangerie ou un bureau de poste et nous bercer de conversations que nous ne pouvions comprendre. Le soir, nous dormions dans des auberges et mangions au restaurant avec d'autres gens. Nous découvrions le Luxembourg dans sa globalité, pas seulement ses arbres. C'était formidable, car tout dans cet espace d'une exiguïté si charmante coexistait sans effort ni rupture.

En Amérique, hélas, la beauté implique un trajet en voiture et la nature est affaire de tout ou rien : soit vous la domptez sans ménagement comme au barrage de Tocks ainsi que dans un million d'autres endroits, soit vous la déifiez, la traitez comme quelque chose de sacré, de distant, tel le sentier des Appalaches. On ne veut pas croire que les gens et la nature puissent cohabiter pour leur bénéfice mutuel : un pont sur le Delaware aurait pu mettre en valeur la splendeur qui l'entoure ; l'AT aurait pu être plus gratifiant s'il n'était pas *que* nature sauvage mais vous emmenait de temps en temps, à dessein, à la rencontre d'une vache dans son pré.

J'aurais préféré de loin que le guide de l'AT dise : « Grâce aux efforts de l'Appalachian Trail Conference, l'agriculture a été réintroduite dans la vallée du Delaware ; le sentier a été détourné pour inclure 25 kilomètres de parcours au bord de l'eau parce que, ne nous voilons pas la face, il y a des moments où les arbres ça commence à bien faire ! »

Néanmoins, voyons les choses positivement. Si le corps des ingénieurs de l'armée était arrivé à ses fins, je serais en train de nager jusqu'à ma voiture à l'heure actuelle.

XVI

En 1983, un homme qui randonnait près du sentier des Appalaches dans les monts Berkshire (Massachusetts) vit – ou du moins jure avoir vu – un puma traverser le chemin ; c'était un scoop parce que ces félins n'avaient pas été repérés dans le nord-est des États-Unis depuis 1903, date à laquelle le dernier avait été abattu dans l'État de New York.

Bientôt, cependant, on rapporta avoir aperçu divers spécimens dans toute la Nouvelle-Angleterre. Un type en voiture sur une petite route du Vermont remarqua un couple de petits qui jouaient sur le bas-côté. Deux randonneurs virent une mère et ses deux bébés traverser une prairie dans le New Hampshire. Chaque année, une bonne demi-douzaine de récits dans la même veine étaient rapportés, et tous par des témoins crédibles. À l'hiver 1994, un fermier du Vermont qui traversait sa propriété pour regarnir de graines sa mangeoire à oiseaux tomba sur ce qui ressemblait à trois pumas postés à 20 mètres de lui. Abasourdi, il resta planté à les regarder pendant une ou deux minutes puis fila téléphoner à un spécialiste de la vie sauvage. Le temps que le scientifique arrive, les animaux étaient partis, mais il recueillit quelques excréments qu'il emballa avec soin pour les envoyer à l'US Fish and Wildlife Laboratory, l'agence fédérale de préservation de la faune. Le résultat montra qu'il s'agissait bien de fèces de *Felis concolor*, ou puma, que l'on désigne également sous des vocables aussi divers que respectueux – panthère, couguar, lion des montagnes et, particulièrement en Nouvelle-Angleterre, *catamount*.

Tout cela présentait un certain intérêt pour moi, car je randonnais maintenant à peu près à l'endroit où le premier puma avait été aperçu. J'étais de retour sur le sentier avec un enthousiasme et un plan tout neufs. J'allais parcourir la Nouvelle-Angleterre par tronçons, ou du moins autant que faire se pouvait, jusqu'à ce que Katz me rejoigne sept semaines plus tard pour m'accompagner sur la Hundred Mile Wilderness dans le Maine. Il y avait plus de 1 100 kilomètres de sentier des Appalaches en Nouvelle-Angleterre, assez pour m'occuper jusqu'en août. Dans cette optique, mon obligeante épouse m'a conduit jusqu'au sud-ouest du Massachusetts et lâché sur l'AT au niveau de Stockbridge pour trois jours de balade dans les Berkshire. C'est ainsi que je me suis retrouvé, par une chaude matinée de la mi-juin, à transpirer sous l'effort dans un nuage de brûlots[1] indifférents à tout répulsif, tapotant ma poche à intervalles réguliers pour vérifier que mon couteau était toujours là.

Je ne m'attendais pas vraiment à rencontrer un félin, mais pas plus tard que la veille j'avais lu un article dans le *Boston Globe* sur la façon dont les pumas de l'Ouest – qui ne sont de

1. Terme québécois désignant de minuscules diptères hématophages qui se déplacent en nuages et cause des piqûres très désagréables. *(N.d.T.)*

toute évidence pas en voie d'extinction – avaient récemment pris goût à la traque et au massacre de randonneurs et de joggeurs dans les forêts californiennes ; et même, ils ne négligeaient pas à l'occasion le pauvre ère en tablier planté chez lui devant son barbecue, un chapeau ridicule sur la tête. Cela ressemblait à une sorte de présage.

Il n'est pas totalement improbable que des pumas puissent avoir survécu en Nouvelle-Angleterre sans jamais être repérés. On sait que les lynx, qui, il est vrai, sont de taille bien plus réduite, existent en quantité considérable, mais ils sont si timides et furtifs qu'on ne peut jamais deviner leur présence. Beaucoup de rangers passent toute leur carrière sans en croiser un seul. Les forêts de l'Est offrent incontestablement un espace assez vaste pour que de gros félins puissent y rôder sans être inquiétés. Avec de la volonté et des provisions de nouilles illimitées, je pouvais parcourir des centaines et des centaines de kilomètres jusque dans le nord du Québec sans presque jamais avoir à quitter le couvert des arbres. Quand bien même, il est difficile de croire que des fauves puissent survivre en nombre suffisant pour se reproduire sans attirer l'attention pendant neuf décennies, et ce, non dans une seule zone mais à travers toute la Nouvelle-Angleterre. Et pourtant, il y avait ces excréments. Quelles que soient ces créatures, elles faisaient des crottes de puma.

L'explication la plus plausible prônait que tous ces « pumas » étaient des animaux de compagnie relâchés après avoir été achetés sur un coup de tête vite regretté. Ce serait bien ma veine d'être étripé par un fauve avec un collier antipuces et un carnet de vaccinations à jour ! Je m'imaginais étendu sur le dos, labouré de griffures, essayant de lire ce qui était écrit sur une médaille dansant devant mes yeux : « Mon nom est Garfield. Si vous me trouvez, appelez Tanya et Gus au 924-4667. »

Comme la plupart des grands animaux, et comme beaucoup de petits, les pumas furent exterminés parce qu'ils étaient jugés néfastes. Jusqu'aux années 1940, beaucoup d'États de l'Est menèrent à grand renfort de publicité des « campagnes antinuisibles », souvent orchestrées par les services locaux de sauvegarde des milieux naturels qui accordaient des points aux chasseurs pour chaque prédateur tué, c'est-à-dire à peu près l'ensemble des créatures qui se trouvaient là : presque toutes les espèces de grands mammifères, ainsi que les faucons, les chouettes, les martins-pêcheurs et les aigles. La Virginie-Occidentale offrit une bourse universitaire annuelle aux étudiants qui tuaient le plus d'animaux ; d'autres États distribuèrent de généreuses récompenses. La rationalité n'était pas toujours au rendez-vous. Une année, la Pennsylvanie versa 90 000 dollars de prime pour l'extermination de 130 000 chouettes et faucons, afin de prémunir les fermiers de la région contre les pertes de bétail – ça n'est pourtant pas tous les jours qu'une chouette emporte une vache dans les airs.

En 1890, l'État de New York récompensa la prise de 700 pumas, et dans la décennie qui suivit ils disparurent presque totalement. Le loup gris et le caribou des bois furent aussi éradiqués de leurs derniers refuges appalachiens dans les premières années du XXe siècle ; l'ours noir les suivit de peu. En 1900, la population plantigrade du New Hampshire – qui dépasse désormais les 3 000 individus – se réduisait à 50 spécimens.

Les montagnes abritent toujours une faune abondante, mais principalement de petite taille. Selon un recensement effectué par V. E. Shelford, un écologiste de l'université de l'Illinois, une superficie de 25 kilomètres carrés dans les forêts de l'Est américain accueille 300 000 mammifères : 220 000 souris et autres petits rongeurs, 63 500 écureuils et tamias, 470 cervidés, 30 renards et 5 ours noirs.

Les véritables vaincus furent les oiseaux chanteurs. La conure de Caroline représente une des pertes les plus cruelles : ce volatile adorable et inoffensif existait en si grand nombre dans la nature que seul le pigeon migrateur la dépassait en termes de population. (Quand les premiers pèlerins arrivèrent en Amérique, la population de pigeons migrateurs était estimée à 9 milliards d'individus – plus de deux fois la quantité totale d'oiseaux présents dans le pays aujourd'hui.) Tous deux furent totalement exterminés : le pigeon pour la simple joie de dégommer des volées entières d'oiseaux avec une facilité aveugle et nourrir les cochons, la conure parce qu'elle raffolait des vergers et avait un plumage superbe qui faisait de jolis chapeaux pour les dames. En 1914, les derniers survivants des deux espèces moururent en captivité à quelques semaines de distance. Un destin tout aussi tragique frappa la ravissante paruline de Bachman. Peu répandue, elle avait la réputation de posséder le plus merveilleux des chants. Elle ne fut pas repérée pendant des années, mais en 1939, deux ornithologues très spéciaux qui sévissaient dans des secteurs différents virent chacun un spécimen à quarante-huit heures d'intervalle. Ils tirèrent tous les deux – joli coup, les gars ! Cela régla définitivement le compte de la paruline de Bachman. Mais il y eut certainement bien d'autres espèces qui disparurent sans qu'on s'en aperçoive vraiment. Ce qui est sûr, c'est que la population d'oiseaux chanteurs migrateurs diminue dans l'est des États-Unis, en grande partie à cause de la disparition de certains lieux vitaux de reproduction et d'hivernage en Amérique latine.

Tard dans l'après-midi, j'ai émergé des arbres sur ce qui m'est apparu comme une piste d'exploitation forestière abandonnée. Au beau milieu se tenait un vieux type avec un sac à dos, l'air manifestement perplexe, comme s'il venait de se réveiller d'une transe et se retrouvait à cet endroit pour une raison inexplicable. J'ai remarqué qu'il était lui aussi nimbé d'un nuage de brûlots.

« Dans quelle direction part le sentier, à votre avis ? » m'a-t-il demandé.

C'était une question bizarre parce que l'AT continuait de façon évidente de l'autre côté de la piste. Il y avait une trouée de 2 mètres dans les arbres juste en face de moi et, au cas où il y aurait eu doute, une trace de peinture blanche s'étalait sur un gros chêne.

J'ai balayé l'air devant mon visage pour la douze millième fois ce jour-là et ai levé le menton en direction de la trouée.

« Juste par là, je dirais.

– Oh ! oui. Bien sûr. »

Nous avons pénétré ensemble dans les bois en causant. C'était un authentique thru-hiker – le premier que je rencontrais si loin au nord – et comme moi il rejoignait Dalton. Il arborait en permanence une curieuse expression dubitative et observait les arbres d'une façon singulière, laissant lentement courir son regard de haut en bas sur toute leur longueur, comme s'il n'avait jamais rien admiré de tel.

« Et quel est votre nom ? ai-je demandé.

– Ben, on m'appelle Chicken John. »

Chicken John ! Le célèbre Chicken John ! J'en étais tout excité. Sur le sentier, certains randonneurs étaient presque des personnages de légende. Au début de notre expédition, Katz et moi avions entendu parler d'un jeune dont l'équipement était si perfectionné qu'il confinait au surréalisme. Il possédait notamment une tente qui se montait toute seule. Apparemment, il lui suffisait d'ouvrir avec précaution une housse fourre-tout et l'habitacle jaillissait comme un diable d'une boîte ; il avait aussi un système de navigation par satellite et Dieu sait quoi encore. Le seul ennui était que son sac à dos pesait 43 kilos : il avait renoncé avant d'arriver en Virginie et nous ne l'avions donc jamais rencontré. Woodrow Murphy, le marcheur obèse, était sur toutes les lèvres l'année d'avant. Mary Ellen aurait aussi probablement connu la gloire si elle n'avait pas abandonné si tôt. Chicken John était la nouvelle star, mais à mon grand regret je n'arrivais pas à me rappeler pourquoi. J'avais entendu parler de lui pour la première fois en Géorgie, des mois auparavant.

« Et pourquoi on vous appelle comme ça ? ai-je demandé.

– Pour tout vous dire, honnêtement je ne sais pas, a-t-il répondu comme s'il s'était longuement posé la question.

– Quand avez-vous commencé à marcher ?

– Le 27 janvier.

– Le 27 janvier ? ai-je dit avec un léger étonnement avant de me livrer à un rapide et discret calcul sur mes doigts. Ça fait presque cinq mois !

– J'en sais quelque chose ! » a-t-il répondu avec une sorte de joyeuse contrition.

Il marchait depuis presque une demi-année et se trouvait seulement au quart de la distance jusqu'au mont Katahdin.

« Mais combien... »

Je ne savais pas trop comment amener cela.

« ...combien vous faites par jour, John ?

– Entre 22 et 24 kilomètres, si tout va bien. Le problème, c'est que… »

Il m'a glissé un regard par en dessous.

« … je me perds beaucoup. »

C'était ça. Chicken John, « John le Poulet », passait son temps à s'égarer en tous sens comme une volaille décervelée et à se retrouver dans les endroits les plus improbables. Dieu sait comment il s'y prenait pour perdre le sentier des Appalaches : c'est le mieux balisé de tous les chemins de randonnée. Généralement, c'est la seule chose dans la forêt qui ne soit pas de la forêt. Si vous pouvez faire la différence entre des arbres et un long couloir dégagé qui s'ouvre au milieu, vous n'aurez aucun souci pour repérer l'AT. Si jamais surgit l'ombre d'une interrogation – à une jonction avec un sentier secondaire ou lors de la traversée d'une route, par exemple –, il y a toujours un marquage blanc. Pourtant, les gens se perdent. La célèbre Mamie Gatewood, par exemple, ne cessait de frapper à toutes les portes pour demander où elle se trouvait.

J'ai voulu savoir quel avait été son pire égarement.

« 60 kilomètres ! a-t-il répondu avec fierté – ou, si ce n'était pas de la fierté, avec tendresse. J'ai quitté le sentier sur Blood Mountain en Géorgie, je ne sais toujours pas exactement comment, et j'ai passé trois jours dans les bois avant d'atteindre une route. Je pensais que ce coup-là j'étais vraiment fichu. J'ai terminé à Tallulah Falls et j'ai même eu ma photo dans le journal. Les policiers m'ont ramené en voiture jusqu'au sentier et m'ont montré le bon chemin. Ils ont vraiment été sympas.

– C'est vrai qu'une fois vous avez marché à rebours pendant trois jours ? »

Il a joyeusement hoché la tête.

« Deux jours et demi, pour être précis. Heureusement, je suis arrivé aux abords d'une agglomération le troisième jour et j'ai demandé à un jeune gars : "Excuse-moi gamin, c'est quoi ici ?" et il a répondu : "Ben, c'est Damascus, en Virginie, m'sieur." Alors je me suis dit : tiens, c'est vraiment étrange parce que j'étais dans un endroit avec exactement le même nom il y a trois jours. Et c'est là que j'ai reconnu la caserne des pompiers.

– Mais comment vous vous débrouillez pour… »

J'ai décidé de reformuler ma question.

« Comment cela se produit-il exactement, John ?

– Eh bien, si j'en avais la moindre idée, cela ne se produirait pas, j'imagine, a-t-il répondu avec une sorte de petit gloussement. Tout ce que je sais, c'est que de temps en temps je finis très loin de là où je voudrais être. Mais ça rend les choses intéressantes, figurez-vous. J'ai rencontré beaucoup de gens sympas, on m'a offert des tas de repas gratuits. À propos, ajouta-t-il abruptement, vous êtes sûr que c'est le bon chemin ?

– Certain ! »

Il a eu un hochement de tête.

« Parce que je n'aimerais vraiment pas me perdre aujourd'hui : il y a un restaurant à Dalton. »

Je comprenais parfaitement cela. Si vous deviez vous perdre, autant que ce ne soit pas un jour de restaurant.

Nous avons fait les 10 derniers kilomètres ensemble mais sans autre réelle conversation. Je parcourais 30 kilomètres ce jour-là, la plus longue distance quotidienne que j'accomplirais jamais sur le sentier, et, bien que je transporte un sac léger et que la déclivité ne soit pas trop prononcée, j'étais vraiment fatigué à la fin de l'après-midi. John semblait content d'avoir quelqu'un à suivre mais restait néanmoins très absorbé dans l'examen des arbres.

Il était plus de 18 heures quand nous avons atteint Dalton. John avait le nom d'un type, sur Depot Street, qui laissait les randonneurs camper dans son jardin et utiliser sa douche, alors je l'ai accompagné dans une station-service où il a demandé son chemin. Quand nous sommes ressortis, il s'est spontanément dirigé du mauvais côté.

« C'est par là, John, ai-je dit.

– Oui, bien sûr. Et mon nom c'est Bernard, au fait. Je ne sais pas d'où ils ont sorti ce Chicken John. »

J'ai hoché la tête et lui ai dit que je le saluerais le lendemain avant de partir, mais je ne l'ai jamais revu.

J'ai passé la nuit dans un motel puis me suis remis en route pour Cheshire. C'était seulement à 15 kilomètres sur un parcours facile, mais les insectes ont transformé la balade en véritable torture. Je n'ai jamais su le nom scientifique de ces minuscules et exécrables bestioles volantes ; je ne sais donc pas ce qu'ils sont, hormis une masse voletante qui vous accompagne partout où vous allez et s'introduit sans arrêt dans vos oreilles, vos narines et votre bouche. La sueur humaine les propulse au royaume de l'extase orgasmique et les répulsifs ne semblent que les exciter davantage. Ils sont particulièrement impitoyables quand vous vous arrêtez pour vous reposer ou boire un coup – si impitoyables que vous finissez par ne plus vous reposer et par boire en marchant tout en recrachant des nuages d'insectes. C'est un peu l'enfer sur Terre. Je suis donc sorti de leur territoire boisé avec un certain soulagement pour arriver dans l'agglomération clairsemée de Cheshire, somnolente et ensoleillée.

Là se trouvait un gîte gratuit pour les randonneurs dans une église de la rue principale. Au Massachusetts, on était très attentionnés envers les marcheurs ; j'avais vu des maisons avec des panneaux invitant les gens à se servir en eau ou à cueillir des pommes. Mais je n'avais pas très envie de passer la nuit dans un dortoir et encore moins un long après-midi assis à ne rien faire ; alors j'ai poussé jusqu'à Adams, 6 kilomètres plus loin, avec la promesse d'une nuit dans un vrai lit et d'une sélection de restaurants.

Adams ne possédait qu'un seul motel, un trou à rats en lisière de ville. J'ai pris une chambre et passé le reste de la journée à flâner, à regarder distraitement les vitrines et à passer en revue des caisses de livres dans un dépôt-vente au profit d'œuvres de charité ; il n'y avait bien sûr rien à se mettre sous la dent hormis des numéros du *Reader's Digest* et quelques-unes de ces étranges publications qu'on ne trouve que dans ce genre d'endroit, comme *L'Encyclopédie du tout-à-l'égout* ou *Fais-moi signe si tu m'entends. Ma vie avec un légume.* J'ai ensuite traîné dans les environs d'Adams pour contempler le mont Greylock, ma destination du lendemain. C'est le plus haut relief du Massachusetts et, pour les randonneurs qui remontent vers le nord, la première montagne de plus de 1 000 mètres depuis la Virginie. Elle ne culmine qu'à 1 064 mètres, mais, comme elle est entourée de reliefs plus modestes, elle donne l'impression d'être un haut sommet. En tout cas, pour moi, elle dégageait une certaine majesté imposante qui la rendait attirante. J'étais impatient de m'y frotter.

Ainsi, tôt le lendemain matin, avant que la chaleur du jour n'ait vraiment réussi à s'installer – une canicule était annoncée –, j'ai fait halte en ville pour acheter un soda et un sandwich puis me suis engagé sur un chemin de terre sinueux en direction du Gould Trail, un sentier secondaire qui menait en pente raide jusqu'à l'AT, lequel conduisait au Greylock.

Il s'agit probablement du mont le plus littéraire des Appalaches. Herman Melville, qui vivait à l'ouest du site dans une ferme du nom d'Arrowhead, le regardait depuis la fenêtre de son bureau tandis qu'il écrivait *Moby Dick* ; selon certains, le profil de Greylock évoquait à l'écrivain une baleine. Quand il eut terminé son livre, il monta tout en haut avec un groupe d'amis pour y faire la fête jusqu'à l'aube. Nathaniel Hawthorne et Edith Wharton vécurent et travaillèrent eux aussi dans les parages, et rares furent les figures littéraires associées à la Nouvelle-Angleterre entre les années 1850 et 1920 qui n'aient pas gravi le Greylock à pied ou à cheval pour admirer la vue.

Pourtant, au summum de sa gloire, cette montagne n'avait pas la moitié de cette grandeur drapée de vert dont elle fait étalage aujourd'hui. Ses flancs galeux étaient marbrés des cicatrices laissées par les exploitations forestières et sa base était grêlée de carrières d'ardoise ou de marbre. De grands hangars délabrés et des scieries s'imposaient partout au regard. Le Greylock se refit ensuite une santé et une couverture végétale, et dans les années 1960 on projeta d'y aménager une station de ski avec complexe touristique au sommet incluant hôtel, restaurants et boutiques – le tout dans une architecture Googie typique de l'époque. Par chance, rien de cela ne vit jamais le jour. Aujourd'hui, Greylock offre une nature préservée. Une pure merveille.

L'ascension s'est avérée dure, suffocante, interminable, mais elle en valait la peine. La cime dégagée, fraîche et ensoleillée, était coiffée d'une grande bâtisse construite dans les années 1930 par les infatigables et non moins incontournables ingénieurs du Civilian Conservation Corps. Elle proposait maintenant un hébergement pour randonneurs et un restaurant. Un superbe phare totalement incongru – Greylock est à plus de 200 kilomètres de la mer ! – s'y dressait également et faisait office de mémorial pour les soldats du Massachusetts morts pendant la Première Guerre mondiale. Il était prévu à l'origine pour le port de Boston, mais pour une raison ou pour une autre il avait fini là.

Je me suis accordé une petite pause et suis reparti car il me restait 13 kilomètres à parcourir et j'avais rendez-vous avec ma femme à 16 heures à Williamstown. Quand j'eus enfin atteint cette localité, un affichage lumineux sur une banque annonçait une température de 36 degrés. J'ai pénétré dans le Burger King où devait me récupérer mon épouse. S'il y a une meilleure raison de se féliciter d'être né au XXe siècle que la joie de passer de l'étuve d'une journée d'été à la fraîcheur tonifiante de l'air conditionné, je ne vois pas ce que ça peut être. J'ai commandé un verre de Coca-Cola de la taille d'un seau et me suis assis dans un box près de la fenêtre. Je me sentais très heureux. Je venais de parcourir 27 kilomètres sur une montagne relativement difficile, en pleine canicule. Sale, dégoulinant de sueur et complètement crevé, je puais suffisamment pour donner la nausée à quiconque oserait m'approcher. J'étais redevenu un marcheur.

En 1850, la Nouvelle Angleterre était couverte à 70 pour cent de terres cultivées et à 30 de forêts. Aujourd'hui, les proportions se sont inversées. Si votre ambition était de devenir fermier, difficile de choisir pire endroit que cette région pour vous installer. Le sol est pierreux, le terrain pentu et le climat si mauvais que les gens ont fini par en tirer une certaine fierté. Une année dans le Vermont, selon un vieux dicton, correspond à neuf mois d'hiver suivis de trois mois de mauvaise neige.

Jusqu'au milieu du XIXe siècle, les agriculteurs survécurent en Nouvelle-Angleterre grâce à la proximité de villes côtières comme Boston et Portland, probablement parce qu'elles n'avaient encore rien envisagé de mieux comme source de ravitaillement. Puis deux choses se produisirent : l'invention de la moissonneuse par McCormicq, idéale pour les grandes propriétés du Middle West mais totalement inadaptée aux champs exigus et rocailleux de Nouvelle-Angleterre, et le développement du rail, qui permit à ces mêmes fermes du Middle West d'acheminer leurs produits vers l'est en temps et en heure. Les cultivateurs de Nouvelle-Angleterre ne purent faire face et devinrent donc aussi des fermiers du Middle West. En 1860, près de la moitié des natifs du Vermont vivaient ailleurs. Pendant la campagne pour l'élection présidentielle de 1840, Daniel Webster tint un meeting devant un public de 20 000 personnes sur Stratton Mountain. S'il avait tenté la même chose vingt ans plus tard (ce qui aurait constitué une sacrée performance vu qu'il mourut dans l'intervalle), il aurait pu s'estimer heureux de rassembler 50 personnes. De nos jours, le site est retourné presque en totalité à la forêt, bien qu'un observateur attentif puisse toujours y découvrir des vestiges de caves et des traces de vergers de pommiers.

J'ai gravi Stratton Mountain par une journée de juin couverte et miséricordieusement fraîche. 6 kilomètres abrupts me séparaient du sommet, qui s'élève à un peu moins de 1 220 mètres. Sur plus de 160 kilomètres à travers le Vermont, l'AT coïncide avec le Long Trail, le « Long Sentier », qui escalade les Green Mountains en direction du Canada. Le Long

Trail est en fait plus vieux que l'AT : il a ouvert en 1921 sous l'impulsion de James P. Taylor, l'année même où l'idée d'un sentier des Appalaches a été suggérée. On m'a dit que certains de ses adeptes considéraient l'AT comme un vulgaire parvenu aux ambitions disproportionnées. Quoi qu'il en soit, Stratton Mountain est généralement citée comme le lieu de naissance spirituel des deux sentiers, puisque c'est là que Taylor et MacKaye prétendirent avoir reçu l'inspiration pour leurs itinéraires respectifs – Taylor en 1909, MacKaye quelque temps plus tard.

C'est là aussi que je suis tombé sur un homme assez jeune et plutôt grassouillet. Vêtu d'un coupe-vent très neuf et très cher, il se tenait à l'écart. Il brandissait un drôle d'appareil avec lequel il prenait de mystérieuses mesures du ciel et du paysage.

Il a remarqué que je l'observais et m'a lancé, d'un ton qui suggérait qu'il avait bien espéré éveiller l'intérêt de quelqu'un :

« C'est un moniteur de surveillance environnementale.

– Ah ! oui ? ai-je répondu poliment.

– Il donne 80 valeurs : la température, l'indice UV, le point de rosée… Il n'y a qu'à demander. »

Il a incliné l'écran pour que je puisse voir.

« Ça, c'est l'indice de contrainte thermique. (Un chiffre à deux décimales, sans signification, était affiché.) Mon appareil mesure aussi la pression barométrique, le refroidissement éolien, le taux pluviométrique, l'humidité ambiante – absolue et relative –, et il donne même une évaluation du temps d'exposition solaire maximale autorisée par type de peau.

– Est-ce qu'il fait aussi micro-ondes ? »

Cela ne lui a pas plu.

« Il y a des fois où il pourrait vous sauver la vie, croyez-moi ! » a-t-il répondu un peu vivement.

J'ai essayé d'imaginer une situation où je me retrouverais menacé par une hausse soudaine du point de rosée, mais sans succès. Ne voulant pas vexer le garçon, j'ai pointé un chiffre qui clignotait dans le coin supérieur gauche de l'écran.

« Et ça, c'est quoi ?

– Je ne sais pas trop. Mais ça… »

Il a pianoté vigoureusement sur la console de boutons.

« Voilà ! Ce sont les radiations solaires. »

Un nouveau chiffre sans signification à trois décimales est apparu.

« Très basses, aujourd'hui. »

Je le savais déjà, en quelque sorte. En fait, bien que je ne puisse en attester par aucun chiffre à trois décimales, j'avais en général une bonne idée des conditions climatiques, tout simplement parce que je me trouvais immergé dedans. Ce qui était intéressant chez cet individu, c'était qu'il portait un short et des tennis, et ne possédait pas de sac, donc aucun vêtement étanche. Si le temps se détériorait rapidement – et en Nouvelle-Angleterre c'était loin d'être improbable –, il mourrait certainement, mais au moins sa machine lui dirait quand et lui indiquerait son point de rosée final.

Traitez-moi de vieux schnock rasoir, mais je déteste toute cette technologie qui traîne sur le sentier. J'ai lu que certains randonneurs transportaient désormais des ordinateurs portables pour pouvoir envoyer des comptes rendus quotidiens à leur famille et à leurs amis. (Si vous songiez à faire de même, j'ai un scoop pour vous : ça n'intéresse pas tant que ça les autres. Non, pardon, en fait ils n'en ont rien à battre.) On rencontre de plus en plus de gens avec des gadgets électroniques comme ce moniteur de surveillance environnementale. Certains ont des capteurs fixés sur leurs points de pulsation, ce qui leur donne l'air d'avoir débarqué sur le sentier après s'être enfuis d'une clinique du sommeil.

Le *Wall Street Journal* a publié un article formidable sur les nuisances causées par les GPS, téléphones portables et autres gadgets du même acabit. Il semblerait en effet que tous ces équipements attirent dans les montagnes des gens qui n'auraient jamais dû y venir. Le journal rapporte que dans le Baxter State Park (Maine), un randonneur a appelé la Garde nationale pour qu'un hélicoptère le treuille depuis le sommet du mont Katahdin sous le prétexte qu'il se sentait fatigué. Un autre marcheur a réclamé lui aussi un hélicoptère parce qu'il avait pris un jour de retard sur son programme et avait peur de manquer une importante réunion professionnelle. L'article décrit également plusieurs personnes qui se sont perdues avec des instruments de navigation par satellite : ils se trouvaient en mesure de donner leur position chiffrée mais n'avaient malheureusement pas la moindre idée de ce que cela signifiait, d'autant qu'ils avaient également omis d'emporter une carte, une boussole et, de toute évidence, un cerveau.

Mon nouvel ami au moniteur, j'imagine, aurait pu faire partie du club. Je lui ai demandé s'il pensait qu'il était raisonnable pour moi d'envisager la redescente avec 18,574 de rayonnement solaire.

« Certainement, a-t-il répondu avec sérieux. En ce qui concerne le rayonnement solaire, le risque est très bas aujourd'hui.

– À la bonne heure ! » ai-je rétorqué avec le même sérieux.

J'ai donc pris congé de lui et poursuivi mon exploration du Vermont à pied.

XVII

De tous les coups du sort qui peuvent s'abattre sur vous en pleine nature, aucun n'est peut-être aussi étrangement imprévisible que l'hypothermie. Il n'existe quasiment pas de cas de mort par hypothermie qui ne soit dans une certaine mesure mystérieux et improbable.

À la fin de l'été 1982, deux hommes et quatre jeunes passaient leurs vacances à faire du canoë dans le Banff National Park. Un soir, on ne les vit pas revenir à leur camp de base. Le lendemain matin, des recherches furent organisées. On les retrouva : ils flottaient, morts, sur un lac, leurs gilets de sauvetage sur le dos. Tous avaient le visage tourné vers le ciel et paraissaient sereins. Rien n'indiquait une quelconque panique ou détresse. Un des hommes portait toujours son chapeau et ses lunettes. Leurs canoës, qui dérivaient non loin d'eux, étaient en parfait état et durant la nuit le temps était resté doux et calme. Pour une raison inexplicable, ils avaient tous les six quitté leur embarcation, s'étaient laissé glisser tout habillés dans l'eau glaciale du lac et y avaient tranquillement péri. D'après le commentaire d'un des témoins, c'était « comme s'ils s'étaient simplement endormis ». Et d'une certaine façon, c'était le cas.

Contrairement à la croyance populaire, relativement peu de victimes d'hypothermie meurent dans des conditions extrêmes en luttant contre le blizzard ou la morsure des vents arctiques. À vrai dire, relativement peu de personnes sortent dans ce genre de conditions météorologiques et ceux qui le font sont souvent bien équipés. La plupart des décès se produisent de façon beaucoup plus stupide, lorsque la saison est tempérée et les températures loin d'être négatives. En règle générale, les gens se retrouvent confrontés à un changement de situation impromptu ou à une combinaison de changements – soudaine dépression atmosphérique, pluie froide et pénétrante, prise de conscience qu'ils sont perdus – pour lesquels ils ne sont pas assez préparés physiquement ou psychologiquement. Presque chaque fois, ils aggravent le problème en faisant quelque chose d'imprudent : ils quittent un sentier bien balisé à la recherche d'un raccourci, s'enfoncent plus profondément dans les bois au lieu de rester sur place ou traversent à gué un torrent qui les mouille et les refroidit davantage.

Tel fut le destin malheureux de Richard Salinas. En 1990, il partit randonner avec un ami dans la Pisgah National Forest, en Caroline du Nord. Surpris par la tombée de la nuit, les deux hommes reprirent le chemin de leur voiture mais, pour une raison ou une autre, ils se séparèrent. Salinas était un marcheur expérimenté : tout ce qu'il avait à faire, c'était de descendre un sentier bien tracé pour rejoindre un parking. Il n'y parvint jamais. Trois jours plus tard, son blouson et son sac à dos furent découverts abandonnés sur le sol, au fin fond des bois. Son corps ne fut retrouvé que deux mois après, coincé par des branchages dans la petite Linville River. On ne pouvait que supposer qu'il avait quitté le sentier pour prendre un raccourci, s'était ensuite égaré, enfoncé dans la forêt, puis avait commencé à paniquer et continué sa progression jusqu'à ce que l'hypothermie lui fasse perdre la raison. C'est un trauma insidieux qui vous anéantit par degrés, littéralement : au fur et à mesure que la température de votre corps baisse, vos réactions deviennent de plus en plus lentes et incohérentes. C'est dans un tel état que Salinas avait abandonné toutes ses affaires et, peu après, pris la décision désespérée et irrationnelle de traverser une rivière gonflée par la pluie, ce qui, en des circonstances normales, lui serait apparu comme le meilleur moyen de s'écarter de son but. La nuit où il se perdit, le temps était sec et la température avoisinait les 5 degrés. S'il avait gardé son blouson et évité de se mouiller, il aurait passé une nuit froide et inconfortable, mais il aurait fini avec une histoire à raconter. Au lieu de quoi, il était mort.

Une personne souffrant d'hypothermie passe ainsi par plusieurs étapes. D'abord légers, les tremblements deviennent incroyablement violents, alors que le corps tente de se réchauffer par des contractions musculaires ; s'ensuivent une profonde faiblesse, une lourdeur de mouvement, une perception distordue du temps et des distances : bref, une confusion mentale qui augmente inexorablement et conduit à prendre des décisions imprudentes et illogiques.

La victime est sujette à des hallucinations de plus en plus dangereuses, dont la fausse et cruelle croyance qu'elle n'est pas en train de geler mais de brûler. Beaucoup de malades arrachent leurs vêtements, jettent leurs gants ou s'extirpent de leur sac de couchage. Les annales funèbres du sentier des Appalaches sont pleines d'histoires de randonneurs découverts à moitié nus, étendus dans une congère de neige juste devant leur tente. Quand ce stade est atteint, le corps abandonne la partie et les tremblements cessent ; la léthargie s'installe. Le rythme cardiaque chute et l'activité cérébrale commence à ressembler à une route droite en plaine. À cet instant, même si la victime est repérée, son organisme peut ne pas supporter le choc d'être ramené à la vie.

En 1980, 16 marins danois en perdition lancèrent un SOS, enfilèrent leurs gilets de sauvetage et sautèrent dans la mer du Nord. Ils flottèrent pendant quatre-vingt-dix minutes avant d'être secourus. Leur survie tenait du miracle. On les enveloppa dans des couvertures et on les fit descendre au mess, où ils burent une boisson chaude – et s'écroulèrent brutalement, raides morts. Tous les seize.

Mais assez d'anecdotes sensationnelles. Essayons-nous un peu à cette fascinante pathologie.

J'étais maintenant dans le New Hampshire, ce qui m'enchantait : puisque nous avions emménagé récemment dans l'État, j'étais naturellement curieux de découvrir ce qu'il avait à offrir. Le Vermont et le New Hampshire sont si bien blottis l'un contre l'autre, et si semblables en superficie, climat, accent et activités économiques (principalement le ski et le tourisme) qu'ils sont souvent qualifiés de jumeaux ; mais en vérité ils possèdent des caractères sensiblement différents. Le Vermont, c'est les Volvo, les boutiques d'antiquités et les auberges de campagne aux noms prodigieusement poétiques – le Pavillon du Creux de la Caille ou la Ferme de la Crosse de Fougère. Le New Hampshire, c'est les types avec des casquettes de chasseurs et des pick-up dont les plaques d'immatriculation portent un slogan viril comme « Vivre libre ou mourir ». Les paysages diffèrent aussi considérablement. Les montagnes du

Vermont sont douces, vallonnées, et la profusion des exploitations laitières leur donne un côté plus habité, plus accueillant. Le New Hampshire n'est qu'une vaste forêt. 85 pour cent des 24 200 kilomètres carrés de l'État sont boisés ; quasiment tout le reste se trouve au-dessus de la limite de la flore arborescente ou est constitué de lacs. Donc, mis à part quelques agglomérations ou stations de ski, c'est pour l'essentiel, et parfois de manière spectaculaire, un sanctuaire dédié à la nature sauvage. Quant aux reliefs ils sont particulièrement hauts, escarpés et inhospitaliers. Sur l'AT on dit que, lorsque le randonneur qui remonte du sud arrive dans le Vermont, il a accompli 85 pour cent du trajet mais seulement 50 pour cent de l'effort. La seule portion de chemin qui traverse le New Hampshire et se déroule sur 260 kilomètres à travers les White Mountains propose 35 sommets de plus de 900 mètres.

J'avais tellement entendu parler des rigueurs et des dangers des White Mountains que je me sentais un peu inquiet à l'idée de m'y aventurer seul ; pas franchement terrifié, mais prêt à l'être au moindre récit de charge d'ours. Vous comprendrez donc aisément ma jubilation silencieuse lorsqu'un ami et voisin du nom de Bill Abdu a offert de m'accompagner pour quelques jours de marche. Bill est un très chic type, affable, cultivé, avec une bonne expérience de la randonnée en montagne et l'inestimable avantage d'être un chirurgien orthopédique de talent : exactement ce qu'il vous faut pour affronter les périls de la nature. Je ne m'imaginais pas qu'il serait en mesure de réaliser beaucoup d'interventions chirurgicales là-haut, mais, si je tombais et me cassais le dos, au moins apprendrais-je le nom latin de mon problème.

Nous avons décidé de commencer par le mont Lafayette et avons pris la route par une aube limpide de juillet pour atteindre deux heures plus tard le Franconia Notch State Park – *notch*, dans le dialecte du New Hampshire, signifie col de montagne –, un site célèbre pour sa beauté, situé à proximité de sommets remarquables, au cœur de la White Mountain National Forest. Le Lafayette, c'est 1 597 mètres de granit impitoyable, un vrai monstre. Depuis le fond de la vallée, nous avions 1 100 mètres de dénivelé à gravir, dont 600 sur les 3 premiers kilomètres. Mais la matinée était splendide, avec un soleil doux et généreux à la fois, et cet air vivifiant, d'une pureté absolue, que l'on ne respire que dans les montagnes du Nord. La journée s'annonçait parfaite. Nous avons marché pendant trois heures à un bon rythme, sans parler beaucoup à cause de la rudesse de la montée mais heureux d'être là.

Tous les livres, tous les randonneurs expérimentés, tous les panneaux sur tous les parkings d'accès au sentier vous préviennent que le temps dans les White Mountains peut changer d'un instant à l'autre. Les histoires de campeurs partis en balade sur des crêtes ensoleillées en short et en tennis pour se retrouver, trois ou quatre heures plus tard, titubant vers une mort atroce dans un brouillard glacial sont légion autour des feux de bivouac – mais elles sont vraies et ce jour-là nous avons fait les frais de cette météo capricieuse. Le soleil a brutalement disparu et des volutes de brouillard surgies comme par magie sont montées à travers les arbres. La température a soudain chuté, comme si nous avions pénétré dans un hangar frigorifique. En quelques minutes, la forêt a été plongée dans un calme brumeux. Du fait de la dureté du climat, la limite de la flore arborescente se trouve à peine à 1 460 mètres d'altitude dans les White Mountains alors qu'elle frise les 3 000 mètres sur les autres chaînes. Tandis que nous émergions d'une zone de krummholz, où des arbres rabougris matérialisaient ce dernier élan de la forêt, nous avons soudain été balayés par un vent violent. Nous avons fait halte à l'abri d'un gros rocher pour enfiler nos coupe-vent étanches dans le but de conserver le maximum de chaleur, car j'étais déjà bien mouillé par la sueur de l'effort et l'humidité de l'air – une situation tout à fait regrettable quand la température est en train de chuter et que le vent achève de disperser vos dernières calories. J'ai ouvert mon sac et farfouillé à l'intérieur. En vain. J'ai réfléchi un instant et me suis rappelé avoir sorti le vêtement quelques jours auparavant et l'avoir étalé pour qu'il s'aère. Je n'avais pas pensé à le remettre à sa place.

Bill, qui resserrait la capuche de son anorak, m'a regardé :

« Il y a un problème ? »

Je lui ai expliqué la situation. Son expression s'est assombrie.

« Tu veux faire demi-tour ?

– Oh ! non. »

Je n'en avais absolument aucune envie. Et puis ça n'était pas si grave. Il ne pleuvait pas et je ne ressentais qu'un léger froid. J'ai enfilé mon pull et me suis senti tout de suite mieux. Nous avons regardé la carte ensemble. Nous avions grimpé presque tout le dénivelé, il ne restait guère plus de 2 kilomètres le long d'une crête jusqu'au sommet du mont Lafayette, d'où nous descendrions rapidement jusqu'à un refuge bien aménagé, Greenleaf Hut. Si vraiment j'avais besoin de me réchauffer, nous atteindrions donc cet endroit beaucoup plus rapidement qu'en refaisant les 8 kilomètres qui nous ramèneraient à la voiture.

« Tu es sûr que tu ne veux pas faire demi-tour ?

– Non, ai-je insisté. Nous serons arrivés dans une demi-heure. »

Nous avons donc repris le chemin dans le vent impétueux et un demi-jour d'un gris insondable. J'observais avec inquiétude mon pull couvert de minuscules gouttelettes qui finissaient par le traverser jusqu'à mon tee-shirt déjà humide de sueur. Avant que nous ayons parcouru 400 mètres, la maille était trempée et pendait lourdement sur mes bras et mes épaules.

Pour aggraver les choses, je portais un jean. Tout le monde vous dira que les jeans sont les pires vêtements pour randonner. Par esprit de contradiction, je ne jurais que par eux, car ils sont épais et offrent une protection efficace contre les épines, les insectes, les tiques et le sumac vénéneux – l'idéal, en forêt. Cependant, je reconnais sans peine qu'ils sont d'une inutilité totale contre le froid et l'humidité. Le pull de coton, je l'avais pris un peu par habitude, une sorte de formalité – on était en juillet, tout de même. Je ne m'attendais pas à avoir besoin d'un attirail particulier, mis à part, peut-être, mon fidèle coupe-vent imperméable, que bien sûr je n'avais pas. En résumé, je me trouvais dangereusement sous-équipé et promis à une mort douloureuse. Et question douleur j'ai été servi.

En fait, j'ai eu de la chance de m'en sortir. Le vent soufflait bruyamment à 40 kilomètres-heure avec des rafales qui atteignaient au moins le double. Les bourrasques les plus violentes nous faisaient reculer d'un pas chaque fois que nous avancions de deux. Quand elles arrivaient par le côté, elles nous poussaient brutalement vers le rebord de la crête. Quarante minutes plus tôt, nous sifflotions en plein soleil. Je comprenais maintenant pourquoi les gens mouraient même en été dans les White Mountains.

À l'instant qui nous occupe, je me trouvais dans un vague état de détresse. Je tremblais sans pouvoir me contrôler et me sentais bizarrement étourdi. Il ne paraissait pas encore y avoir de raisons de paniquer, mais j'étais clairement en difficulté. La crête semblait sans fin et dans ce néant laiteux il était impossible de dire combien de temps s'écoulerait avant que nous soyons à l'abri. J'ai jeté un œil à ma montre : 10 h 58. Nous arriverions au refuge juste à temps pour déjeuner, si jamais nous y arrivions. La pensée que je conservais l'esprit clair m'a réconforté. Si j'arrivais à formuler que je n'étais pas désorienté, c'est que je ne l'étais pas. À moins, et cela m'est apparu soudain dans un saisissement, à moins que se persuader soi-même que l'on n'est pas désorienté soit simplement, de façon cruelle, l'un des premiers symptômes de confusion mentale. Voire un symptôme avancé. Comment savoir ? Je pouvais très bien être en train de tituber dans une sorte d'état préconfusionnel désespéré, caractérisé chez le sujet par la peur de se trouver en train de tituber dans un état préconfusionnel désespéré. C'est le problème, quand on perd l'esprit : une fois qu'il est parti battre la campagne, il est trop tard pour le récupérer.

J'ai de nouveau regardé ma montre et découvert avec horreur qu'il était toujours 10 h 58. La perception du temps m'échappait ! Combien de temps me restait-il avant que je me retrouve à danser dans tous les sens, à moitié nu, ou que je sois saisi par l'idée brillante que le meilleur moyen de me sortir de là serait de me jeter dans le vide avec mon parachute magique invisible ? J'ai poussé un petit gémissement et ai accéléré le pas pendant une bonne minute avant de regarder de nouveau ma montre. Toujours 10 h 58 ! J'avais de toute évidence un sérieux problème.

Bill, qui paraissait serein, insensible au froid, et bien sûr n'imaginait pas que j'étais en train de vivre autre chose qu'une simple marche le long d'une crête un peu ventée, se retournait de temps en temps pour me demander comment j'allais.

« Impec ! » disais-je, trop gêné pour admettre que j'étais en train de lâcher prise.

À mon avis, Bill n'avait jamais perdu de patient au sommet d'une montagne et je ne voulais pas l'inquiéter. De plus, je n'étais pas totalement convaincu d'avoir sombré dans la confusion mentale ; j'étais juste sérieusement mal en point.

Je n'ai aucune idée du temps qu'il nous a fallu pour atteindre Greenleaf Hut – une double éternité, peut-être.

« Eh bien, ça n'était pas si terrible ! » ai-je lancé à Bill en apercevant le refuge.

Et je suis parti dans un grand éclat de rire viril, caractéristique des hommes des montagnes.

Greenleaf Hut est l'un des dix refuges de pierre, pittoresques et merveilleusement pratiques (surtout dans mon cas), entretenus par le vénérable Appalachian Mountain Club. L'AMC, fondé au XIXe siècle, n'est pas seulement la plus vieille association américaine de randonnée mais aussi la plus ancienne organisation de protection de l'environnement, toutes catégories confondues. Elle fait payer la somme résolument ambitieuse de 50 dollars par nuit pour une couchette avec dîner et petit déjeuner, ce qui lui vaut d'être surnommée « Appalachian Money Club » par les thru-hikers. De plus, il faut réserver des jours, parfois des semaines, à l'avance. L'AMC ne donne pas vraiment l'impression d'être l'ami du randonneur mais plutôt un genre de club de marcheurs pour la bourgeoisie de Cape Code. Cependant, à son crédit, il faut reconnaître qu'il entretient 2 250 kilomètres de sentiers dans les White Mountains, gère un excellent centre d'accueil pour les visiteurs à Pinkham Notch, publie des livres dignes d'intérêt et vous laisse pénétrer dans ses refuges pour utiliser les toilettes, remplir votre gourde ou simplement vous réchauffer.

Nous avons commandé des cafés et les avons transportés vers une des tables de réfectoire, où nous nous sommes assis pour manger nos paniers-repas, entourés d'une poignée d'autres randonneurs qui dégageaient une douce vapeur. L'endroit était très sympathique dans le style sommaire et rustique, avec un haut plafond et des dégagements spacieux qui permettaient de circuler agréablement. Après avoir avalé mon déjeuner, je suis allé visiter l'un des deux dortoirs. La pièce était vaste, et remplie de couchettes superposées. Elle était propre, bien aérée, mais étonnamment spartiate ; une fois la nuit tombée et les randonneurs installés avec tout leur équipement, elle devait ressembler à un baraquement militaire. Je ne me sentais pas tenté du tout par l'expérience. Si Benton MacKaye n'était certes pas l'instigateur de ces gîtes, ils se trouvaient en accord parfait avec sa vision : dépouillés, bruts, communautaires, propices à une saine camaraderie. Si son rêve d'un chapelet d'auberges en bordure de sentier avait vu le jour, elles auraient ressemblé à ça. Mon fantasme de soirées étapes douillettes et décontractées avec rocking-chairs aurait davantage tenu du séjour en camp d'entraînement – et un séjour onéreux, si l'on se fie aux prix pratiqués par l'AMC.

Le soleil brillait faiblement quand nous avons repris notre descente vers Franconia Notch par un sentier secondaire ; il a peu à peu gagné en force jusqu'à ce que nous retrouvions une belle journée de juillet, un air doux et le chant des oiseaux. Le temps que nous rejoignions la voiture, en fin d'après-midi, j'étais presque complètement sec et ma frayeur sur le mont Lafayette n'était plus qu'un lointain souvenir.

Avant de démarrer le moteur, j'ai jeté un œil à ma montre. Elle indiquait 10 h 58. Je l'ai secouée et la trotteuse s'est remise en marche.

XVIII

Dans l'après-midi du 12 avril 1934, Salvatore Pagliuca, chercheur à l'observatoire météorologique situé au sommet du mont Washington, fit une expérience que personne n'avait faite auparavant ni ne refit après.

Le mont Washington peut parfois être un peu venteux, pour dire les choses sobrement, et cette journée-là était particulièrement agitée. Dans les précédentes vingt-quatre heures, la vitesse du vent n'était pas descendue sous les 170 kilomètres-heure. Quand le moment arriva pour Pagliuca de faire les relevés de l'après-midi, les rafales étaient si violentes qu'il dut attacher une corde autour de sa taille et demander à deux collègues de tenir l'autre bout. La situation était telle que les hommes eurent bien du mal à maintenir ouverte la porte de la station et durent user de toutes leurs forces pour empêcher Pagliuca de se transformer en cerf-volant humain. On ne sait comment il réussit à atteindre ses instruments de mesure ni quelles furent ses paroles quand il revint s'effondrer à l'intérieur, bien que « Nom d'un chien ! » soit une option plausible. Ce qui est certain, c'est qu'il venait juste d'être confronté à un vent de surface de 372 kilomètres-heure. Jamais une telle vitesse n'avait été enregistrée sur la planète. Le mont Washington ne doit pas tant une telle bizarrerie à sa hauteur ou à sa latitude, même si elles exercent une influence certaine, qu'à sa situation dans la zone précise où les conditions atmosphériques de haute altitude du Canada et des Grands Lacs condensent l'humidité de l'air relativement chaud venu de l'Atlantique ou du sud des États-Unis. En conséquence, il reçoit 6,25 mètres de neige par an. En 1969, lors d'une tempête mémorable, 2,49 mètres de gros flocons tombèrent sur son sommet en soixante-douze heures.

Le facteur éolien est aussi remarquable : le vent souffle avec la force d'un ouragan (plus de 120 kilomètres-heure) environ deux jours d'hiver sur trois. En 1994, deux étudiants de l'université du New Hampshire, Derek Tinkham et Jeremy Haas, ont décidé de parcourir la totalité de la Presidential Range – la chaîne Présidentielle, sept sommets baptisés du nom de présidents américains, dont le mont Washington. Bien qu'ils soient des randonneurs hivernaux expérimentés et correctement équipés, ils étaient loin d'imaginer ce qui les attendait. La deuxième nuit, le vent a soufflé à 145 kilomètres-heure et la température est descendue à – 25 degrés. Je me suis déjà retrouvé à – 25 degrés par temps calme et je peux vous dire que, même bien emmitouflé et bénéficiant de la chaleur résiduelle emmagasinée dans la maison que je venais de quitter, c'est devenu clairement inconfortable au bout d'une minute. Quoi qu'il en soit, les deux garçons ont survécu à cette nuit, mais le lendemain Haas a annoncé qu'il ne pouvait aller plus loin. Tinkham l'a aidé à se glisser dans un sac de couchage puis a titubé jusqu'à l'observatoire météorologique, distant de 3 kilomètres. Il a réussi à l'atteindre juste à temps, mais avec de graves gelures. Son ami, quant à lui, a été retrouvé le jour d'après « à moitié sorti de son sac de couchage et dur comme une pierre ».

Des tas d'autres gens ont péri sur le mont Washington dans des situations bien moins extrêmes. Ainsi Lizzie Bourne, une jeune femme qui en 1855, alors que le sommet commençait à attirer les touristes, décida de s'y attaquer avec deux compagnons masculins par un bel après-midi de septembre. Comme vous l'avez deviné, le temps changea et ils se retrouvèrent perdus dans le brouillard. On ignore pourquoi, mais ils se séparèrent. Les hommes réussirent à atteindre un hôtel peu après la tombée de la nuit ; Lizzie fut découverte le lendemain, à seulement 45 mètres de la porte de l'établissement mais tout à fait morte. Au total, 122 personnes ont perdu la vie sur le mont Washington. Jusqu'à ce qu'il soit récemment supplanté par le mont McKinley (Alaska), c'était le sommet le plus meurtrier d'Amérique du Nord. C'est pourquoi, lorsque l'intrépide docteur Bill Abdu et moi-même nous sommes garés à son pied quelques jours plus tard pour notre deuxième ascension, j'avais apporté assez de vêtements de secours pour traverser l'Arctique : coupe-vent imperméable, pull en laine, blouson, gants, pantalon de rechange et caleçons longs. Plus jamais je ne me retrouverais frigorifié en altitude.

Le Washington, qui avec ses respectables 1 916 mètres est en passant le plus haut pic au nord des Great Smoky Mountains et à l'est des Rocheuses, connaît donc peu de fenêtres météorologiques favorables. Aussi une véritable foule était-elle au rendez-vous ce jour-là. À notre arrivée sur le parking du centre d'accueil touristique de Pinkham Notch, à 8 h 10 du matin, j'ai compté plus de 70 voitures – et chaque minute voyait leur nombre augmenter. Le mont Washington est le sommet le plus populaire des White Mountains et le sentier du Tuckerman Ravine, l'itinéraire que nous avions choisi, est la voie la plus empruntée pour en réaliser l'ascension ; il s'y presse chaque année quelque 60 000 randonneurs, mais une bonne partie d'entre eux se font déposer en haut et n'effectuent que la descente, ce qui fausse un peu les chiffres. Cette affluence, sous le ciel bleu d'une belle matinée chaude et merveilleusement prometteuse de la fin juillet, restait donc tout à fait modérée.

La montée s'est avérée beaucoup plus facile que je n'avais osé l'espérer. Même si un peu d'eau avait coulé sous les ponts depuis mon équipée avec Katz, j'avais toujours du mal à m'accoutumer à gravir des montagnes sans un gros sac à dos. Je ne dirais pas que nous avons gambadé jusqu'au sommet mais, considérant qu'il y avait presque 1 370 mètres de dénivelé sur un peu moins de 5 kilomètres, nous avons progressé à une allure assez soutenue. Il nous a fallu 2 heures et 40 minutes pour atteindre notre but. Le topoguide de Bill sur les White Mountains annonçait 4 heures et 15 minutes de marche : nous étions donc plutôt fiers de nous.

Il existe certainement des sommets plus difficiles et plus enthousiasmants que le mont Washington sur le sentier des Appalaches, mais aucun n'est plus déconcertant. Vous peinez sur la dernière portion d'ascension abrupte et rocailleuse pour atteindre ce qui, après tout, est une éminence considérable et, au moment où votre tête émerge au faîte de la montée, vous êtes accueilli par un vaste parking en terrasse, bourré de voitures qui flamboient au soleil. Derrière s'élève un ensemble de bâtiments éparpillés au milieu desquels vaquent des tas de gens en short et casquette de base-ball. On dirait une foire transplantée de manière incongrue tout en haut d'une montagne. On est tellement habitué sur l'AT à ne partager les sommets qu'avec une poignée de personnes qui ont toutes fourni le même effort que vous pour en arriver là, que cette vision m'a proprement stupéfié. Les visiteurs peuvent monter sur le mont Washington en voiture grâce à une route à péage ou emprunter un train à crémaillère sur un autre versant. Des centaines de gens – des centaines et des centaines, semblait-il – avaient choisi ces options. Ils étaient partout, se faisaient dorer au soleil, s'accrochaient aux rambardes sur les terrasses panoramiques, flânaient parmi les boutiques et les espaces de restauration. J'ai cru pendant quelques minutes débarquer d'une autre planète. C'était génial ! Non… En réalité, cette désacralisation d'un tel sommet était un cauchemar, mais j'étais ravi qu'une chose pareille existe au moins à un endroit. Le reste du sentier n'en paraissait que plus parfait.

Un petit musée était consacré au climat, à la géologie et à la flore du mont, mais ce qui a surtout retenu mon attention a été un petit film réalisé, je suppose, par les météorologistes eux-mêmes. Tourné avec une caméra fixe sur l'une des esplanades panoramiques, il montrait un homme assis à une table durant un violent coup de vent. Tandis qu'il la retenait avec ses deux mains, un serveur s'approchait en luttant contre les bourrasques avec une difficulté manifeste, comme quelqu'un qui marcherait sur les ailes d'un avion à 10 000 mètres d'altitude. Il essayait de verser un bol de céréales à son client, mais les pétales s'envolaient horizontalement depuis la boîte. Il ajoutait ensuite du lait qui suivait le même chemin sans épargner le client au passage – un moment particulièrement plaisant. Puis le bol se trouvait emporté, suivi des couverts et, si je me souviens bien, de la table. C'était tellement drôle que j'ai regardé la saynète deux fois, puis je suis parti à la recherche de Bill pour la lui montrer mais n'ai pu mettre la main sur lui dans la bousculade incessante. Je suis sorti sur la plate-forme panoramique et ai regardé le train à crémaillère qui ahanait dans l'ascension en crachant des nuages de fumée noire. Quand il s'est enfin arrêté, des centaines de joyeux touristes en ont surgi.

Le tourisme ne date pas d'hier sur le mont Washington. Dès 1852 il y eut un restaurant au sommet ; les propriétaires servaient presque une centaine de repas par jour. En 1853, un petit hôtel de pierre fut bâti à proximité ; baptisé Tip-Top House, il connut un succès immédiat. En 1869, Sylvester March, un entrepreneur local, construisit le fameux chemin de fer à crémaillère. Tous pensaient qu'il était fou et que, même s'il venait à bout du chantier, ce qui était peu probable, son train n'intéresserait personne. Je constatais que les visiteurs n'en étaient toujours pas lassés.

Cinq ans après l'ouverture de la ligne à crémaillère, le vieux Tip-Top céda la place au prestigieux Summit House Hotel, bientôt suivi d'une tour de 12 mètres émettant un faisceau multicolore qui pouvait être vu dans toute la Nouvelle-Angleterre et même depuis l'océan. Un peu plus tard, un petit quotidien du sommet fut fondé pour amuser les estivants et American Express, alors première société de messageries du pays, ouvrit une agence.

Pendant ce temps-là se développait une activité tout aussi florissante au pied du mont Washington. L'industrie du tourisme moderne, comprise dans le sens où des gens se rendent en masse sur un site agréable pourvu de quantité de distractions, est essentiellement une invention des White Mountains. Des hôtels comptant jusqu'à 250 chambres poussèrent dans chaque vallée. Ces « cottages » de la taille d'un sanatorium offraient, avec leurs toits pentus et leur profusion de tourelles, toutes les excentricités architecturales de l'époque victorienne. Ils comportaient des jardins d'hiver, des salles à manger gigantesques et des vérandas qui ressemblaient aux ponts-promenades des paquebots.

Profile House, à Franconia Notch, possédait sa propre ligne de chemin de fer sur 13 kilomètres. Le Maplewood comprenait un casino. Les clients de Crawford House se voyaient proposer neuf quotidiens de New York et Boston. Les hôtels des White Mountains étaient à l'avant-garde en termes de confort et de loisirs – ascenseurs, éclairage au gaz, piscines, parcours de golf… Dans les années 1890, il en existait 200. Il n'y avait jamais eu nulle part une telle concentration d'établissements aussi splendides, en tout cas pas en montagne. Aujourd'hui, ils ont presque tous disparu.

En 1902, le plus somptueux de tous, le Mount Washington Hotel, ouvrit à Bretton Woods sur fond de Presidential Range. Son architecte le décrivait comme de style « Renaissance espagnole » et pour sa décoration intérieure on avait fait appel à 250 artisans italiens. Pourtant, il était déjà presque dépassé.

La mode changeait. Les vacanciers découvraient le bord de mer. Les hôtels des White Mountains semblaient un peu trop ennuyeux, isolés et coûteux pour le goût moderne. Pis, ils avaient commencé à attirer une catégorie de gens peu fréquentables : des parvenus de Boston et New York. Et puis il y avait l'automobile. Tous ces établissements avaient été conçus pour que les clients y séjournent au moins quinze jours, mais les véhicules motorisés avaient donné la bougeotte aux Américains. Un guide touristique de 1924 vantait les splendeurs des White Mountains… mais encourageait les visiteurs à n'y consacrer qu'une journée et une nuit. L'Amérique ne rentrait pas seulement dans l'ère de la voiture mais aussi dans celle du TDA – le trouble de déficit de l'attention.

L'un après l'autre, les hôtels fermèrent, tombèrent en ruine ou brûlèrent (par miracle, les seules choses épargnées dans les incendies étaient généralement les contrats d'assurances). Leurs terrains furent peu à peu reconquis par la forêt. Autrefois, j'aurais pu contempler depuis le sommet une vingtaine de beaux édifices. Aujourd'hui, il ne restait que le Mount Washington Hotel, toujours impressionnant avec son toit rouge qui parvenait encore à lui donner un petit air de fête malgré les perspectives de faillite. Partout ailleurs dans la vallée où s'étaient fièrement dressés entre autres le Fabyan, le Mount Pleasant et Crawford House, il n'y avait que forêts, routes et motels.

XIX

« J'ai une idée géniale ! » a annoncé Stephen Katz.

Nous nous tenions dans le salon de ma maison, à Hanover, deux semaines après mon ascension du mont Washington. Nous devions prendre ensemble la direction du Maine dans la matinée.

« Ah ! oui ? » ai-je répondu en essayant de ne pas paraître trop sur mes gardes, parce que les idées ne sont pas le point fort de Katz.

« Tu sais quel cauchemar c'est de trimballer un sac à dos plein… »

J'ai hoché la tête. Évidemment.

« Eh bien, j'y ai réfléchi l'autre jour. En fait, j'y ai souvent pensé parce que, pour te dire la vérité, Bryson, l'idée de me remettre ce machin sur le dos me colle… »

Il a baissé la voix d'un ton.

« … carrément les boules. »

Il a opiné avec solennité et répété ces derniers mots.

« Et puis j'ai eu cette idée géniale. Une alternative. Ferme les yeux.

– Pourquoi ?

– Je veux te faire la surprise. »

Je déteste devoir fermer les yeux en attendant une surprise et j'ai toujours détesté cela, mais je me suis quand même exécuté.

Je l'entendais farfouiller dans son sac des surplus de l'armée.

« Avec quoi transporte-t-on toujours de grosses charges ? C'est ce que je me suis demandé. Avec quoi transporte-t-on de grosses charges tous les jours ? a-t-il poursuivi. Eh ! ne regarde pas ! Et puis j'ai trouvé. »

Il est resté silencieux un moment, comme s'il effectuait quelques derniers ajustements pour créer un effet maximal.

« OK. Maintenant tu peux regarder. »

J'ai ôté mes mains de devant mes yeux. Katz, avec un sourire absolument radieux, tenait un sac de distribution du *Des Moines Register* – le genre de besace jaune vif que les livreurs de journaux en Amérique jettent par-dessus leur épaule avant de grimper sur leur vélo et de commencer leur tournée.

« Tu n'es pas sérieux, ai-je dit calmement.

– Je n'ai jamais été plus sérieux, mon vieux compagnon des montagnes. Je t'en ai acheté une aussi. »

Il m'a tendu une deuxième besace piochée dans son sac de marin, toujours soigneusement pliée dans son emballage de cellophane.

« Stephen, tu ne peux pas traverser les étendues sauvages du Maine avec une besace de livreur de journaux.

– Et pourquoi pas ? Elle est confortable, imperméable – assez, en tout cas –, grande, logeable, et ne pèse que 100 grammes. C'est l'accessoire de randonnée idéal. Laisse-moi te poser une question. Quand, pour la dernière fois, as-tu entendu parler d'un livreur de journaux souffrant d'une hernie ? »

Il a hoché la tête avec componction comme pour signifier que cette fois, il m'en avait bien bouché un coin.

J'ai tenté quelques mouvements préparatoires avec ma bouche dans le but d'articuler quelque chose, mais Katz a enchaîné avant que j'aie pu organiser mes idées.

« Voici le plan. Nous réduisons le poids au strict minimum : pas de réchaud, pas de bouteille de gaz, pas de nouilles, pas de café, pas de tentes, pas de housses ni de sacs de couchage. Nous randonnons et nous campons comme de vrais hommes des montagnes. Est-ce que Daniel Boone avait un duvet trois saisons en fibres synthétiques ? Ça m'étonnerait. Nous n'emportons que des aliments froids, des gourdes d'eau, peut-être un jeu de vêtements de rechange. Je pense que nous pouvons ramener le poids jusqu'à 2 kilos. Et… »

Il a fait tournoyer sa main avec ravissement dans la besace vide.

« Tout ça là-dedans ! »

À l'expression de son visage, il semblait s'attendre à ce que je le couvre d'éloges.

« Tu as réfléchi au côté ridicule du truc ?

– Ouaip ! M'en fous.

– Tu as songé au sujet d'irrépressible hilarité que tu représenterais pour chaque personne croisée entre ici et le mont Katahdin ?

– Rien à foutre !

– Bon, et tu ne t'es pas demandé ce que dirait un ranger s'il découvrait que tu te lances dans la traversée de la Hundred Mile Wilderness avec un sac de livreur de journaux ? Est-ce que tu sais qu'ils ont le pouvoir d'arrêter toute personne qu'ils ne jugent pas physiquement ou mentalement apte à s'y engager ? »

C'était un mensonge, mais il a eu le mérite de générer un début de plissement prometteur sur son front.

« De plus, ne t'es-tu pas dit que, si un livreur de journaux n'avait pas de hernie, c'est parce qu'il ne transportait sa besace qu'une heure par jour, alors que traînée dix heures durant en montagne elle deviendrait nettement moins confortable ? Qu'elle cognerait sans arrêt contre ta jambe et que la bandoulière t'arracherait la peau des épaules ? Regarde, elle t'irrite déjà le cou ! »

Il a furtivement baissé les yeux vers la bretelle. Le point positif avec Katz et ses idées, c'est qu'il n'est jamais trop dur de l'y faire renoncer.

« OK, a-t-il acquiescé, on laisse tomber. Mais on voyage léger ! »

Cela m'allait très bien. En fait, c'était une suggestion parfaitement sensée. Nous avons tout de même emporté plus de choses que ne le souhaitait Katz : j'ai insisté pour les sacs de couchage, les vêtements chauds et les tentes, au motif que l'expédition pourrait être beaucoup plus éprouvante que ce qu'il imaginait, mais j'ai accepté de renoncer au réchaud, aux recharges de gaz et aux gamelles. Nous mangerions froid : surtout des Snickers, des raisins secs et des sortes de saucisses sèches imputrescibles baptisées Slim Jims. Pour une quinzaine de jours, cela ne nous tuerait pas. De plus, je ne pouvais supporter l'idée d'un bol de nouilles supplémentaire. Globalement, nous avons peut-être économisé 2,5 kilos chacun – pas grand-chose, en vérité, mais Katz semblait démesurément heureux.

Le lendemain, ma femme nous a conduits au cœur des étendues boisées du nord du Maine pour notre trek à travers la Hundred Mile Wilderness. Le Maine est trompeur. Parmi nos États, il se classe à la douzième place en superficie mais possède plus de forêts sauvages (40 500 kilomètres carrés) qu'aucun autre, hormis l'Alaska. Sur les photographies, il paraît serein et attirant ; creusé de centaines de lacs froids et profonds, orné de montagnes brumeuses aux ondulations paresseuses, il a presque des allures de parc d'agrément. Seul le mont Katahdin, avec sa musculature étonnante, offre un visage vaguement intimidant. Mais en réalité les difficultés sont partout.

Les gens chargés de la maintenance des sentiers dans la région se sont acharnés à sélectionner les ascensions les plus rocailleuses, les pentes les plus rébarbatives, et le Maine en possède des quantités époustouflantes. Tout au long de ses 455 kilomètres à travers l'État, le sentier des Appalaches impose aux randonneurs qui se dirigent vers le nord un total de 30 500 mètres de dénivelé en montée – trois fois l'Everest ! Et au milieu du parcours se trouve la célèbre Hundred Mile Wilderness : « 100 miles de nature sauvage » ou plus exactement 99,7 miles de sentier (157 kilomètres) qui s'étirent en pleine forêt boréale, sans un seul magasin, une seule maison, une seule route goudronnée, du village de Monson jusqu'à un camping situé à Abol Bridge, au pied du mont Katahdin. C'est la portion la plus isolée de l'AT. Si quelque chose tourne mal, vous êtes seul. Vous pouvez y mourir d'une ampoule infectée.

Pour la plupart des gens, il faut sept à dix jours pour traverser cette étendue. Puisque nous disposions de deux semaines, ma femme nous a laissés à Caratunk, un village perdu sur la Kennebec River, 60 kilomètres avant Monson.

Nous aurions donc trois jours pour nous dégourdir les jambes et pourrions effectuer un ravitaillement avant de plonger irrémédiablement au plus profond des bois. J'avais déjà randonné un peu plus à l'ouest en reconnaissance et me sentais donc en terrain connu. Quand bien même, cela a été un sacré choc.

C'était la première fois en presque quatre mois que je soulevais un sac à dos bien plein. Je n'arrivais pas à croire qu'il puisse peser si lourd ; je n'arrivais pas à croire qu'il y avait même eu une époque où je ne le croyais plus si lourd que ça. L'effort a été immédiat, décourageant. Mais j'avais au moins quelques marches à mon actif depuis notre dernière randonnée. Il est rapidement apparu que Katz repartait de zéro. Depuis Caratunk, un chemin de 8 kilomètres montait doucement jusqu'à un grand lac, Pleasant Pond. Cela ne représentait aucun défi particulier, mais j'ai immédiatement remarqué que mon compagnon se déplaçait avec une incroyable circonspection et soufflait bruyamment, avec une sorte d'expression choquée qui signifiait : « Mais où suis-je ? »

Tout ce qu'il a pu prononcer, quand je lui ai demandé comment il allait, a été « Hé ! », suivi plus tard d'un unique « Putaaaain ! » venu du fond du cœur quand il a laissé tomber son sac à la première pause, au bout de quarante-cinq minutes. L'après-midi était lourd et Katz ruisselait de sueur. Il a attrapé une des gourdes et en a quasiment bu la moitié. Puis il m'a regardé avec des yeux pleins d'un calme désespoir, a remis son sac sur ses épaules et, sans un mot, est retourné à son devoir.

Pleasant Pond était un lieu de villégiature ; nous entendions les cris des enfants qui nageaient et s'aspergeaient, bien que nous ne puissions les voir à travers les arbres. Sans leurs joyeuses manifestations, nous n'aurions même pas su qu'ils se trouvaient là, tant les bois peuvent paraître étouffants. Plus loin se dressait Middle Mountain, qui affiche seulement 760 mètres d'altitude, mais extrêmement escarpés : cela restait un défi par une chaude journée avec un sac tirant sur nos tendres épaules. J'ai avancé sans enthousiasme, d'un pas pénible, jusqu'au sommet. Katz n'a pas tardé à se retrouver loin derrière.

Il était plus de 18 heures quand je suis arrivé en bas de l'autre versant ; j'y ai découvert une aire de camping dans un lieu appelé Baker Stream, au bord d'une route forestière peu fréquentée. J'ai attendu Katz quelques instants puis ai monté ma tente. Ne le voyant pas apparaître au bout de vingt minutes, je suis parti à sa recherche. Lorsque je suis finalement tombé sur lui, je me suis aperçu qu'il se trouvait en fait à presque une heure de marche derrière moi. Son regard était vitreux.

Je lui ai pris son sac et ai poussé un soupir en découvrant qu'il était anormalement léger.

« Qu'est-ce qui est arrivé à ton sac ?

– Ouais, j'ai balancé des trucs, a-t-il répondu avec mauvaise humeur.

– Quoi ?

– Oh ! des vêtements et d'autres trucs. »

Il semblait hésiter entre la culpabilité et la rébellion. Il a décidé de tenter la rébellion.

« Ce pull débile, pour commencer. »

Nous nous étions un peu chamaillé sur la nécessité d'emporter des lainages.

« Mais il pourrait faire froid. Le temps est très changeant en montagne.

– Ouais, c'est ça. On est en août, Bryson. Je ne sais pas si tu as remarqué. »

Il était inutile de tenter de le raisonner. Quand nous avons atteint le camping, je l'ai laissé monter sa tente et ai regardé dans son sac. Il avait jeté presque tous ses habits de rechange et, semblait-il, une bonne partie des provisions, comme autrefois…

« Où sont les cacahouètes ? ai-je demandé. Et tes Slim Jims ?

– On n'a pas besoin de tout ce bordel. Monson n'est qu'à trois jours de marche.

– La plupart de ces provisions étaient pour la Hundred Mile Wilderness, Stephen. On ignore quel genre d'approvisionnement on trouvera à Monson.

– Oh ! »

Frappé par l'évidence, il a pris une expression contrite.

« Je me disais aussi que ça faisait beaucoup pour trois jours. »

J'ai fouillé désespérément dans son sac.

« Où est ton autre gourde ? »

Il m'a jeté un œil craintif.

« Je l'ai balancée.

– Tu as balancé une gourde ? »

C'était proprement hallucinant. S'il y avait bien une chose dont on avait besoin sur le sentier au mois d'août, c'était de l'eau en abondance.

« C'était lourd.

– Bien sûr que c'était lourd ! L'eau est toujours lourde ! Et elle est aussi un peu vitale, tu ne crois pas ? »

Il m'a regardé avec impuissance.

« Il fallait que je me débarrasse d'un peu de poids. J'étais au bout du rouleau.

– Non, tu étais complètement crétin !
– Ouais, ça aussi, ouais !
– Stephen, j'aimerais bien que tu arrêtes de faire ce genre de truc.
– Je sais », a-t-il répondu, l'air sincèrement gêné.

Tandis qu'il finissait d'installer sa tente, je suis allé filtrer de l'eau pour le lendemain matin. Baker Stream était en fait une rivière, large, claire, peu profonde, très belle dans la lumière de ce soir d'été. Au moment où je m'agenouillais au bord de l'eau, j'ai eu la sensation curieuse d'une présence – quelque chose – dans la forêt, derrière mon épaule gauche, qui m'a fait me redresser pour scruter à travers le feuillage touffu de la rive. Dieu sait ce qui m'a poussé à regarder, car je n'entendais rien d'autre que le chant tumultueux du cours d'eau, mais là, à environ 5 mètres dans le sous-bois sombre, un orignal me dévisageait avec une expression menaçante : une femelle adulte, du moins l'ai-je présumé, car elle ne portait pas de ramure. Elle se rendait manifestement à la rivière pour s'abreuver quand ma vision l'avait arrêtée net ; il était clair qu'elle se demandait maintenant quelle attitude adopter.

C'est une expérience extraordinaire de se retrouver en pleine forêt face à un animal sauvage qui est beaucoup plus grand que vous. Vous savez, bien sûr, qu'il y a des bêtes aux alentours, mais vous ne vous attendez jamais vraiment à en croiser une, et sûrement pas d'aussi près – celle-ci était si proche que je voyais le nuage d'insectes qui flottait autour de sa tête. Nous nous sommes observés pendant une bonne minute. Aucun de nous ne semblait savoir quoi faire. Un certain parfum d'aventure évident, gratifiant, présidait à tout cela, mais il y avait aussi quelque chose de plus profond : une sorte de reconnaissance mutuelle respectueuse rendue possible par le contact visuel prolongé. L'exaltation naissait surtout de cette sensation : la conscience que, dans une petite mesure, nous nous saluions à travers cette évaluation réciproque. Très lentement, afin de ne pas inquiéter l'orignal, j'ai reculé pour aller chercher Katz.

À notre retour, la femelle avait pénétré dans l'eau et buvait à quelques mètres en aval.

« Waouh ! » a soufflé Katz.

J'étais heureux de constater qu'il était bouleversé lui aussi. La bête a levé la tête vers nous, décidé que nous ne lui voulions aucun mal et recommencé à boire. Nous l'avons regardée pendant cinq minutes, mais les brûlots nous dévoraient ; nous avons donc rebroussé chemin jusqu'au camping avec un sentiment de joie intense. C'était une sorte de consécration – nous étions *vraiment* en pleine nature sauvage, à présent – et aussi une récompense bienvenue après une journée de dur labeur.

Nous avons dîné de Slim Jims, de raisins secs et de Snickers, puis nous nous sommes retirés dans nos tentes pour échapper aux attaques incessantes des insectes. Une fois allongé, Katz a lancé avec une certaine jovialité :

« Dure étape aujourd'hui ! Je suis mort ! »

Cela ne lui ressemblait pas de se mettre à bavarder à l'heure du coucher.

J'ai grogné en signe d'acquiescement.

« J'avais oublié à quel point c'était difficile.

– Ouais, moi aussi.

– Mais bon, les premiers jours sont toujours les plus rudes, hein ?

– Ouais. »

Il a poussé un soupir d'aise et bâillé mélodieusement.

« Ça ira mieux demain », a-t-il dit sans cesser de bâiller.

J'ai supposé qu'il entendait par là qu'il ne balancerait plus rien d'important en route.

« Bien, bonne nuit », a-t-il ajouté.

J'ai fixé la paroi de ma tente en direction de sa voix. Après toutes ces semaines de camping ensemble, c'était la première fois qu'il me souhaitait bonne nuit.

« Bonne nuit », ai-je répondu.

Je me suis tourné sur le côté. Il avait raison, bien entendu. Les premiers jours sont toujours atroces. Ça irait mieux demain. Nous nous sommes endormis aussitôt.

Nous avions tort tous les deux. La journée a pourtant bien commencé, avec une aube ensoleillée qui promettait de nouvelles chaleurs. Jamais encore sur le sentier nous ne nous étions réveillés sans éprouver une sensation de froid, alors nous avons apprécié la nouveauté. Après avoir replié nos tentes, déjeuné de raisins secs et de Snickers, nous nous sommes enfoncés dans les bois.

Vers 9 heures, le soleil déjà haut brillait ardemment. Même par temps chaud, la forêt conserve généralement sa fraîcheur, mais ce jour-là l'air était lourd, immobile, humide, presque tropical. Au bout de deux heures de marche, nous avons atteint un étang. Au-delà se dressait la masse gigantesque de Moxie Bald Mountain, qui semblait nous attendre. Mais l'AT s'interrompait de manière brutale et déconcertante à la limite de l'eau. Katz et moi nous sommes regardés : quelque chose clochait. Pour la première fois depuis la Géorgie, nous nous sommes demandés si nous n'avions pas perdu le sentier (Dieu sait à quelle conclusion serait arrivé Chicken John). Nous avons rebroussé chemin sur une bonne distance, étudié notre carte et consulté notre topoguide, mais nous avons dû admettre qu'il nous faudrait traverser l'étang. Sur la rive opposée, à quelque 70 mètres, Katz a repéré un marquage blanc de l'AT : nous devions clairement passer à gué.

Mon compagnon a ouvert la voie, pieds nus et en caleçon, avec un long bâton en guise de perche pour essayer de trouver un passage stable sur un fatras de troncs submergés en totalité ou à demi. Je l'ai suivi en utilisant la même technique mais suis resté suffisamment loin derrière pour éviter de peser sur les troncs où lui-même prenait appui. Ils étaient couverts d'une mousse glissante et avaient tendance à osciller dangereusement chaque fois que nous marchions dessus. À deux reprises, Katz a failli faire la culbute. Au bout de 20 mètres seulement, il a complètement perdu l'équilibre et sombré dans l'eau boueuse avec un battement de bras et un cri désespéré. Il a disparu sous la surface, est réapparu, a disparu une seconde fois puis est réapparu de nouveau en se débattant avec une telle sauvagerie que pendant quelques instants j'ai cru qu'il se noyait. Le poids de son sac le tirait clairement vers l'arrière, l'empêchait de reprendre une position verticale et même de réussir à garder la tête hors de l'eau. J'étais sur le point de me défaire de mon propre barda pour plonger à son secours, mais il a fini par saisir une branche et se redresser. L'eau lui arrivait à la poitrine. Il luttait visiblement pour reprendre sa respiration et se calmer. De toute évidence, il avait eu peur.

« Ça va ? ai-je demandé.

– Oh ! super ! a-t-il répliqué. Un régal ! Je ne sais pas pourquoi ils n'ont pas lâché en prime quelques crocodiles là-dedans pour que ça fasse vraiment aventure. »

Nous avons poursuivi notre traversée, mais un moment plus tard c'était mon tour de piquer une tête. J'ai vécu quelques instants irréels, au ralenti, à observer le monde depuis la perspective inhabituelle d'une ligne de flottaison fangeuse, et même juste en dessous, tandis que mes mains se tendaient avec impuissance vers un rondin qui était pile hors de ma portée – tout cela dans un curieux silence plein de bulles. Katz s'est précipité pour m'aider, m'a fermement attrapé par mon tee-shirt pour me ramener à la lumière, au bruit, et me remettre debout. Il était étonnamment costaud.

« Merci, ai-je haleté.

– Pas de souci ! »

Nous avons pataugé lourdement vers le rivage, trébuchant tour à tour et nous aidant mutuellement à nous relever, puis avons échoué sur la berge boueuse, ornés de guirlandes de végétation pourrissante. Nous nous sommes assis par terre, crevés, trempés ; nous regardions fixement l'étang, comme s'il nous avait joué un mauvais tour. Je ne me souvenais d'aucun moment sur le sentier où je m'étais senti aussi épuisé si tôt dans la journée. Tandis que nous restions plantés là, nous avons entendu des bruits de voix : deux jeunes beatniks en excellente condition physique ont surgi des bois derrière nous. Ils nous ont salués de la tête et ont observé l'eau d'un air connaisseur.

« J'ai bien peur qu'il vous faille barboter un peu », a dit Katz.

Un des garçons l'a regardé avec aménité.

« C'est la première fois que vous marchez dans ce coin ? »

Nous avons acquiescé.

« Eh bien, je ne veux pas vous décourager, monsieur, mais ça n'est pas la dernière fois que vous vous faites mouiller. »

Sur ce, lui et son compagnon ont levé leurs sacs au-dessus de leurs têtes, nous ont souhaité bonne chance et ont pénétré dans l'eau. Avec adresse, ils ont traversé en moins d'une minute et sont ressortis comme après un simple bain de pieds ; ils ont remis leurs sacs bien secs sur leur dos et nous ont adressé un petit salut avant de disparaître.

Katz a lâché une profonde expiration, mi-soupir mi-exercice, pour vérifier qu'il savait toujours respirer.

« Bryson, je ne veux pas être négatif – loin de moi cette idée – mais je ne suis pas sûr d'être taillé pour ce genre d'activité. Tu pourrais soulever ton sac au-dessus de ta tête comme ça ?

– Non. »

Et sur cette note prémonitoire, nous avons resserré nos sangles et entamé la montée vers Moxie Bald Mountain dans un bruit de succion.

Randonner sur le sentier des Appalaches est la chose la plus dure que j'aie jamais faite de ma vie et la section du Maine est sans conteste la portion la plus dure de l'AT, à un degré que je n'aurais jamais pu imaginer. Déjà, il y avait la chaleur. L'État du Maine connaissait une terrible vague de canicule. Sous le soleil accablant, le dallage de granit de Moxie Bald Mountain irradiait comme un four ; même en forêt, l'air était oppressant, nous collait au corps, comme si les frondaisons nous l'avaient soufflé à la figure. Nous transpirions constamment, énormément, et buvions en quantités inhabituelles sans jamais cesser d'avoir soif. L'eau se trouvait parfois en abondance mais, la plupart du temps, restait inaccessible sur de longues distances ; nous n'étions donc jamais sûrs de la ration que nous pouvions avaler sans nous retrouver à court un peu plus tard. Même à plein, nous étions limités à cause de la gourde que Katz avait jetée. Et puis il y avait les insectes, impitoyables, et un sentiment d'isolement étrangement dérangeant sur un relief toujours difficile.

Katz réagissait à tout cela d'une façon que je n'avais jamais observée auparavant. Il faisait preuve d'une sorte de résolution irrévocable, comme si le seul moyen de négocier cette situation était de s'y jeter à corps perdu pour en être débarrassé au plus vite.

Le lendemain, nous sommes arrivés très tôt à la première des nombreuses rivières que nous allions devoir passer à gué. Elle s'appelait Bald Mountain Stream, c'est-à-dire torrent de la Montagne chauve, mais il s'agissait bien d'une rivière, large, vive, jonchée de gros rochers. Elle était incroyablement belle – des paillettes étincelantes dansaient à la surface dans le soleil matinal et son eau était d'une limpidité merveilleuse –, mais il était impossible de dire depuis le rivage quelle profondeur elle atteignait en son milieu. Son courant paraissait très fort. Mon guide du sentier des Appalaches pour la partie Maine faisait allégrement remarquer que plusieurs larges rivières de cette région « … pouvaient être difficiles voire dangereuses à traverser en périodes de hautes eaux ». Ce qui est sûr, c'est qu'il y avait beaucoup de courant.

Nous avons retiré nos chaussures et nos chaussettes, retroussé nos pantalons et avancé précautionneusement dans l'eau glacée. Les pierres du fond, de toutes tailles et de toutes formes, blessaient nos pieds et étaient couvertes d'un film de vase verte exaspérément glissant. Je n'avais pas fait trois pas que mes pieds ont dérapé : je me suis retrouvé assis dans l'eau. J'étais en train de me persuader que cela me ferait un souvenir génial, quand deux jeunes gars – les clones de ceux que nous avions rencontrés la veille – m'ont dépassé avec assurance ;

leurs grandes enjambées soulevaient des gerbes d'éclaboussures et ils tenaient leurs sacs au-dessus de leurs têtes.

« Une chute ? a demandé joyeusement l'un d'eux.

– Non, je voulais juste examiner l'eau d'un peu plus près. »

Pauvre crétin des Alpes bodybuildé !

Pendant ce temps-là, Katz expérimentait plusieurs moyens de progresser de rocher en rocher, mais il avait fini par se retrouver coincé sur l'un d'eux. Je n'avais aucune idée de la façon dont il avait pu arriver là-haut : son promontoire semblait isolé, entouré de tous côtés par des bras de rivière dangereusement bouillonnants. Il ne savait de toute évidence pas quoi faire. Il s'est laissé glisser dans l'eau pour franchir les derniers 10 mètres qui le séparaient du rivage mais a été instantanément balayé comme une plume. Pour la seconde fois en deux jours, j'ai sincèrement pensé qu'il allait se noyer – il semblait totalement impuissant –, mais le courant l'a porté vers une zone peu profonde, 6 mètres plus loin, derrière un barrage de galets miroitants. Lorsqu'il a émergé, il a rampé à quatre pattes vers la berge et s'est relevé pour s'enfoncer dans les bois sans un regard en arrière, comme si de rien n'était.

Nous avons donc continué en direction de Monson, sur un sentier ponctué de cours d'eau à traverser, et avons récolté au passage des hématomes, des griffures et des piqûres d'insectes qui transformèrent nos dos en cartes en relief. Le troisième jour, groggy après tant d'heures sous les arbres, nous avons déboulé sur une route ensoleillée, la première depuis Caratunk, et l'avons suivie dans la chaleur jusqu'à notre destination. À Monson, hameau perdu, se dressait un vieille maison à bardeaux dont la pelouse s'ornait d'un randonneur barbu en bois découpé peint, avec l'inscription : BIENVENUE CHEZ LES SHAW.

L'auberge des Shaw est le gîte le plus célèbre du sentier des Appalaches, notamment parce que c'est la dernière étape confortable pour celui qui s'engage dans la Hundred Mile Wilderness, et la première pour celui qui en sort, mais aussi parce qu'il est sympathique et bon marché. Pour 28 dollars chacun, on avait une chambre avec dîner et petit déjeuner, plus l'usage illimité de la douche et de la buanderie. L'endroit était tenu par Keith et Pat Shaw. Ils s'étaient lancés dans l'entreprise plus ou moins par accident, vingt ans plus tôt, lorsque Keith avait ramené à la maison un randonneur affamé qui avait ensuite raconté partout combien il avait été merveilleusement accueilli. Au moment où nous avons signé le registre, Keith m'a annoncé fièrement que quelques semaines auparavant ils avaient hébergé leur vingt millième randonneur.

Il nous restait une heure jusqu'au dîner. Katz m'a emprunté 5 dollars – pour un soda, sans doute – et a disparu dans sa piaule. J'ai pris ma douche, mis une machine en route et flâné sur la pelouse où se trouvaient deux transats ; je projetais de poser mon derrière fatigué sur l'un d'eux et d'allumer ma pipe pour savourer la paix divine de cette fin d'après-midi et l'heureuse promesse d'un dîner bien mérité.

Au bout d'une minute, Keith est sorti et s'est assis près de moi. C'était un vieux type, la soixantaine bien tassée, presque totalement édenté ; son corps donnait l'impression qu'il avait dû, en son temps, accomplir tout un tas de travaux difficiles. Il était vraiment sympathique.

« Vous avez pas essayé de caresser le chien, hein ? a-t-il commencé.

– Non. »

Je l'avais vu par une fenêtre : un bâtard moche et méchant, attaché derrière la maison, qui s'excitait bêtement, au-delà de toute mesure, à chaque bruit ou mouvement dans un rayon de 100 mètres.

« Je ne vous le conseille pas. Vous pouvez me croire. Un randonneur l'a caressé la semaine dernière alors que je lui avais dit de ne pas y toucher. Le chien lui a mordu les couilles.

– C'est vrai ? »

Il a hoché la tête.

« Et il ne voulait pas lâcher. Vous auriez dû entendre ce pauvre gars brailler !

– C'est vrai ?

– J'ai dû frapper ce sale clebs avec un râteau pour qu'il ouvre la gueule. Je n'ai jamais vu un chien aussi méchant de ma vie. Alors faites-moi confiance, gardez vos distances !

– Et le randonneur, comment il allait ?

– Eh bien, c'était pas la joie, je peux vous le dire ! »

Il s'est gratté le cou d'un air pensif, comme s'il songeait à se raser un de ces jours.

« Un thru-hiker. Il avait fait tout le parcours depuis la Géorgie. Ça fait du chemin pour venir se faire bouffer les couilles. »

Puis il s'est levé pour aller voir où en était le dîner.

La grande table d'hôte était généreusement garnie de viande, de purée, d'épis de maïs, de pain et de beurre. Katz est arrivé quelques minutes après moi, douché et joyeux. Il paraissait dans une forme inhabituelle, presque exagérée ; il m'a gratifié d'une chatouille impétueuse lorsqu'il est passé derrière moi, ce qui ne lui ressemblait pas du tout.

« Ça va ? ai-je demandé.

– Le mieux du monde, mon vieux compagnon des montagnes, le mieux du monde… »

Deux autres personnes nous ont rejoints, un jeune couple timide, gentil, bronzé, l'air sain et athlétique. Nous l'avons accueilli avec un sourire avant de nous attaquer au festin mais avons stoppé net et reposé nos bols lorsque nous avons pris conscience qu'ils récitaient les grâces. Ça semblait ne jamais devoir s'arrêter. Enfin, nous avons pu faire un sort aux plats.

Le repas était délicieux. Keith s'occupait du service et ne cessait d'insister pour que nous mangions le plus possible.

« Le chien va tout bouffer si vous ne finissez pas », disait-il.

J'étais plutôt content de laisser l'animal mourir de faim.

Nos voisins de table étaient des thru-hikers de l'Indiana. Ils avaient démarré à Springer le 28 mars – une date lointaine qui semblait noyée dans une neige improbable – et randonné sans interruption pendant 141 jours, ce qui représentait 3 292 kilomètres – il leur en restait 185.

« Alors, vous y voilà presque, hein ? ai-je demandé un peu sottement, histoire de faire la conversation.

– Oui », a répondu la fille.

Elle a prononcé ce mot très lentement, presque en deux syllabes, comme si l'idée ne lui était pas venue auparavant. Il y avait une sorte de sérénité simplette dans sa façon d'être.

« Vous avez déjà eu envie d'abandonner ? »

Elle a réfléchi un instant.

« Non, a-t-elle sobrement répliqué.

– Vraiment ? »

Je trouvais cela stupéfiant.

« Vous ne vous êtes jamais dit : “Cette fois, c'est trop” ? »

Elle a de nouveau réfléchi, avec un air de panique grandissante. Il y avait de toute évidence des questions qui n'avaient jamais pénétré dans son crâne.

Son compagnon est venu à son secours.

« Nous avons eu quelques moments difficiles au début, mais nous avons placé notre foi en Dieu et demandé que Sa volonté soit faite.

– Ainsi soit-il, a murmuré la fille de manière presque inaudible.

– Ah ! ai-je fait en prenant mentalement note de fermer la porte de ma chambre à clef avant d'aller me coucher.

– Et Dieu bénisse Allah pour la purée ! » a joyeusement ajouté Katz, qui se resservait pour la troisième fois.

Après dîner, mon compagnon et moi avons tranquillement remonté la route jusqu'à la supérette afin d'acheter des provisions pour la Hundred Mile Wilderness que nous allions entamer le lendemain matin. Katz semblait bizarre dans le magasin : plein d'entrain, mais aussi distrait, inattentif. Nous étions censés nous ravitailler pour passer dix jours au beau milieu d'une nature sauvage – une affaire plutôt sérieuse –, mais il semblait peu enclin à se concentrer et ne cessait de me fausser compagnie ou de choisir des articles inappropriés.

« Hé ! prenons un pack de bière, a-t-il soudainement dit d'une voix canaille.

– Arrête, Stephen ! Sois sérieux ! »

J'examinais le rayon fromage.

« Mais je suis sérieux.

– Tu veux du cheddar ou du colby ?

– M'en fous. »

Il s'est posément dirigé vers l'armoire réfrigérée et en est revenu avec un pack de six Budweiser.

« Qu'est-ce qu'on dit à son vieux pote qui ramène des bières ? Hein ? Qu'est-ce qu'on dit ? »

Il m'a donné une bourrade dans les côtes.

Je l'ai repoussé distraitement.

« Allez, Stephen, arrête de faire n'importe quoi. »

Je me trouvais maintenant devant les barres chocolatées et les biscuits, et essayais de déterminer lesquels pourraient durer dix jours dans nos sacs sans finir en mélasse gluante ou en sachets de miettes à cause des chocs.

« Tu veux des Snickers ou tu veux essayer quelque chose d'autre ? ai-je demandé.

– Je veux de la Budweiser. »

Il m'a gratifié d'un grand sourire puis, voyant qu'il ne réussissait pas à m'adoucir, a soudain adopté un ton solennel.

« S'il te plaît, Bryson, est-ce que je peux t'emprunter… »

Il a baissé les yeux sur l'étiquette du prix.

« … 4 dollars et 79 cents. Je suis fauché.

– Stephen, je ne sais pas ce qui te prend. Va reposer les bières. Et où sont les 5 dollars que je t'avais passés ?

– Dépensés.

– Dans quoi ? »

Et d'un seul coup, la vérité m'a frappé.

« Tu as bu, c'est ça ?

– Non », a-t-il répliqué avec force, comme s'il voulait écarter une affirmation ridicule, voire calomnieuse.

Il était ivre – ou du moins à moitié.

« Mais si ! » ai-je renchéri avec stupéfaction.

Il a soupiré et levé légèrement les yeux au ciel.

« Deux litres de bière. La belle affaire !

– Tu as bu ! »

J'étais effondré.

« Quand as-tu recommencé à boire ?

– À Des Moines. Juste un peu. Tu sais, une bière ou deux après le travail. Pas de quoi fouetter un chat.

– Stephen, tu sais que tu ne peux pas boire. »

Ça n'était pas ce qu'il avait envie d'entendre. Il ressemblait à un ado de quatorze ans à qui on venait juste d'ordonner de ranger sa chambre.

« Je n'ai pas besoin qu'on me fasse la leçon, Bryson.

– Je ne vais pas te filer de fric pour acheter de la bière », ai-je répondu d'une voix égale.

Il a souri d'un air enjôleur comme si j'étais un incorrigible moralisateur.

« Juste un pack de six. Allez !

– NON ! »

J'étais en rage, livide. Je n'arrivais pas à croire qu'il se soit remis à boire. Cela semblait une telle trahison, totale, idiote, de tout : de lui-même, de moi, de ce que nous faisions sur ce sentier.

Katz arborait toujours un demi-rictus, mais qui ne reflétait plus vraiment son humeur.

« Tu ne vas même pas me payer une pauvre bière après tout ce que j'ai fait pour toi ? »

Cela tenait carrément du coup bas.

« Non.

– Alors va te faire foutre ! » a-t-il conclu avant de tourner les talons.

XX

Comme vous pouvez l'imaginer, cette soirée à Monson a quelque peu plombé l'ambiance. Nous n'en avons pas reparlé. Au petit déjeuner, nous nous sommes salués plus ou moins normalement mais, tandis que nous attendions la camionnette de Keith qui avait promis de nous déposer au départ du sentier, nous sommes restés côte à côte dans un silence gênant, comme deux adversaires dans un litige de propriété sur le point d'être appelés dans le bureau du juge.

À la lisière des bois où nous a laissés Keith se dressait un panneau qui annonçait l'entrée dans la Hundred Mile Wilderness ; il affichait un long avertissement sobrement rédigé, expliquant que ce tronçon n'avait rien à voir avec le reste du sentier des Appalaches et que nous ne devions pas nous y engager sans un minimum de dix jours de nourriture et sans l'assurance d'être au mieux de notre forme. Ces recommandations faisaient peser sur la forêt une atmosphère vaguement lugubre. La végétation était différente de celle que nous connaissions au sud : plus sombre, plus ombreuse, plus noire que verte. Les conifères étaient plus nombreux qu'ailleurs à basse altitude ; il y avait aussi plus de bouleaux. De grosses roches noires et arrondies, sortes d'animaux endormis, conféraient aux calmes alcôves feuillues une certaine étrangeté. Quand Walt Disney avait décidé de produire *Bambi*, il avait envoyé ses illustrateurs dans les bois du Maine pour faire des croquis, mais nous n'étions pas dans une forêt à la Disney avec ses vastes clairières et ses mignonnes créatures. Je me voyais plutôt dans les futaies du *Magicien d'Oz*, où chaque pas est un défi et où les arbres, pétris de mauvaises intentions, arborent des visages hideux. C'était une forêt pour ours rôdeurs, pour serpents suspendus aux branches et pour loups aux yeux rouges perçants. J'ai immédiatement compris pourquoi au XIXe siècle Henri David Thoreau, poète naturaliste en redingote de velours, y avait ressenti une certaine panique.

Comme d'habitude, l'AT était bien tracé, mais à certains endroits la végétation le recouvrait presque totalement. Puisque seulement 10 pour cent des thru-hikers arrivaient si loin et que ce tronçon se trouvait trop distant de tout pour permettre de randonner à la journée, le sentier était moins fréquenté dans le Maine qu'ailleurs. Surtout, il se distinguait par son relief. En coupe, la topographie de l'AT sur la section de 30 kilomètres qui va de Monson à Barren Mountain a l'air raisonnablement facile et se maintient à plus ou moins 360 mètres d'altitude, avec quelques montées et descentes plus raides. En réalité, c'était un cauchemar. Les murs de roche se succédaient et la journée s'écoulait ainsi, d'ascension monumentale en ascension monumentale. L'eau était notre seul moteur, mais elle a bientôt manqué à Katz. Je lui ai offert de boire à ma gourde ; il a accepté avec un regard qui demandait une trêve. Il restait cependant toujours une sorte de gêne entre nous, la triste impression que les choses avaient changé et qu'elles ne seraient plus jamais comme avant. J'en portais sans doute la responsabilité : sans le consulter, je poussais plus loin et plus longtemps qu'en temps normal, le punissant ainsi maladroitement d'avoir mis en péril notre équilibre et Katz supportait cela en silence, comme un juste châtiment.

Nous avons parcouru ainsi 23 kilomètres, un exploit étant donné les circonstances. Nous aurions pu avancer davantage mais à 18 h 30, nous avons atteint un large torrent, Wilber Brook. Nous étions trop fatigués pour traverser – c'est-à-dire que moi j'étais trop fatigué – et il eût été stupide de se mouiller peu avant le coucher du soleil. Après avoir établi le camp, nous avons partagé nos mornes rations avec une sorte de politesse empruntée. Même si nous avions été en meilleurs termes, notre épuisement était tel que de toute façon nous aurions peu parlé. La journée avait été longue – la plus dure de l'expédition – et une pensée planait au-dessus de nos têtes : il nous restait 137 kilomètres dans des conditions similaires jusqu'au camping d'Abol Bridge, 160 autres jusqu'au sommet du mont Katahdin.

Et nous n'avions même pas l'espoir de terminer là-haut par une halte confortable : le mont Katahdin fait partie du Baxter State Park, qui semble tirer une grande fierté de son austérité et de sa rudesse. Il ne comporte ni refuge, ni restaurants, ni magasins de souvenirs, ni comptoirs à hamburgers, ni même de voies d'accès goudronnées, et se trouve au beau milieu de nulle part, à deux jours de marche de la ville la plus proche, Millinocket. Il s'écoulerait peut-être dix ou onze jours avant que nous prenions un vrai repas et dormions dans un lit.

Le lendemain, nous avons passé le torrent à gué en silence – nous étions devenus assez bons à cet exercice – et avons entamé la lente montée dans la Barren-Chairback Range : 24 kilomètres de sommets déchiquetés qu'il nous fallait vaincre avant de descendre vers la vallée de la Pleasant River. La carte indiquait trois petits lacs d'altitude sur le trajet, des vestiges de la dernière glaciation, mais hormis ceux-ci elle ne mentionnait aucun autre point d'eau. Avec moins de 4 litres en réserve, le long périple d'une source de ravitaillement à une autre promettait d'être très inconfortable.

Au bout de 7 kilomètres, j'ai déniché un coin ombragé au pied d'une tour de surveillance incendie abandonnée – un vrai luxe dans un tel paysage ! Je me suis calé le dos avec l'impression que je pourrais dormir tout un mois. Katz est apparu dix minutes plus tard et s'est assis sur un rocher à mes côtés. Il me restait 5 centimètres d'eau, alors je lui ai passé ma gourde. Il a avalé une très petite gorgée et fait mine de me la rendre.

« Vas-y, lui ai-je lancé, tu dois avoir soif !

– Merci. »

Il a bu une gorgée un peu plus conséquente, est resté immobile une minute puis a sorti un Snickers, l'a cassé en deux et m'en a tendu une moitié. C'était un peu étrange car il savait que j'avais ma propre réserve de barres chocolatées, mais il n'avait rien d'autre à offrir. Je l'ai remercié. Il a mordu à belles dents dans son morceau et mâché quelques instants avant de lâcher :

« Une fille demande à son amoureux : "Jimmy, comment on écrit 'pédophilie' ?" Le type la regarde avec étonnement : "Dis donc, ma chérie, c'est un mot bien compliqué pour une petite de huit ans !" »

J'ai ri.

« Je suis désolé pour l'autre soir, a-t-il ajouté.

– Moi aussi.

– C'est juste que je me sentais un peu… je ne sais pas.

– Je sais.

– C'est dur, parfois. J'essaie, Bryson, j'essaie vraiment, mais… »

Il s'est interrompu et a haussé les épaules d'un air pensif – une sorte d'aveu d'impuissance – avant de reprendre :

« … il y a un vide dans ma vie à l'endroit où se trouvait l'alcool. »

Il gardait les yeux rivés sur le paysage : l'habituelle étendue verdoyante de forêts et de lacs qui miroitaient dans la brume de chaleur. Il y avait quelque chose dans son regard – une fixité lointaine – qui m'a fait croire un instant qu'il allait en rester là, mais il a poursuivi :

« Quand je suis retourné à Des Moines après la Virginie, j'ai eu ce boulot dans le bâtiment. En fin de journée, toute l'équipe allait dans un bar de l'autre côté de la rue. Ils m'invitaient toujours à venir avec eux, mais je répondais : "Non, les gars, j'ai arrêté de boire !" »

Il a prononcé ces derniers mots les deux mains levées en signe de refus, d'un ton grave et moralisateur.

« Alors je rentrais dans mon petit appartement et me préparais un plateau-télé. Mais en vérité, quand le même scénario se répète tous les soirs, c'est un peu dur d'arriver à se persuader qu'on mène une existence riche et excitante. Tu vois, si les rigolomètres existaient, l'aiguille ne ferait pas franchement un bond vers la zone orgasmique quand tu te retrouves tout seul devant ton plateau-télé. Tu comprends ce que je veux dire ? »

Il m'a jeté un regard pour me voir acquiescer.

« Bon. Et donc, un jour, ils m'ont invité pour la centième fois et j'ai pensé : "Oh ! et puis merde ! Il n'y a pas de loi qui m'interdise d'aller dans un bar comme n'importe qui." Alors j'ai suivi, j'ai pris un Coca Light et ça allait. C'était juste chouette de sortir. Mais tu sais qu'il n'y a rien de tel qu'une bonne bière à la fin d'une longue journée. Et puis il y avait ce naze appelé Dwayne, qui n'arrêtait pas de dire : "Allez ! Prends-toi une pression ! Tu sais que tu en as envie. Une petite bière ne peut pas te faire de mal. Tu n'as pas bu depuis trois ans. Tu vas gérer sans problèmes." »

Il m'a regardé.

« Tu vois le genre ? »

J'ai hoché la tête.

« Il m'a eu à un moment où j'étais vulnérable, a-t-il ajouté avec un sourire ironique. C'est-à-dire tout le temps. Je n'en ai pas pris plus de trois, je le jure ! Je sais ce que tu vas dire : crois-moi, tout le monde me l'a déjà répété. Je sais que je ne peux pas boire. Je sais que je ne peux pas me taper une bière ou deux comme une personne normale et que je vais augmenter les quantités jusqu'à perdre le contrôle. Je le sais. Mais… »

Il a de nouveau marqué une pause et secoué la tête.

« … mais j'aime boire. Je ne peux pas m'en empêcher. Et même, j'adore ça, Bryson ! J'adore le goût de l'alcool, j'adore cette pêche que tu as quand tu as bu un ou deux verres, j'adore l'odeur et l'ambiance des bars, la nuit. Les histoires salaces me manquent, le claquement des boules de billard en arrière-fond et cette sorte de lumière bleutée des salles mal éclairées. »

Il est resté silencieux quelques instants, perdu dans le fantasme d'une vie de beuverie.

« Je ne peux plus avoir tout ça. Je le sais. »

Après une expiration bruyante par les narines, il a repris :

« Mais c'est juste que… c'est juste que, parfois, je me vois un avenir de plateaux-télé, une file ininterrompue de plateaux-télés qui se dirigent vers moi comme dans un dessin animé. Tu t'en fais un, de temps en temps ?

– Pas depuis des années.

– Eh bien, c'est vraiment dégueulasse, crois-moi. Et tu vois, c'est un peu dur… »

Il a ralenti.

« Non, c'est vraiment très dur, en vérité. Et ça fait parfois de moi un vrai salaud », a-t-il conclu doucement mais sincèrement.

Je lui ai souri et répondu :

« Et même pis que ça ! »

Il a lâché un rire qui ressemblait à un grognement.

« Ouais, j'imagine. »

J'ai tendu le bras et lui aie asséné une bourrade affectueuse. Il a eu un sursaut appréciateur.

« Et tu sais c'est quoi, le pire ? a-t-il lancé d'un ton qui annonçait qu'il était temps de se ressaisir. Je ferais n'importe quoi à l'instant présent pour un plateau-télé. N'importe quoi ! »

Nous avons éclaté de rire.

« Hummm. Je te planterais ici avec ton petit cul maigrelet sans hésiter rien que pour pouvoir renifler ça. »

Il a ajouté « Oooh ! putain ! » avant de se lever pour aller faire pipi au bord de l'abîme.

Je l'ai regardé partir, vieux et fatigué, et me suis demandé ce que nous faisions là. Nous n'étions plus des gamins.

J'ai consulté la carte. Nous n'avions quasiment plus rien à boire mais il restait moins de 2 kilomètres jusqu'à Cloud Pond, un petit lac où nous pourrions remplir nos gourdes. Nous avons partagé l'eau qui nous restait et j'ai proposé à Katz de le devancer jusqu'au lac pour commencer à filtrer le précieux liquide.

C'était une marche facile. Cloud Pond se trouvait en contrebas de l'AT, à 400 mètres par un sentier secondaire. J'ai laissé mon sac à l'intersection et suis descendu avec nos gourdes et le filtre pour faire le plein. Le trajet jusqu'aux berges du lac, le remplissage des trois gourdes et le retour m'ont pris 20 minutes. Lorsque je me suis de nouveau retrouvé sur l'AT, cela faisait donc environ 40 minutes que j'avais quitté Katz. Même s'il avait traîné, il aurait déjà dû être là. De plus, le parcours était commode et je savais qu'il avait soif. Au bout de 25 minutes d'attente, j'ai déposé mon sac et suis parti à la recherche de mon compagnon.

Quand j'ai atteint le sommet de la montagne, cela faisait plus d'une heure que je ne l'avais vu. Perplexe, je me tenais à l'endroit précis où nous avions été ensemble pour la dernière fois. Ses affaires n'étaient plus là ; il avait manifestement repris la route, mais il ne se trouvait nulle part entre Barren Mountain et le lac. Avait-il fait demi-tour ? Non. Katz ne m'aurait jamais quitté sans une explication. Jamais. Était-il tombé de la crête d'une façon ou d'une autre ? L'idée semblait absurde – l'arête ne présentait rien d'un tant soit peu dangereux ou difficile –, mais qui sait ? John Connolly nous avait parlé quelques semaines auparavant d'un de ses amis qui, pris de malaise à cause de la chaleur, s'était effondré et avait roulé à quelque distance d'un chemin sûr et bien nivelé : il était resté étendu là pendant des heures sous un soleil brûlant qui l'avait lentement tué. J'ai soigneusement examiné les buissons en bordure de sentier pour repérer des signes de passage ou d'écrasement, et scruté l'abîme, plein de crainte à l'idée d'apercevoir Katz les bras en croix sur un rocher. Je l'ai appelé plusieurs fois mais n'ai reçu en réponse que l'écho de ma propre voix. Il y avait encore la possibilité qu'il ait dépassé l'intersection pendant que je filtrais de l'eau en contrebas, mais cela aussi paraissait improbable. Une énorme pancarte fléchée annonçait Cloud Pond et mon sac était clairement visible. Même si Katz avait manqué ces indications d'une façon ou d'une autre, il savait que le lac se trouvait à moins de 2 kilomètres de Barren Mountain. Quand on a randonné autant que nous sur l'AT, on arrive à un point où l'on peut évaluer un kilomètre avec une précision considérable. Mon ami ne pouvait avoir poussé trop loin sans prendre conscience de son erreur et faire demi-tour.

Tout ce que je savais, c'était que Katz se trouvait seul, en pleine nature sauvage, sans eau, sans carte, sans véritable notion du relief qui s'annonçait devant lui, probablement sans aucune idée de ce qui m'était arrivé et sans le moindre bon sens. S'il y avait quelqu'un pour décider une fois perdu de quitter l'AT et d'essayer un raccourci, c'était bien lui. Je commençais à me sentir très mal à l'aise. J'ai poursuivi au-delà de l'intersection : le sentier descendait abruptement vers une vallée profonde. Katz aurait sûrement compris à ce stade qu'il y avait un problème : je lui avais dit que pour atteindre Cloud Pond il fallait rester sur le plat.

Je l'ai appelé et appelé encore. La fin de l'après-midi s'annonçait. Cela faisait maintenant quatre heures qu'il n'avait pas bu. Atterré, j'ai soudain songé qu'il avait peut-être vu un autre point d'eau – il y en avait une demi-douzaine éparpillés à travers la vallée, 600 mètres plus bas – et décidé que c'était peut-être le bon, qu'il allait le rejoindre en coupant hors sentier. Même s'il avait encore ses esprits, la soif seule aurait pu le motiver suffisamment pour tenter de gagner l'un de ces lacs. Ils semblaient si merveilleusement frais et désaltérants. Le plus proche était à environ 3 kilomètres, mais aucun chemin n'y conduisait et il se situait au bas d'une pente dangereuse à travers bois. Une fois que vous vous trouviez au milieu des arbres, désorienté, vous pouviez facilement le rater d'un kilomètre. Vous pouviez aussi vous tenir à 50 mètres de lui sans le savoir, comme nous nous en étions rendus compte près de Pleasant Pond. Or, une fois perdu dans ces forêts immenses, vous étiez condamné à mort. C'était aussi simple que ça. Personne ne vous sauverait. Aucun hélicoptère ne vous repérerait sous le couvert des arbres. Aucune équipe de secours ne vous découvrirait (et je soupçonnais qu'aucune n'essaierait). Il y aurait des ours, aussi, des ours qui n'auraient peut-être jamais vu d'être humain. Toutes ces éventualités me donnaient le vertige.

Je suis retourné à l'intersection de Cloud Pond en priant pour que Katz soit assis là, sur son sac, et qu'il y ait une explication amusante sur sa disparition. Mais au fond je savais qu'il n'y aurait personne – et ce fut le cas. J'ai déposé un mot au milieu de l'AT, juste au cas où, puis suis descendu au lac, près duquel se dressait un refuge.

Ironie du sort, c'était le plus beau qu'il m'ait été donné de voir sur le sentier des Appalaches, et c'était bien sûr celui que je n'allais pas partager avec Katz. D'une propreté irréprochable, il était équipé de toilettes. La perfection ! J'ai déposé mes affaires et suis allé filtrer de l'eau afin de ne pas avoir à le faire au réveil. Puis je me suis mis en caleçon et ai avancé dans l'eau sombre pour me laver avec mon bandana. Si Katz avait été là, je me serais baigné. J'essayais de ne pas penser à lui – et surtout de ne pas le visualiser, perdu, indécis. Il n'y avait après tout rien que je puisse faire à cette heure.

J'ai passé une nuit pourrie, bien sûr. Debout avant 5 heures j'ai décidé de poursuivre vers le nord dans la direction que j'imaginais prise par Katz, mais non sans une certaine appréhension car cela signifiait m'enfoncer plus profondément au cœur de la Hundred Mile Wilderness. Ce dont j'avais besoin maintenant, c'était de croiser quelqu'un qui descendait vers le sud et pourrait me dire s'il avait vu mon camarade, mais le sentier semblait désert. J'ai regardé ma montre. Évidemment : il n'était que 6 heures du matin. À Chairback Gap se trouvait un refuge et j'y serais vers 8 heures. Avec de la chance, il y aurait peut-être encore quelqu'un là-bas.

6 kilomètres après Cloud Pond, j'ai débouché sur un minuscule torrent qui méritait à peine ce nom. Bien visible sur une branche trônait un paquet vide de cigarettes, des Old Golds. Katz fumait rarement mais emportait toujours des Old Golds. Dans la boue traînaient trois mégots. Il avait manifestement attendu ici. Il était donc vivant, n'avait pas quitté le sentier et était passé par là. Je me suis senti incroyablement mieux. Au moins, j'étais dans la bonne direction. S'il restait sur l'AT, je finirais tôt ou tard par le rattraper.

Je marchais depuis quatre heures lorsque je l'ai trouvé assis sur un rocher, à l'intersection de West Chairback Pond, le visage levé vers le soleil comme pour peaufiner son bronzage. Complètement débraillé, il était couvert de griffures et de boue mais semblait en forme. Mon apparition l'a mis en joie.

« Bryson, mon vieil homme des montagnes, c'est bon de te revoir ! Où étais-tu passé ?

– Je me demandais la même chose pour toi.
– J'ai l'impression que j'ai raté le dernier point d'eau. »
J'ai hoché la tête. Il m'a imité avant de poursuivre :
« Je m'en doutais, évidemment. Dès que je me suis retrouvé au début de cette grosse descente, je me suis dit : "Merde, il y a un truc qui cloche !"
– Pourquoi n'as-tu pas fait demi-tour ?
– Je ne sais pas. J'avais en tête que tu devais avoir continué. J'avais vraiment soif. Je pense que je n'avais plus les idées très claires.
– Alors, qu'est-ce que tu as fait ?
– Ben j'ai avancé en me répétant qu'il fallait que je trouve de l'eau tôt ou tard, et j'ai fini par atteindre un ruisseau plutôt boueux.
– C'est là que tu as laissé ton paquet de cigarettes ?
– Tu l'as vu ? Je suis trop fort ! Bon, je me suis servi de mon bandana comme d'une éponge parce que je me suis souvenu avoir vu Fess Parker boire de cette façon avec un linge dans un épisode de *Davy Crockett*.
– Quelle classe ! »
Il a reçu le compliment d'un hochement de tête.
« Cela m'a pris environ une heure, puis j'ai passé une heure de plus à espérer que tu débarques et fumé un peu. La nuit est tombée, j'ai monté ma tente, mangé un Slim Jim et suis allé me coucher. Ce matin, j'ai absorbé encore un peu de liquide avec mon bandana et suis venu ici. Il y a un très joli lac juste en bas, alors j'ai préféré attendre ici à cet endroit où il y avait de l'eau, dans l'espoir que tu finirais par surgir. Je n'ai jamais cru que tu m'avais abandonné volontairement, mais tu rêvasses tellement quand tu marches que je t'imaginais très bien grimper jusqu'au sommet du mont Katahdin sans

t'apercevoir que je n'étais plus à tes côtés… Bref, je suis vraiment content de voir !

– Pourquoi toutes ces griffures ? »

Il a regardé son bras, couvert de zébrures de sang séché.

« Oh ! ça ? C'est rien.

– Comment ça, rien ? On dirait que tu t'es charcuté.

– Je ne voulais pas t'affoler, mais je me suis aussi un peu égaré en cours de route.

– Comment ?

– Entre le moment où je t'ai perdu et le moment où je suis tombé sur le ruisselet, j'ai essayé d'atteindre un lac que j'avais vu depuis la montagne.

– Oh ! non, Stephen !

– Ben j'avais vraiment soif, tu sais, et cela n'avait pas l'air trop éloigné. Alors j'ai plongé dans les bois. Ça n'était pas très malin, hein ?

– Non.

– Ouais, bon, je m'en suis vite aperçu parce que je n'avais pas fait 800 mètres que j'étais complètement paumé. On croit que tout ce qu'on a à faire c'est de descendre en direction de l'eau et de revenir par le même chemin, et que ça ne devrait pas être trop compliqué si on garde ses repères. Mais le problème, Bryson, c'est qu'il n'y a rien pour se repérer là-dedans ! C'est juste un tas d'arbres. Alors j'ai un peu paniqué…

– Il ne faut jamais quitter le sentier, Stephen.

– Oh ! mais c'est un conseil qui arrive à point nommé, Bryson ! Merci beaucoup ! C'est comme dire à quelqu'un qui est mort dans un accident de voiture : "À l'avenir, sois prudent au volant !"

– Désolé.

– Ça va. Je suis encore un peu secoué, tu sais. J'ai cru que mon compte était bon. Perdu, sans eau… et c'est toi qui avais les cookies aux pépites de chocolat.

– Mais comment es-tu retourné sur le sentier ?

– C'est un miracle, je te jure ! Juste au moment où j'allais m'allonger et m'offrir en pâture aux loups et aux lynx, j'ai levé les yeux et vu une marque blanche sur un arbre. J'ai regardé mes pieds : je me tenais *sur* l'AT. Non loin du ruisseau boueux, en fait. Je me suis assis, j'ai fumé trois cigarettes l'une derrière l'autre pour me calmer, mais j'ai pensé : "Merde ! Je parie que Bryson est passé par là pendant que je vasouillais dans les arbres, et il ne va pas revenir parce qu'il a déjà vérifié cette portion du sentier." Alors j'ai commencé à me dire que je ne te reverrais jamais. Tu peux me croire, j'ai été content de te voir débarquer ! Pour te dire la vérité, tu m'as fait plus plaisir en surgissant devant moi que ne l'aurait fait une femme nue… »

Il y avait une lueur étrange dans son regard.

« Tu veux rentrer ? » ai-je demandé.

Il a réfléchi un moment.

« Ouais. Je veux rentrer.

– Moi aussi. »

C'est ainsi que nous avons décidé de quitter ce sentier sans fin et de ne plus faire semblant d'être des hommes des montagnes.

XXI

Nous avons quand même dû nous taper un certain nombre de kilomètres avant de déboucher sur une route forestière et de croiser un pick-up qui nous a déposés 30 kilomètres plus loin, dans une petite localité du nom de Milo. Une heure avant, nous nous trouvions au cœur d'une nature sauvage, avec la perspective d'une marche d'au moins deux jours pour rejoindre la civilisation, et voici que nous nous tenions à présent devant une station-service à l'entrée d'une petite ville.

« Tu veux un Coca ? » ai-je demandé à Katz.

Un distributeur trônait à l'entrée de la boutique. Katz l'a considéré un instant.

« Non, a-t-il répondu. Peut-être plus tard. »

Cela ne lui ressemblait pas de ne pas se jeter avidement sur sodas et friandises dès que l'occasion se présentait, mais je pensais savoir pourquoi. C'est toujours un choc, quand on quitte le sentier, d'être parachuté dans un univers de confort, mais cette fois, les choses étaient différentes : nous raccrochions définitivement nos chaussures de marche. À partir de maintenant, il y aurait toujours du Coca, des lits douillets, des douches chaudes et tout ce que nous pourrions désirer. Inutile de nous précipiter. Cette idée était étrangement démoralisante.

Milo ne possédait pas de motel, mais on nous a indiqué une certaine pension Bishop. C'était une grande et vieille maison blanche. Elle donnait sur une rue bordée d'autres demeures anciennes dont les garages avaient dû être des hangars à calèches et les chambres des étages supérieurs des logements pour serviteurs. La propriétaire aux cheveux blancs s'est approchée de la porte en essuyant ses mains farineuses dans son tablier et nous a fait signe, sans le moindre sourcillement de réprobation, de pénétrer avec nos sacs terreux dans son intérieur propret.

La maison tout entière dégageait une odeur de pâtisseries à peine sorties du four et de tomates du jardin ; en l'absence de ventilateurs et d'air conditionné, l'air conservait pieusement les parfums d'été d'autrefois. Mrs Joan Bishop nous a tout de suite appelés « mes garçons » et s'est comportée comme si elle nous attendait depuis des jours, voire des années.

« Bonté divine ! Mais regardez-vous, mes garçons ! a-t-elle gloussé avec un plaisir manifeste. On dirait que vous vous êtes battus contre des ours ! Allez, mes garçons ! Montez vous laver puis venez déguster mon thé glacé.

– Merci, maman… » avons-nous murmuré à l'unisson.

J'espérais que Mrs Bishop nous annoncerait qu'elle passait son temps à recueillir des randonneurs qui avaient déserté la Hundred Mile Wilderness, mais dans son souvenir nous étions les seuls de cette catégorie.

« J'ai lu dans le journal qu'un homme de Portland avait gravi le mont Katahdin pour fêter ses soixante-dix ans », a-t-elle précisé.

J'ai beaucoup apprécié, comme vous pouvez l'imaginer.

« Je pense que je ne retenterai pas le coup avant cet âge-là », a commenté Katz en faisant courir un doigt sur son avant-bras, le long d'une égratignure.

« Eh bien, le sentier vous attendra toujours, mes garçons ! » a proclamé Mrs Bishop.

Et elle avait raison, bien sûr.

Nous avons dîné en ville puis, dans la douceur du soir, sommes partis nous balader. Milo était une ville d'une sympathique médiocrité – commercialement sinistrée, loin de tout, à peine vivante, mais curieusement aimable. Une dernière étape, en somme.

« Tu n'es pas trop démoralisé d'avoir quitté le sentier ? » m'a demandé Katz au bout d'un moment.

J'ai pris le temps de réfléchir. J'avais conscience que mes sentiments envers l'AT étaient ambigus : il m'ennuyait et me captivait à la fois ; je trouvais l'effort qu'il exigeait de plus en plus usant mais toujours stimulant ; j'étais las de cette forêt sans fin mais son infinité m'émerveillait ; j'appréciais d'échapper à la civilisation mais brûlais de la rejoindre.

« Je ne sais pas, ai-je répondu. Oui et non, je suppose. Et toi ? »

Il a hoché la tête.

« Oui et non. »

Nous avons marché en silence pendant quelques minutes, perdus dans nos rêveries.

« Mais quand même, on l'a fait ! » a-t-il fini par dire en relevant la tête.

Il a remarqué mon air interrogateur.

« Je veux dire, on s'est fait le Maine à pied. »

Je l'ai regardé.

« Stephen, on n'a même pas vu le mont Katahdin ! »

Il a balayé mon objection comme si je cherchais mesquinement à chipoter.

« Une montagne de plus. Combien de montagnes te faut-il, Bryson ? »

J'ai eu un petit rire.

« C'est une façon de voir les choses.

– C'est la *seule* façon de voir les choses, a poursuivi Katz avec ferveur. En ce qui me concerne, j'ai fait le sentier des Appalaches. J'ai randonné dans la neige, j'ai randonné dans la canicule. J'ai randonné au sud, j'ai randonné au nord. J'ai randonné jusqu'à ce que mes pieds saignent. J'ai fait le sentier des Appalaches, Bryson.

– Nous en avons omis une bonne partie, tu sais.

– Foutaises ! »

J'ai haussé les épaules, plutôt satisfait.

« Peut-être que tu as raison.

– Évidemment ! » a-t-il conclu, comme si le contraire se produisait rarement.

Nous avions atteint les limites de l'agglomération, près de la station-service où nous avait laissés le pick-up. Elle était toujours ouverte.

« Alors, qu'est-ce que tu dirais d'un cream soda ? a lancé Katz avec enthousiasme. C'est moi qui invite !

– Mais tu n'as pas d'argent.

– Je sais. Je t'invite avec *ton* argent. »

J'ai souri et lui ai donné un billet de 5 dollars.

« Il y a *X-Files*, ce soir », a-t-il ajouté joyeusement – très, très joyeusement – avant de disparaître dans la boutique.

C'est ainsi, j'en ai bien peur, que les choses se sont finies pour Katz et moi : avec un pack de cream soda à Milo, dans le Maine.

J'ai continué à randonner modestement durant le reste de l'été et un peu en automne. Début novembre, alors que l'hiver s'installait, je me suis enfin assis à la table de la cuisine avec mon carnet de route et une calculette pour additionner les kilomètres que j'avais effectués. J'ai vérifié le résultat deux fois puis ai relevé la tête avec une expression pas très différente de celle que nous avions eue des mois auparavant, Katz et moi, lorsque nous avions compris à Gatlinburg que nous ne serions jamais de vrais thru-hikers.

Je comptais pour ma part 1 400 kilomètres, guère plus d'un tiers du parcours. Tous ces efforts, toute cette sueur, toute cette saleté repoussante, toutes ces journées interminables à traîner les pieds, toutes ces nuits sur un sol dur – tout cela ne représentait que 39,5 pour cent du sentier des Appalaches. Dieu seul sait comment certains tiennent jusqu'au bout. Je suis aussi admiratif qu'incrédule devant ceux qui relèvent un tel défi. Mais, excusez-moi, 1 400 kilomètres ça fait quand même pas mal de kilomètres. Et surtout, quand je découvre aujourd'hui une montagne, je l'évalue lentement du regard, avec le plissement de paupières du connaisseur, les yeux comme deux éclats de granit.

Composition et mise en pages : FACOMPO, LISIEUX

Achevé d'imprimer
en mars 2012
par Corlet Imprimeur
14110 Condé-sur-Noireau

Dépôt légal : mars 2012
N° d'imprimeur : 144973
Imprimé en France